Nowarra · Nahaufklärer

Heinz J. Nowarra

# NAHAUFKLÄRER
1910–1945

## Die Augen des Heeres

Motorbuch Verlag Stuttgart

Einband und Schutzumschlag: Siegfried Horn

ISBN 3-87943-808-0

1. Auflage 1981.

Eine Abteilung des Buch- und Verlagshauses Paul Pietsch GmbH & Co. KG

Satz und Druck: studiodruck, 7440 Nürtingen-Raidwangen
Bindung: Großbuchbinderei Ernst Riethmüller, 7000 Stuttgart
Printed in Germany

# Inhalt

# Vorwort

Die Initiative zu diesem Buch ist nicht dem Verfasser, sondern Herrn Volker Reschke, einem ehemaligen Angehörigen der NAG 5, zuzuschreiben. Aufgrund seiner Anregung erklärte sich der Motorbuch-Verlag einverstanden, eine Geschichte der Nahaufklärer herauszubringen. Der Verfasser gibt ehrlich zu, daß er bis zu dem Augenblick der Anregung durch Herrn Reschke keinerlei Kontakt zum Thema »Nahaufklärer« gehabt hat. Er war infolgedessen gezwungen, sich auf Informationen ehemaliger Angehöriger von Nahaufklärerverbänden und auf die einschlägige Literatur zu stützen. Bei der technischen Seite ergaben sich hier keine besonderen Schwierigkeiten. Da die meisten Unterlagen über die Verbände verloren gegangen sind, war es nicht einfach deren Einsatz im Verlauf des Kriegsgeschehens zu verfolgen. Da das zur Verfügung stehende Material lückenhaft war, sind Fehler nicht zu vermeiden gewesen. Der Verfasser hofft aber, daß es ihm trotzdem gelungen ist, ein anschauliches Bild von der Arbeit der Nahaufklärer von den Anfängen der Militärfliegerei bis zum Ende des Zweiten Weltkrieges zu vermitteln.

Neben Herrn Reschke, der sich in einzigartiger Weise um das Zustandekommen dieses Buches bemüht hat, möchte der Verfasser noch den folgenden ehemaligen Angehörigen der Nahaufklärertruppe: Werner Weusthoff, Essen, Helmuth Tetzner, Hamburg, Hans-Günther Borcherdt, Paderborn, Werner Stein, Bernau/Chiemsee, R. Tüttelmann und Fritz Trenkle, Fürstenfeldbruck, für die Zurverfügungstellung von Informations- und Bildmaterial besonders herzlich danken. Besonderen Dank aber auch dem Herrn Präsidenten der Bundesanstalt für Arbeit, Herrn Stingl, der als Fern- und Nahaufklärer selbst bis zuletzt im Einsatz war und freundlicherweise ebenfalls Material für dieses Buch zur Verfügung stellte.

Harreshausen, den 31. 12. 1979

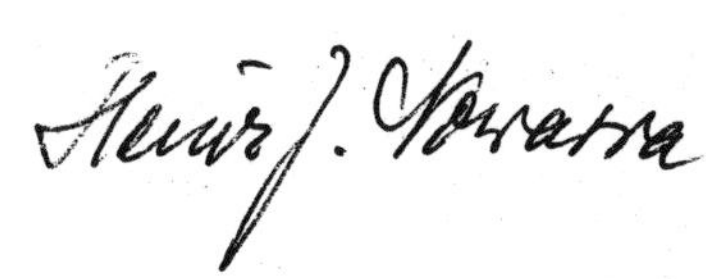

Flugzeugführer (links) und Beobachter (rechts) einer Focke-Wulf FW 189. Nur die gute Zusammenarbeit beider garantierte den Erfolg des Einsatzes.

# 1. Anfänge der Luftaufklärung vor 1914

## Die Anfänge der Luftaufklärung

Die taktische Luftaufklärung ist so alt wie die Militärluftfahrt überhaupt. In Deutschland begann diese im Sommer 1910 als in Döberitz bei Berlin die erste provisorische Fliegerschule der Versuchsabteilung der Inspektion der Verkehrstruppen unter dem Kommando des Hauptmanns de le Roy aufgestellt wurde. Im September 1910 haben Hauptmann de le Roy und Leutnant Mackenthun den ersten militärischen Überlandflug von Döberitz nach dem Bornstedter Feld bei Potsdam mit einem Farman-Doppeldecker, den der Inhaber der Albatros-Werke, Dr. Huth, der Militärverwaltung gestiftet hatte, durchgeführt. Im Mai 1911 wurde im Rahmen eines Manövers der erste Aufklärungsflug durchgeführt. Die Besatzung Unteroffizier Reichardt (Flugzeugführer) und Leutnant Heyne (Beobachter) erkundeten die gesamte Stellung des Manövergegners zwischen Darmstadt und dem Rhein. Kurz vorher waren aufgrund freiwilliger Meldungen etwa dreißig Offiziere zur Ausbildung nach Döberitz kommandiert worden, unter ihnen ein kleiner Leutnant namens Carl Fink, den man als Vater der Luftbildfotografie bezeichnen kann. Dieser wichtige Zweig der Nah- und Fernaufklärung ist nämlich nicht aufgrund militärischer Erkenntnisse, sondern aus der Initiative eines Einzelnen entstanden.

Bereits bei den Kaisermanövern des Jahres 1911 waren Flugzeuge verwendet worden. Es handelte sich, schon wegen der geringen Reichweite der Flugzeuge, nur um Nahaufklärung. Es wurde nur aus der Luft eine Augenerkundung durchgeführt, dann gelandet und das Ergebnis den Bodenkommandostellen gemeldet, also ein umständliches Verfahren, das noch dazu durch Beobachtungsfehler beeinträchtigt wurde. Bei den Manövern des Jahres 1912 und der anschließenden großen Herbstparade auf dem Tempelhofer Feld in Berlin traten die Flieger dann zum ersten Mal an die Öffentlichkeit: die gesamte Fliegerabteilung war mit angetreten. Vier Rumpler-Tauben und drei Albatros-Farman-Doppeldecker flogen über das Paradefeld. Aber wenn die militärische Führung auch den Wert der Luftaufklärung erkannt hatte, die Möglichkeiten der Luftbildaufklärung waren ihr verschlossen geblieben.

Der damalige Leutnant und spätere General der Flieger Carl Fink hat darüber ausführlich berichtet:

»Ich hatte einen Antrag ausgearbeitet, daß die Lehr- und Versuchsanstalt für Militärflugwesen (das vorherige Schulkommando) in Döberitz eine Fotoabteilung (Dunkelkammer, Lehrraum mit Projektionseinrichtung usw.) zur Ausbildung der Beobachter erhalten sollte. Der Antrag war reich mit Bildern von militärisch wichtigen Objekten versehen, die aus etwa 800 m (die damalige kriegsmäßige Höhe!) von mir aufgenommen worden waren. In meiner Begeisterung hatte ich den Satz aufgestellt: Die Fotografie muß das Gemeingut der Beobachter und ihr Meldemittel werden.

Oberst Messing, Inspekteur des Militär-Luft-

Oben: Fliegeroffiziere beim Manöver 1913:
v. li.: Oblt. Wilberg, Oblt. v. Buttlar, Oblt. v. Scheele,
Oblt. Mackenthun, Oblt. Junghans, Hptm. Geerdtz,
Oblt. Berger, Oblt. Fink. – Darunter: Leutnant Fink auf Farman-Doppeldecker

und Kraftfahrwesens besuchte einige Wochen später die Lehr- und Versuchsanstalt in Döberitz. Bei dieser Gelegenheit sprach er mich an und sagte ungefähr: Lieber Fink, Ihren Antrag kann ich leider nicht genehmigen. Ehe Sie nicht in der Lage sind, fünf Minuten nach der Landung die fertige Fotografie als Meldung vorzulegen, ist die Fototechnik für die militärische Erkundung noch nicht zu verwenden. Ich sagte darauf: Herr Oberst, ich bin in der Lage, diese Bedingung zu erfüllen. Darf ich von dieser Offiziersgruppe eine Aufnahme machen und in wenigen Minuten die fertige Kopie vorlegen? Lächelnd willigte der Oberst ein. Ich belichtete die Platte, entwickelte und fixierte schnell, wässerte oberflächlich und kopierte unter Wasser die Platte. Unterdessen hatten die fotografierten Opfer sich lebhaft unterhalten. Es kam ihnen daher nur wie wenige Minuten vor, als ich ihnen die fertige Kopie überreichte. Die Wirkung war frappant. Mein Antrag wurde genehmigt, und so entstand die erste Luftbildabteilung in Döberitz. Ich wurde der erste Bildoffizier der Fliegertruppe.«

Aber Fink sollte nicht nur bei der militärischen Führung auf Schwierigkeiten stoßen.

Die Foto-Industrie wollte kein Risiko eingehen. Das Kriegsministerium, in echt preußischer Sparsamkeit, hatte zwar nichts gegen Versuche, sie durften aber kein Geld kosten. Als Fink von der Industrie gut funktionierende Plattenwechselmagazine verlangte, noch dazu im Format 13 × 18 cm, wollten die Foto-Leute nicht heran. Im Format 9 × 12 cm, erklärten sie, ließe sich das ohne weiteres machen, aber 13 × 18 cm nur, wenn das Kriegsministerium eine größere Anzahl bestellte. Der Erfolg: die ersten Luftbildaufnahmen, die von deutschen Flugzeugen im Ersten Weltkrieg gemacht worden sind, haben alle das Format 9 × 12 cm.

Fink wollte Löcher im Boden der Flugzeuge haben, um Senkrechtaufnahmen machen zu können. Das lehnten die Flugzeugbauer ab mit der Begründung, darunter leide die Festigkeit der Flugzeugzelle. Der Krieg mußte erst kommen, um diese Forderung zu erfüllen.

Auch die Herren Wissenschaftler waren sehr zurückhaltend. Als Fink nach einem Kursus für Stereofotogrammetrie bei der Firma Zeiß in Jena zu dem referierenden Professor Pulfrich meinte, man müßte einen solchen Stereoautographen haben, um mit Hilfe der Stereobilder aus der Luft Karten herstellen zu können, meinte Pulfrich: »Luftbilder mit verschränkten Achsen und unbestimmter Basis wird man niemals vermessen können.« Auch hier mußte erst der Krieg kommen, um die Entwicklung voranzutreiben.

Aber Fink ließ sich nicht entmutigen. Er arbeitete weiter.

Am 1. April 1912 entstand provisorisch und am 1. Oktober endgültig die »Königlich Preußische Fliegertruppe« aus den bisherigen kleinen Verbänden. Sie bestand aus 21 Offizieren und 306 Mann. Am 22. und 23. Juni 1912 fand in Leipzig ein Flugwettbewerb statt, an dem bereits ausschließlich Offiziere teilnahmen, darunter auch Leutnant Fink. Er wurde auch Führer der ersten Luftbildabteilung der Fliegertruppe. Bei den Manövern in Schlesien im September 1913 nahmen bereits 36 Flugzeuge der Fliegertruppe teil, die in den Fliegerstationen Döberitz, Metz, Darmstadt, Straßburg und Köln organisatorisch zusammengefaßt waren. Die einzige Aufgabe der Fliegertruppe bestand zu diesem Zeitpunkt in der Aufklärung. Da die Eindringtiefe der damals zur Verfügung stehenden Flugzeuge selten größer als 200 Kilometer war, konnte tatsächlich eine Fernaufklärung des feindlichen Hinterlandes nicht erfolgen. Man kann sagen, daß es sich nur um Nahaufklärung handelte, wenn man Vergleiche mit der Nahaufklärung im Zweiten Weltkrieg anstellt. Die Flugzeugausrüstung bestand zum großen Teil aus den zwar sehr flug-

stabilen, aber schlecht steigenden »Tauben« verschiedener Hersteller. Doppeldecker, gebaut von Albatros, Aviatik, DFW, Euler, LVG und Rumpler, begannen sich erst Ende 1913 durchzusetzen. Die Ausrüstung mit Fotogerät war noch absolut unzureichend.
Ein großer Teil der Nahaufklärung und des Artillerie-Einschießens wurde von den Luftschiffer-Bataillonen in Berlin-Tegel und Königsberg mit Hilfe von Fesselballonen des Typs Parseval-Sigsfeld durchgeführt. Eine Schule für die Artillerieflieger wurde in Jüterbog, südlich von Berlin eingerichtet. Das Jahr 1914 brachte dann den Ausbau der Fliegertruppe. Es sollte sich aber zeigen, daß die Fliegertruppe in keiner Weise für den Krieg gerüstet und vorbereitet war.

## Stärke der Flieger- und Luftschiffer-Truppe. Mai 1913

*Fliegertruppe*

| | |
|---|---|
| Komdr.: | Major Roethe |
| Adjutant: | Lt. Canter |
| Fl. Station Döberitz: Kmdr. | Major Roethe<br>Hptm. Wagenführ<br>Hptm. Grade<br>Oblt. Vogel von Falkenstein<br>Oblt. Solmitz<br>Lt. v. Scheele<br>Lt. Förster<br>Lt. Canter<br>Lt. Mahncke<br>Lt. Engwer |
| in Reserve: | Oblt. v. Detten<br>Lt. Kastner<br>Lt. Frhr. v. Thüna<br>Lt. Coerper<br>Lt. von Buttlar<br>Lt. Fink<br>Lt. von Hiddessen<br>Lt. Blüthgen |
| Kommandiert: | Hptm. Gundel<br>Oblt. von Oertzen<br>Lt. Frhr. von Freyberg |
| Ass. Arzt | Dr. Sergeois |
| Zahlmeister | Kaiser |
| Fl. Station Metz: Komdr. | Major Siegert<br>Hptm. Bartsch<br>Oblt. Georg Keller<br>Lt. Carganico<br>Lt. Weyer<br>Lt. Schulz<br>Lt. Knofe |
| Fl. Station Darmstadt: Komdr. | Hptm. von Dewall<br>Lt. Sommer<br>Lt. von Mirbach<br>Lt. Reinhardt |
| Fl. Station Straßburg: Komdr. | Oblt. Barends<br>Lt. Schmikaly<br>Oblt. Höpker<br>Lt. Laun<br>Lt. von Beguelin<br>Lt. Wulff |
| Fl. Station Köln: | Lt. Hantelmann<br>Lt. Joly |

*Luftschiffertruppe*

| | |
|---|---|
| Luftschiffer-Bataillon Nr. 1 Berlin-Tegel | Maj. Neumann |
| Luftschiffer-Bataillon Nr. 2/<br>1. Komp. Berlin-Tegel<br>2. Komp. Königsberg<br>Komdr. | Oberstlt. Groß |

# 2. Luftaufklärung 1914–1918

## Militärische Stärke der Deutschen Luftstreitkräfte August 1914

Nach Abschluß der Mobilmachung standen als Heeresfliegerverbände einsatzbereit:
33 Feldflieger-Abteilungen zu je 6 Flugzeugen
8 Festungsflieger-Abteilungen zu je 4 Flugzeugen
8 Etappen-Flugzeugparks mit je 3 Reserve-Flugzeugen
8 Feld-Luftschiffer-Abteilungen mit je einem Fesselballon und einem Reserveballon
12 Luftschiff-Trupps zur Bedienung der Zeppelin-Luftschiffe Z IV, V, VI, VII, VIII, IX, Hansa, Victoria-Luise und Sachsen, des Schütte-Lanz SL II und des Parseval P IV
16 Festungs-Luftschiffer-Trupps mit je einem Fesselballon.
(Von den Luftschiffen kamen Z V, Sachsen, SL II und P IV nicht sofort an die Front.)

| Personalstärken: | Offiziere | Unteroffiziere u. Mannschaften |
|---|---|---|
| Feldflieger-Abteilung | 15 | 117 |
| Festungsflieger-Abteilung | 4 | 37 |
| Etappen-Flugzeug-Park | 2 | 69 |
| Feld-Luftschiffer-Abteilung | 8 | 177 |
| dazu je 1 Gaskolonne | 2 | 93 |
| Luftschiff-Trupp | 3 | 146 |
| Luftschiffhafen-Wachkommando | 1 | 41 |
| Festungs-Luftschiffer-Trupp | 5 | 109 |

An Luftabwehrwaffen waren vorhanden:
6 Kraftwagen-Flak, 8 Versuchsflak in Radlafette und 4 bespannte Sockelgeschütze, sämtlich mit Kaliber 7,7 cm.
Die bisher bestehenden Flieger-Bataillone Nr. 1–4 und das bayrische Fliegerbatl. wurden in als Ersatztruppenteil fungierende Flieger-Ersatzabteilungen (FEA) umgewandelt.

**Flugplatz Döberitz 1912: Leutnant Canter (hinten) und Leutnant Fink auf einer Rumpler-Taube**

## Aufmarschplan der Deutschen Luftstreitkräfte bei Mobilmachung August 1914

| *Kommandostelle* | *Hauptquartier* | *Flieg. Einheit* | *Führer* | *1. Flugplatz* |
|---|---|---|---|---|
| Ob. Heeresltg. | Berlin | Luftschiff Z V | Hptm. Kleinschmidt | Köln |
| " | " | " Z VI | Hptm. Kleinschmidt | Köln |
| " | " | " Z VII | Hptm. Jacobi | Baden-Oos |
| " | " | " Z VIII | Hptm. Andrée | Trier |
| " | " | " Z IX (Hansa) | Hptm. Horn | Düsseldorf |
| " | " | " Victoria Luise | Lt. Lempertz | Frankfurt/M. |
| *I. Armee* (von Kluck) | Grevenbroich | FA 12 | Hptm. v. Detten | Jülich-Grevenbroich |
| " | " | LA 1 | Hptm. v. Zychlinski | Jülich-Grevenbroich |
| II. A.K. | Erkelenz | FA 30 | Hptm. Wagenführ | Rheydt |
| III. A.K. | Bergheim | FA 7 | Hptm. Grade | Elsdorf |
| IV. A.K. | Jülich | FA 9 | Hptm. Mussel | Aachen-Forst |
| Etappen-Inspect. 1 | Aachen | Et.Flz.Pk. 1 | Maj. Gundel | Düsseldorf |
| *II. Armee* (v. Bülow) | Montjoie | FA 23 | Oblt. Vogel v. Falkenstein | Höfen |
| " | " | LA 2 | Hptm. Spangenberg | Aachen |
| Garde-Corps | Malmedy | FA 1 | Hptm. v. Oertzen | Thirimont |
| VII. A.K. | Eupen | FA 18 | Hptm. v. Gersdorf | Eupen |
| IX. A.K. | Aachen | FA 11 | Hptm. Wilberg | Aachen-Brand |
| X. A.K. | Schleiden | FA 21 | Hptm. Geerdtz | Call |
| Etappen-Inspect. 2 | Bonn | Et.Flz.Pk. 2 | Maj. Hohl | Hangelar |
| *III. Armee* (v. Hausen) | Prüm | FA 22 | Hptm. v. Blomberg | St. Vith |
| " | " | LA 7 | Hptm. Menzel | Niederprüm |
| XI. A.K. | St. Vith | FA 28 | Hptm. Freytag | Wallerode |
| XII. A.K. | Waxweiler | FA 29 | Hptm. v. Jena | Ober-Beslingen |
| XIX. A.K. | Neuerburg | FA 24 | Hptm. v. Minkwitz | Neuerburg |
| Etappen-Inspect. 3 | Mayen | Et.Flz.Pk. 3 | Maj. Mardersteig | Niedermending |
| *IV. Armee* (Herzog Albrecht) | Trier | FA 6 | Hptm. v. Dewali | Trier-Euren |
| " | " | LA 3 | Hptm. Schoof | Trier |
| VI. A.K. | Nenning | FA 13 | Hptm. Streccius | Dillingen |
| VIII. A.K. | Luxemburg | FA 10 | Hptm. Hantelmann | Trier-Euren |
| XVIII. A.K. | Luxemburg | FA 27 | Oblt. A. Keller | Conz |
| Etappen-Inspect. 4 | Kirn | Et.Flz.Pk. 4 | Maj. Goebel | Trier |
| *V. Armee* | Saarbrücken | FA 25 | Hptm. Blum | Dillingen |
| (Kronprinz Wilhelm) | " | LA 4 | Hptm. Stottmeister | Saarbrücken |
| V. A.K. | Wallerfangen | FA 19 | Hptm. v. Poser | Beaumarais |
| XIII. A.K. | Diedenhofen | FA 4 | Hptm. Haehnelt | Nieder-Jeutz |
| XVI. A.K. | Metz | FA 2 | Hptm. Kirch | Metz |
| Etappen-Inspect. 5 | Homburg (Pfalz) | Et.Flz.Pk. 5 | Oblt. Pohl | Homburg (Pfalz) |
| Gouvernement Metz | Metz | FFA 1 | Hptm. v. Kleist | Metz-Frescaty |
| Gouvernement Metz | Metz | FL-Trupp 18, 19, 20, 21 | * | Metz-Frescaty |
| Gouvernement Diedenhofen | Diedenhofen | FL-Trupp 22 | Oblt. Moller | Diedenhofen |

*Führer der Festungs-Luftschiffertrupps 18–21 waren: Oblt. Rudersdorf, Neidhardt, Wolfenstetter und Schmitt.

| *Kommandostelle* | *Hauptquartier* | *Flieg. Einheit* | *Führer* | *1. Flugplatz* |
|---|---|---|---|---|
| *VI. Armee* (Kronpr. Rupprecht) | St. Avold | FA 5 | Hptm. Kerksiek | St. Avold |
| " | " | Bayr. LA | Hptm. Lochmüller | St. Avold |
| XXI. A.K. | Dieuze | FA 8 | Oblt. Jerrmann | Bühl |
| I. Bayr. A.K. | Saarburg | Bayr. FA 1 | Hptm. Erhardt | Bühl |
| II. Bayr. A.K. | Saarburg | Bayr. FA 2 | Rittm. Graf Wolfskehl | Falkenberg |
| III. Bayr. A.K. | Falkenberg | Bayr. FA 3 | Hptm. Pohl | Urville/Metz |
| Etappen-Inspect. 6 (Bayr.) | Kurzel | Et.Flz.Pk. 6 | Hptm. Hiller | Zweibrücken |
| *VII. Armee* (v. Heeringen) | Zweibrücken | FA 26 | Hptm. Walter | Straßburg |
| " | Straßburg | LA 6 | Hptm. Kalsow | Straßburg |
| XIV. A.K. | Straßburg | FA 20 | Hptm. Barends | Freiburg/Br. |
| XV. A.K. | Müllheim | FA 3 | Hptm. Genée | Straßburg |
| Etappen-Inspect. 7 | Straßburg | Et.Flz.Pk. 7 | Maj. Siegert | Baden/Oos |
| Gouvernement Straßburg | Appenweiler | FFA 2 | Hptm. v. Falkenhayn | Straßburg |
| Gouvernement Straßburg | Straßburg | FL-Trupp 14 | Hptm. Batzer | Straßburg |
| Gouvernement Straßburg | Straßburg | FL-Trupp 15 | Rittm. Bartmann | Straßburg |
| Kommando Neu-Breisach | Neu-Breisach | FL-Trupp 13 | Oblt. Pachmayr | Neu-Breisach |
| *Selbständige Einheiten (Independent Units)* | | | | |
| Gouvernement Köln | Köln | FFA 3 | Hptm. Volkmann | Köln |
| Gouvernement Germersheim | (Bayr.) Germersheim | FFA bayr. | Hptm. Sorg | Germersheim |
| Gouvernement Germesheim | (Bayr.) Germesheim | Bayr. FL-Trupp 1 | Hptm. Koban | Germersheim |

**VIII. Armee (von Prittwitz und Gaffron) Ostfront**

| *Kommandostelle* | *Hauptquartier* | *Flieg. Einheit* | *Führer* | *1. Flugplatz* |
|---|---|---|---|---|
| *VIII. Armee* | Marienburg | FA 16 | Hptm. Schmoeger | Graudenz |
| " | " | LA 8 | Hptm. Schellbach | Königsberg |
| " | " | Airship Z IV | Hptm. v. Quast | Königsberg |
| I. A.K. | Gumbinnen | FA 14 | Hptm. Heinrich | Insterburg |
| XVII. A.K. | Deutsch-Eylau | FA 17 | Hptm. Dincklage | Deutsch-Eylau |
| XX. A.K. | Allenstein | FA 15 | Hptm. Donat | Allenstein |
| 3. Reserve-Division | Hohensalza | FFA 7 | Hptm. v. d. Goltz | Lötzen |
| Gouvernement | Königsberg | FFA 5 | Hptm. v. Lölhöffl | Königsberg |
| Gouvernement | Graudenz | FFA 6 | Oblt. Donnevert | Graudenz |
| Gouvernement | Posen | FFA 4 | Rittm. v. Hantelmann | Posen |
| Gouvernement | Posen | FL-Trupp 5 | Hptm. Meyer | Posen |
| Gouvernement | Thorn | FL-Trupp 23 | Hptm. Granier | Thorn |
| Gouvernement | Thorn | FL-Trupp 24 | Oblt. Link | Thorn |
| Gouvernement | Graudenz | FL-Trupp 26 | Hptm. v. Gellhorn | Graudenz |
| Gouvernement | Königsberg | FL-Trupp 1 | Oblt. v. Kyckbusch | Königsberg |

**Marine-Luftstreitkräfte**

| | |
|---|---|
| Marine-Luftschiff-Abteilung Fuhlsbüttel | Korv. Kpt. Straßer |
| Luftschiff L 3 | Kpt. Lt. Fritz |
| Marine-Flieger-Abteilung Kiel-Holtenau | Freg. Kpt. Gygas |
| Freiw. Marine-Flieger-Corps Berlin-Johannisthal | Kpt. Lt. Goltz |
| Marine-Flug-Stationen: | Helgoland, Kiel-Holtenau, Putzig, Warnemünde. |

In den ersten Kriegstagen 1914 stellte sich zuerst einmal heraus, daß die Organisation nicht klappte. Bereits am 9. 8. 1914 klagte Oberst von Eberhard: »Es fehlt mir jede Verbindung mit den Fliegerabteilungen, und nur aus den Unterkünften der Etappen-Flugparks kann ich mir ein Bild des Aufmarsches und des Vormarsches machen.« Dann stellte sich heraus, daß die bisher bei der Truppe so beliebte »Taube« zu wenig Steigvermögen hatte. Die Fliegerabteilungen wollten jetzt nur noch Doppeldecker haben. Obwohl es also bei der Führung der Fliegertruppe nicht so recht klappte, leisteten die Aufklärer, es waren damals alle »Nah-Aufklärer«, gute Arbeit. Aber beim Gegner sah es nicht viel besser aus. Die Franzosen waren über Richtung und Umfang des deutschen Aufmarsches ganz und gar nicht im klaren. Bei den Deutschen lief zwar alles sehr schnell: als man später alle Aufklärermeldungen der ersten Tage zusammenfaßte, stellte man fest, daß ein vollkommener Überblick über den feindlichen Aufmarsch nur deshalb nicht möglich war, weil eine Stelle fehlte, die die Meldungen gesammelt und ausgewertet hätte. Die Nahaufklärer stellten die Räumung der Nethe- und Dylestellungen durch die Belgier fest. In den Kämpfen an der Maas am 21. und 24. 8. 1914 konnte der Abzug der Franzosen aus den Maasstellungen einwandfrei festgestellt werden. Dies führte dazu, daß der Angriff der 2. Armee nicht unterstützt sondern die Verfolgung der Franzosen in diesem Frontabschnitt aufgenommen wurde. Hier wurde der operative Einfluß von Aufklärermeldungen zum ersten Mal in vollem Umfang sichtbar. Auch die Flieger der 5. Armee sorgten dafür, daß die Führung die Übersicht über das Kampfgeschehen bei den Schlachten um Longwy und am Othain-Bach behielt und den erfolgreichen Ablauf sichern konnte. Auch in den kritischen Tagen, die der Marneschlacht vorangingen, konnte die Oberste Heeresleitung aufgrund der Meldungen der Aufklärungsflieger rechtzeitig die große Gegenoffensive Marschall Joffres erkennen.

Noch größer aber war der Wert der Luftaufklärung im Osten. Die Kavallerie, die bisher für die taktische Aufklärung verantwortlich gewesen war, hatte gegenüber den russischen Kosakenschwärmen keinerlei Chance.

Bis zum 15. August hatte die Führung der 8. Armee aufgrund der Aufklärermeldungen ein vollkommen klares Bild des russischen Vormarsches. Geradezu schlachtentscheidend sollten aber die Meldungen zweier Besatzungen der Flieger-Abteilung 14 werden. Der damalige Führer der Abteilung, Hptm. Kuckein, hat über die erste Meldung berichtet: »Lt. Canter und Lt. Mertens, die um 6.00 Uhr morgens mit vorgeschriebenem Luftweg von Deutsch-Eylau gestartet waren, erkannten, des dunstigen Wetters wegen nur in 1100 m Höhe fliegend, daß sich in den Waldstücken der Straße Neidenburg-Mlawa russische Truppen von ansehnlicher, schwer zu schätzender Stärke versammelt hatten und bereits Marschkolonnen in Richtung Neidenburg bildeten. Nachdem der Beobachter, Lt. Mertens, diese Ansammlung mit Bomben (5 kg) beworfen hatte, stellte die Besatzung Ausladungen bei Mlawa fest, während sie die Straße Willenberg-Ortelsburg vom Feinde ziemlich frei fand. Den Ernst der Lage für das I. Armeekorps erkennend, versuchte das Flugzeug (»Taube«) zunächst bei

Oben: Sie brachten die entscheidende Meldung bei Tannenberg 1914: v. li.: Lt. Mertens, Lt. Canter, General von Francois, Oblt. Körner, Lt. Hesse. – Darunter: Albatros B II, der Fl.Abt.14, zu der auch die Tannenberg-Flieger gehörten, nach einem Feindflug bei Smorgon (Osten) von dem sie mit 15 Einschüssen zurückkehrte.

Neidenburg, dem Gefechtsstand des Generalkommandos, zu landen, mußte aber, da der einzig brauchbare Landeplatz bereits im feindlichen Feuer lag, bis Gregersdorf wieder zurückfliegen, wo vorher ein Bataillon der Reserve erkannt worden war. Gleich nach der Landung eilte ein Adjutant des Bataillons auf die Flugzeugbesatzung zu, der an Hand der Karte, vom Beobachter unterrichtet, zu schnellem Handeln aufgefordert wurde. Lt. Canter fuhr dann mit dem Fahrrad nach Neidenburg zu dem ahnungslosen General von François und überbrachte ihm um 8.35 Uhr vormittags die erste Meldung von dem bevorstehendem Angriff der Russen...« Die Meldung Caters wurde um 9.15 Uhr von der Besatzung Lt. Hesse-Oblt. Körner bestätigt. »An Gen-Kdo.I.A.K. Kolonnen aller Waffen von Mlawa auf Neidenburg. Spitze 9.10 Uhr in Kandien, Ende 1 km nördl. Mlawa. Zweite Kolonne von Stupsk auf Mlawa, Anfang 8.45 Ostausgang Mlawa, Ende bei Wola.« Inzwischen waren Canter und Mertens beim AOK eingetroffen, wo auch die Meldung Körners vorlag. Es war aber noch nichts veranlaßt worden. Erst aufgrund von Canters Meldung diktierte dann Hindenburg gemäß den Vorschlägen seines Stabschefs Ludendorff dem Lt. Mertens die entscheidenden Befehle, die dann die Vernichtung der russischen Njemen-Armee unter Samsonow bei Tannenberg ermöglichten.

Entscheidend für eine erfolgreiche Operation waren auch die Meldungen einer Besatzung der Fl.Abt. 15 im November 1914, die die Isolierung des 20. A.K. bei Lodz erkannt hatte und dadurch den Durchbruch der Truppen des Generals Litzmann am 23. und 24. 11. 1914 bei Brzeziny ermöglichten, der 12000 Gefangene und 25 eroberte Geschütze erbrachte.

Zu diesem Zeitpunkt wurde die gesamte Aufklärung nur mit unbewaffneten Flugzeugen durchgeführt, wenn man von den Pistolen der Offiziere absieht. Es waren größtenteils »Tauben« verschiedener Hersteller wie Rumpler, Albatros u. a. sowie Doppeldecker von Albatros, LVG und Rumpler. Die Maschinen waren größtenteils mit Motoren von Benz oder Daimler-Mercedes von 100/110 PS ausgerüstet, die Durchschnittsgeschwindigkeit lag bei 110/120 km/h, nur die Rumpler B I kam bis auf 145 km/h. Die Reichweite lag durchschnittlich bei 650 km. Hieraus ist klar zu sehen, daß es sich tatsächlich nur um Nahaufklärungsflugzeuge handelte. Funkgerät im Flugzeug war zu diesem Zeitpunkt noch unbekannt, obwohl Versuche bereits Anfang 1914 stattgefunden hatten. Fotografiert wurde noch wenig. Als einziges Gerät fand eine Handkamera 9 × 12 cm mit 25 cm Brennweite Verwendung, mit der nur Schrägaufnahmen aus dem vorn liegenden Beobachtersitz gemacht werden konnten. Die damals verwendeten Flugzeuge zerfielen in die Kategorien A = unbewaffneter Eindekker, und B = unbewaffneter Zweidecker. Hauptsächlich wurden 1914 Albatros und LVG B I und B II neben den A-Tauben verwendet.

Aber was nutzte die aufopfernde Arbeit der Aufklärungsflieger, wenn ihre Meldungen aus Unverständnis der beteiligten Offiziere nur zu oft bei den Stäben liegenblieben und nicht zu den Oberkommandos gelangten. Nachweislich sind im August-September 1914 50% aller Fliegermeldungen bei den Korps der 1. Armee liegengeblieben und kamen nicht zur Kenntnis des Oberkommandos, darunter eine große Zahl operativ geradezu ausschlaggebender Erkundungsergebnisse (Maj. a. D. Arndt, Reichsarchiv).

Dann kam das Marne-Drama. Die Front erstarrte. Auf beiden Seiten grub man sich ein. Damit entstanden neue Aufgaben für die Fliegertruppe. Die Naherkundung war nun vollauf damit beschäftigt, die feindlichen Grabensysteme genau festzustellen und jede Veränderung zu melden. Damit war die Stunde der Bildaufklärung end-

Oben: LVG C II der Fl. Ersatz-Abt. 10 bei Luftkampfübungen in 2400 m Höhe.

Unten: Angehörige der Beobachterschule Köln Butzweilerhof mit Aviatik B II.

gültig gekommen, denn das menschliche Auge vermochte selbst mit Feldstecher Einzelheiten nicht zu erkennen.

Auf die von Carl Fink entwickelte und von Zeiß-Jena gebaute Handkamera, die sogenannte Fink'sche Pistolenkamera wurde bereits hingewiesen. Es entstanden bei Goerz und Zeiß neue Geräte: Format 10 × 15 cm mit 21 cm Objektiv, 13 × 18 cm mit 25 cm Objektiv, und später 10 × 10 cm mit 30 cm Objektiv. Es sei vermerkt, daß die 13 × 18 cm Handkamera in immer wieder verbesserter Ausführung noch im Zweiten Weltkrieg das Gerät der Nahaufklärer war. Da man zu jener Zeit noch gezwungen war, mit Glasplatten zu arbeiten, und auch noch andere Fehlerquellen auftraten, ergaben sich bereits Anfang 1915 folgende Erfahrungen, für die eine Änderung gefunden werden mußte:

1) Das Arbeiten mit Glasplatten war umständlich und in der Aufnahmezahl beschränkt (sechs Kassetten),
2) Die Schlitzverschlüsse arbeiteten meßtechnisch nicht verzerrungsfrei, eine Herstellung von Bildplänen war daher unmöglich
3) Die Bildfolgen für Flächenaufnahmen mußten errechnet und von Hand belichtet werden.

Das Jahr 1915 sollte für die Aufklärung in der Luft nicht nur neue Probleme sondern zum Teil auch bereits deren Lösung bringen.

Problem Nr. 1 wurde für die unbewaffneten Aufklärungsflugzeuge die Bewaffnung des Gegners. Die französischen Farman- und Voisin-Gitterschwänze ließen es wegen ihres Druckschraubenantriebs zu, dem vorn sitzenden Beobachter ein schwenkbares MG einzubauen. Kurze Zeit später kamen die ersten französischen Morane-Saulnier Einsitzer mit starrem MG zum Einsatz. Die Verluste der deutschen Aufklärer stiegen sprunghaft an. Die deutsche Antwort war das C-Flugzeug mit einem MG-Drehring für den Beobachter. So war wenigstens eine Verteidigung in den hinteren Sektoren möglich. Die deutsche Firma AGO brachte 1915 ein Doppelrumpfflugzeug heraus, bei dem der Beobachter wie beim Gegner vorn saß und mit MG bewaffnet war. Die C-Flugzeuge des Jahres 1915 hatten auch bereits stärkere Motoren von 150 und 160 PS der Firmen Benz und Daimler (Mercedes). Im Sommer 1915 wurde die Ausrüstung der Feldfliegerabteilungen verbessert. Sie erhielten drei zusätzliche Kameras der erwähnten drei Ausführungen und einen Dunkelkammerwagen. Dadurch, daß beim C-Flugzeug der Beobachter hinten saß, konnte man auch die Kameras im Rumpf senkrecht aufhängen. Jetzt waren Senkrechtaufnahmen, die zur Kartenherstellung unbedingt erforderlich waren, besser herzustellen. Durch Aneinanderpassen der Senkrechtaufnahmen konnte man bereits Luftbildkarten herstellen. Es war dann aber ein Mann, der mit dem Militär und der Fliegerei gar keinen Berührungspunkt hatte, der eine vollkommen neue Möglichkeit erfand, richtige Luftbildkarten herzustellen. Er hieß Oskar Meßter, sein Name spielte in der Entwicklung des Kinos eine große Rolle. Er entwickelte einen Film-Reihenbildner, bei dem mit einem 35 mm Kinofilm quer zur Flugrichtung gearbeitet wurde. Nach den ersten Versuchsflügen gelang Meßter bald eine Verbesserung der Geräte, deren Prinzip noch lange Zeit Anwendung fand.

Die wesentlichste Verbesserung für die Aufklärung in der Luft war die erste Reorganisation der Fliegertruppe, die im Mai 1915 abgeschlossen war. An der Spitze der Heeresfliegerei stand jetzt ein Chef des Feldflugwesens. Der erste Feldflugchef war Oberstleutnant Thomsen (mit vollem Namen: von der Lieth-Thomsen), der später beim Aufbau der geheimen Reichswehrfliegertruppe 1919–1934 eine besondere Rolle spielen sollte. Ihm unterstand für die Heimatorganisation die Inspektion der Fliegertruppe mit

Luftschiffer-Bataillon 1 mit Fesselballon vor dem Ausmarsch 1914 in Berlin-Tegel

Major Siegert als Chef. Diesem unterstanden die Fliegerschulen und die Beobachterschulen. An der Front befand sich jetzt bei jeder Armee ein Stabsoffizier der Flieger (StoFl), der aber keine Weisungsbefugnis sondern nur beratende Funktion hatte. Die Heeresoffiziere wollten den »Luftikussen« einfach keine Führungsqualitäten zuerkennen. Dabei hatten diese oft eine bessere Übersicht über das Frontgeschehen als die Führer am Boden, die jeder Fliegermeldung damals mit äußerstem Mißtrauen begegneten. Für die Aufklärung, aufgrund der geringen Reichweite der Flugzeuge immer noch Nahaufklärung, standen jetzt 72 Feldfliegerabteilungen und zwei Festungsfliegerabteilungen einsatzbereit. Diese Abteilungen verfügten über je sechs C-Flugzeuge. Der etatsmäßige Personalbestand betrug 24 Offiziere und 150 Mann für jede Abteilung. Das fliegende Personal, etwa 12–16 Mann bestand ausschließlich aus Offizieren. Später wurden dann auch Unteroffiziere als Flugzeugführer zugelassen. Beobachter konnten nur Offiziere werden.

Der Stellungskrieg brachte den Aufklärern eine neue Aufgabe. Hinter den Grabensystemen lagen die Artilleriestellungen, vorn die Feldartillerie, etwas dahinter die Langrohre und schweren Mörser. Ihre Bekämpfung von erdgebundenen Beobachtungsstellen aus, wie Schornsteinen und Kirchtürmen, wie sie bisher üblich war, erwies sich bald als fast unmöglich, da die Artilleristen auf beiden Seiten diese Stellen bald durch Beschuß ausschalteten. Das Flugzeug wurde nunmehr zum fliegenden Beobachtungsstand. Der Beobachter übernahm die Feuerleitung. Dies erforderte aber die Verwendung von Funkgeräten. Die Firma Telefunken hat auf diesem Gebiet bahnbrechende Arbeit geleistet. Bereits 1912 gelang der Bau einer kleinen Funkstation für Luftschiffe. Bis 1915 konnten dann zwei weitere Funkgeräte, die im Flugzeug eingebaut werden konnten, entwickelt werden. Für das Artillerie-Einschießen wurde ein kleines Gerät mit Reichweite von 25 km und für die nun sich bereits entwickelnde Fernaufklärung (!) ein größeres mit einer Reichweite von 100 km geschaffen. Ein Fliegersturzhelm mit eingebauten Kopfhörern wurde ebenfalls entwickelt. Am meisten hatten sich anfangs die Flieger selbst gegen die Einführung der Funkgeräte gewehrt. »Man wollte zu den Gefahren des Fluges nicht noch die eines elektrischen Hinrichtestuhls gesellen« (wörtliche Äußerung eines Beteiligten). So hatte im August 1914 noch kein einziges Flugzeug ein Funkgerät an Bord. Ein Jahr später flogen alle C-Flugzeuge mit Funkgerät. Neben Telefunken hat die Firma Dr. E. F. Huth bei der Entwicklung gute Arbeit geleistet. Bereits im Februar 1915 lieferten beide Firmen einen Bordsender für die Wellenlängen 150, 200 und 250 m, der sich bei den deutschen Artilleriefliegern gut bewährte. Das Gewicht des Gerätes einschließlich Generator betrug etwa 15 kg. Um den Beobachtern, die das Artilleriefeuer zu leiten hatten, das Lernen der Morsezeichen zu ersparen, wurden sogar automatische Zeichengeber entwickelt. Aber ein geeigneter Empfänger, dessen Notwendigkeit sich bald herausstellte, fehlte noch. Die ersten Versuche mit Empfängern von Dr. Huth mit Verstärkern von Telefunken wurden im Sommer 1915 an der Ostfront bei der Feldflieger-Abteilung 38 durchgeführt. Bereits im Juni glückte ein erster Feindflug mit Wechselverkehr zwischen zwei Flugzeugen einerseits und diesen beiden Flugzeugen mit einer Bodenstelle bei der schweren Artillerie. Die vorläufige Endlösung sollte aber erst 1916 erfolgen. Bei der Entwicklung der Funkentelegrafie im Flugzeug hat sich Lt. Niemann besondere Verdienste erworben.

Während im Westen 1915 der Stellungskrieg die Szene beherrschte, war im Osten der Bewe-

Rechts: Bei den B-Flugzeugen konnte der vorn sitzende Beobachter nur Schrägaufnahmen machen. Oben links: Kampfgelände bei Langemark in Flandern 30. 3. 1915. (Fl.Abt.41). – Darunter: Das brennende Inwangorod (Fl.Abt.64) und Flugplatz Thonne-le-Pres.

gungskrieg noch in vollem Gange. Aus diesem Grunde lag hier die Hauptarbeit in der Aufklärung der feindlichen Rückzugsbewegungen. Im Verhältnis zum Westen war die Arbeit der Aufklärer wesentlich leichter, da die Russen nur über schwache Fliegerverbände verfügten. Der Flugzeugnachschub war bei den Russen so schlecht, daß sie sehr viele deutsche Flugzeuge, die bei ihrem Vormarsch 1914 in ihre Hände gefallen waren, jetzt mit Kokarden versehen selbst benutzten. Ende 1915 sah hier die Lage gut aus: Kurland, Litauen und Polen waren in deutscher Hand. Bis auf zwei waren alle Festungen an Rußlands Westgrenze gefallen.

Anfang Januar 1916 nahm die deutsche Aufklärungstätigkeit im Westen zu. Die Franzosen wurden während des ganzen Januars durch deutsche Ablenkungsangriffe irritiert. Aber auch die französischen Aufklärungsflieger hielten die Augen offen. Immer mehr kam man bei der französischen Führung zu der Überzeugung, daß die Deutschen an der am stärksten verteidigten Stelle der französischen Front angreifen wollten, bei Verdun.

Am Vormittag des 21. Februar 1916 hingen Dutzende deutscher Artillerieflieger im Abschnitt Verdun am Himmel. Unter ihrer Leitung hatten sich die deutschen Batterien, etwa 1500 Geschütze auf 15 km Frontbreite, bereits an den Vortagen vorsichtig auf ihre Ziele eingeschossen. Jetzt begann das Wirkungsschießen. Die blutigste Schlacht des Ersten Weltkriegs begann. Der Kampf um Verdun war gleichzeitig die Geburtsstunde des deutschen Jagdeinsitzers. Hier errangen Boelcke und Immelmann ihre ersten Erfolge. Der Ausgang dieser Schlacht darf als bekannt vorausgesetzt werden.

Im Osten begann am 18. 3. 1916 die Brussilow-Offensive, die den Russen ungeheure Verluste, aber nicht den ersehnten Erfolg brachten. Zum Teil waren die deutschen Aufklärungsflieger daran schuld, die jederzeit imstande waren, die russischen Angriffsvorbereitungen zu erkennen, und die deutsche Führung in die Lage zu versetzen, die notwendigen Abwehrmaßnahmen vorzubereiten. Der Sommer des Jahres 1916 sollte dann die Schlacht bringen, die die deutschen Fliegerverbände praktisch an den Rand des Zusammenbruchs brachten: die Schlacht an der Somme. Bei allen negativen Wirkungen dieser deutschen Niederlage ist als positiv zu werten, daß nur durch sie der planmäßige Aufbau wirklicher deutscher Luftstreitkräfte, die es bis dahin nicht gab, zustande kam.

Thomsen und Siegert hatten inzwischen ein Bauprogramm aufgestellt, dessen Ausmaße damals als geradezu gigantisch angesehen werden mußte, und das bis April 1916 durchgeführt werden sollte. Für die Aufklärung bedeutete dies die Neuaufstellung von 13 Feldflieger- und 27 Artilleriefliegerabteilungen, nunmehr als Fliegerabteilung (A) bezeichnet. Diese letzteren sind als eigentliche Nahaufklärer nach modernen Begriffen anzusehen. Ihre Aufgabe bestand in der Zusammenlegung rein artilleristischer Aufträge mit anderweitigen Gefechtserkundungsaufgaben. Gleichzeitig begannen die Versuche, den Artilleriefliegern durch Begleitflugzeuge hinreichenden Schutz gegen feindliche Überlegenheit zu geben. Hauptmann Haehnelt, StoFl der V. Armee, die bei Verdun kämpfte, war der erste, der besondere »Schutzstaffeln« zu diesem Zweck aufstellte, aus denen dann die ersten Jagdstaffeln hervorgingen.

In diese Aufbauarbeit hinein fuhr nun der Schlag der Somme-Schlacht. Der spätere Kommandierende General der Luftstreitkräfte, Generalleutnant von Hoeppner hat sehr klar geschildert, was sich an der Somme ereignete: »Die größere Zahl sicherte dem Feind zeitweise eine fast unbestrittene Luftüberlegenheit, wodurch unsere schwachen Luftstreitkräfte dem Masseneinsatz

Albatros C III der Fl.Abt.21 (Ostfront). Der Soldat rechts trägt eine der ersten Reihenbildkameras.

Funkgerät mit Trommel für Schleppantenne einer LVG B II.

der Feinde gegenüber sehr bald zur Ohnmacht verurteilt waren. So konnte der Gegner seine Erkundungs- und Angriffstätigkeit und auch die Fernaufklärung nahezu ungestört durchführen... Weitaus am stärksten aber waren die Erfolge der feindlichen Artillerieflieger. Die Niederzwingung unserer Artillerie ist durch das ausgezeichnete Zusammenwirken der Artillerie und der Flieger des Feindes erreicht worden.« Die Situation auf deutscher Seite war so, daß jedes deutsche Aufklärungs- oder Artillerieflugzeug, das 1000 m Höhe überstieg, sofort von feindlichen Flugzeugen abgeschossen wurde. Das Auftreten der ersten sieben deutschen Jagdstaffeln schuf eine erste Entlastung der deutschen Nah- und Fernaufklärer. Aber erst die große Reorganisation der deutschen Fliegerverbände führte dann zum endgültigen Aufbau straff geführter deutscher Luftstreitkräfte.

Am 8. Oktober 1916 wurde die Stelle eines »Kommandierenden Generals der Luftstreitkräfte« geschaffen, die mit Generalleutnant von Hoeppner besetzt wurde, der selbst von dieser Ernennung überrascht war, da er der Materie vollkommen fremd gegenüber stand. Es mußte aber ein General an der Spitze der neuen Waffengattung stehen, um das nötige Schwergewicht gegenüber den Heereskommandeuren zu stellen. Der eigentliche Führer war der bisherige Feldflugchef Thomsen, der als Chef des Stabes des Kommandierenden Generals der Luftstreitkräfte (Kogenluft) fungierte. Ihm und Major Siegert, dem Inspekteur der Fliegertruppe (Idflieg) gelang es durch hervorragende Organisations- und Zusammenarbeit, noch einmal für kurze Zeit die deutsche Luftherrschaft zurückzugewinnen. Der Einsatz der Fliegerverbände wurde jetzt durch die ehemaligen StoFl, jetzt »Kommandeure der Flieger (Kofl)« geregelt. Die Nahaufklärer wurden auf 98 Fliegerabteilungen (A) aufgestockt.

Idflieg sorgte dafür, daß der neu bestellte »Luftzeugmeister« Hauptmann Wagenführ in Zusammenarbeit mit der Luftfahrtindustrie leistungsfähige Flugzeuge, Motoren, Foto- und Funkgeräte sowie die sonstige Ausrüstung bereitstellte. Bei den Werken hatten Bauaufsichten die Qualität der Erzeugnisse zu kontrollieren.

Die zahlenmäßige Unterlegenheit der deutschen fliegenden Verbände brachte es mit sich, daß die Aufgabenteilung zwischen Feldfliegerabteilungen und Fliegerabteilungen (A) oft verwischt wurde, da die ersteren sehr oft Aufgaben übernehmen mußten, die eigentlich den letzteren hätten zufallen müssen. Beide wurden als »Arbeitsflieger« bezeichnet, wobei die Fernaufklärung meist durch die mit den dafür notwendigen Flugzeugen ausgerüsteten Feldfliegerabteilungen durchgeführt wurde, während alle anderen Aufgaben von beiden gelöst wurden. Was die Ausrüstung der fliegenden Verbände angeht, so litt diese, wie im Zweiten Weltkrieg unter empfindlichem Rohstoffmangel. Das Wort »Ersatz« wurde großgeschrieben. Aber bis zum Zusammenbruch 1918 wurden immer wieder Ausweichlösungen gefunden.

Im Sommer 1916 wurde im Großen Hauptquartier den Offizieren der Obersten Heeresleitung das neue »Sende-Empfangsgerät für C-Flugzeuge Type D« mit Bodenstation vorgeführt, das sowohl beim Artillerie-Einschießen, wie auch bei der Übermittlung von Meldungen in der Nah- und Fernaufklärung sowie bei Übermittlung von Befehlen vom Flughafen zum Flugzeug wie von Flugzeug zu Flugzeug, und ein Exerzieren nach Funkbefehlen im Geschwaderverband vorgeführt. Ab November 1916 wurde dieses System dann generell im Frontbetrieb eingeführt. Der Wellenbereich dieses Geräts reichte von 150 bis 500 Meter. Die Wellenlänge konnte durch die Länge der Schleppantenne geregelt werden. Als Stromquelle diente ein mit dem Flugzeug-

Besatzung einer DFW C V (Av).

Senkrechtaufnahme der Fl.Abt. (A) 208 des Bahngeländes nordwestlich von Pinon (Frankreich) aus 4900 m Höhe.

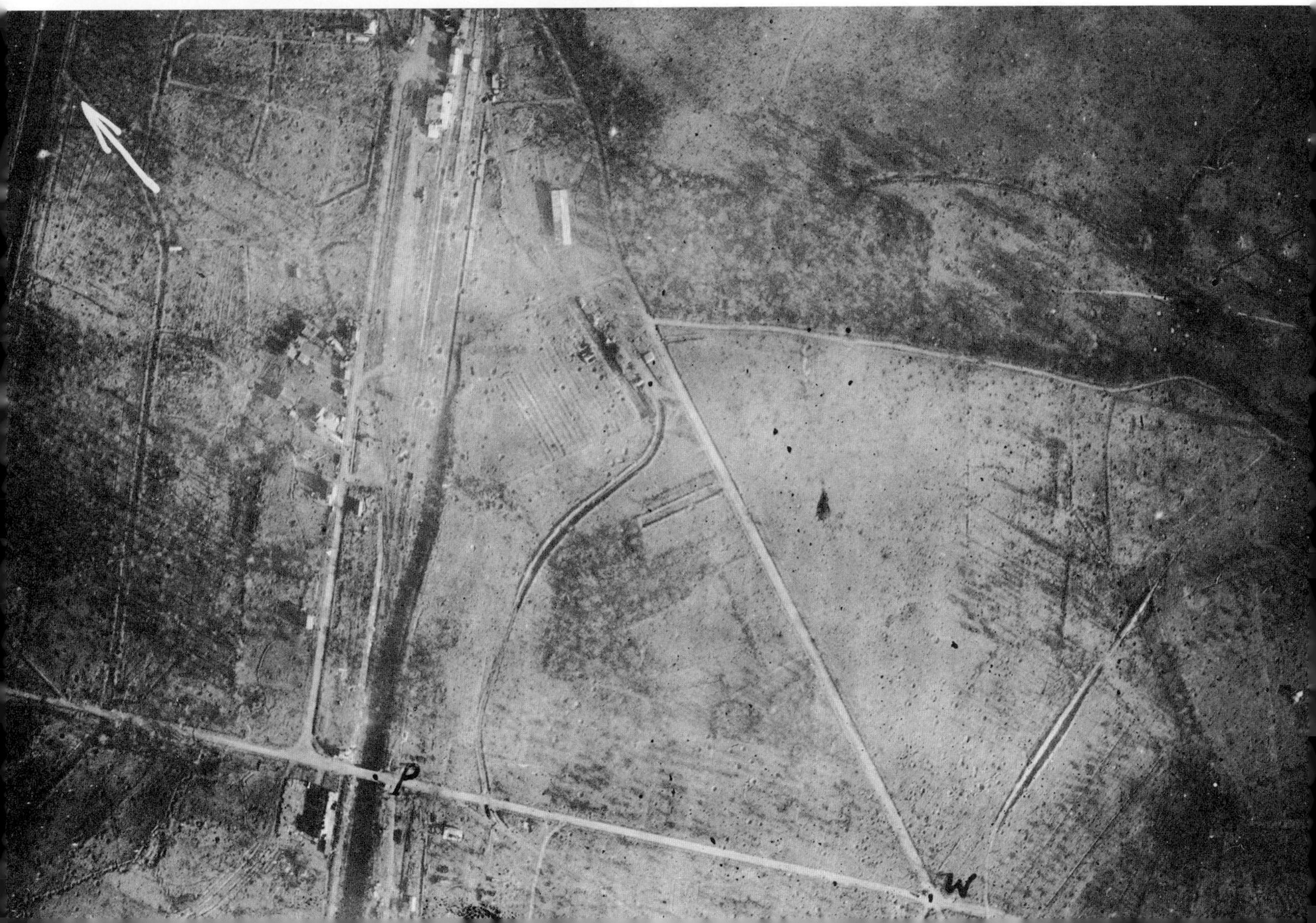

motor gekoppelter Generator, dessen Wechselstromteil 500 Watt für die Funkanlage und dessen Gleichstromteil 200 Watt für Heizung der MG, Steuerung und Flugbekleidung der Besatzung lieferte. Als Bodenstelle fungierten entweder eine bespannte »Flieger-Gefechtsstation«, deren Wirkungsbereich vom Boden zum Flugzeug 100 km, in umgekehrter Richtung 250 km betrug oder eine »Kraftwagen-Hafenstation«, die die doppelten Leistungen wie die Gefechtsstation erzielte.

Die Massierung von Funkgeräten im Kampfraum führte zwangsläufig dazu, daß die einzelnen Sender und Empfänger sich gegenseitig störten. Die Lösung dieses Problems brachte der Kathoden-Röhrensender, mit dessen Hilfe es dann gelang, Reichweiten von 3 bis 400 km mit etwa 8–10 Watt zu überbrücken. Das erste Gerät dieser Art, den »Röhren-Sender-Empfänger« erhielten die Fliegerabteilungen (A) im Sommer 1918 an der Westfront. Mit diesem wurden Reichweiten von 300 km über Land und bis zu 600 km über Wasser erreicht. Die ersten Versuche mit drahtlosem Fernsprechverkehr liefen bereits, ja sogar Versuche mit drahtloser Bildübertragung liefen erfolgreich an, als der Zusammenbruch am 9. 11. 1918 eine weitere Entwicklung verhinderte. Bis zum Kriegseintritt Amerikas hatte die deutsche Funkentwicklung einen erheblichen zeitlichen Vorsprung vor den Gegnern.

Auch das Luftbildwesen machte im Verlauf des Ersten Weltkriegs ungeheure Fortschritte. Hierbei muß immer wieder auf die hervorragenden Leistungen des früher als Leutnant erwähnten, späteren Hauptmanns Fink (»Lichtbild-Fink«) und des Lt. d. R. Oskar Meßter hingewiesen werden. Bereits vor Einrichtung der Dienststelle »Kogenluft« waren bei den Armee-Stäben »Stabsbildabteilungen (Stabia)« als Zentralstellen für das Luftbildwesen eingerichtet worden. Die Häufung der Aufgaben führte dann zur Bildung von »Gruppenbildstellen« bei untergeordneten Verbänden. Entsprechend der Frontorganisation entstand bei der Idflieg das »Luftbildkommando (Lubiko)«, das die gesamte Ausbildung der Beobachter und des Bild-Bodenpersonals leitete. Aus dem »Lubiko« entstand dann eine wirkliche »Inspektion des Lichtbildwesens«, ein Beweis, daß die Wichtigkeit der Luftbildfotografie bereits damals voll und ganz anerkannt und gewürdigt wurde. Es wurden bereits damals stereoskopische Aufnahmeverfahren entwickelt. Mit Hilfe eines Doppelmikroskopischen Betrachters konnte jede Geländeveränderung bis ins kleinste verfolgt werden. Wie weit die Luftbildtechnik damals bereits vorgeschritten war, sei durch zwei Werturteile bewiesen. Am 23. 7. 1918 meldete der Kriegsvermessungschef bei Kogenluft: »Mit dem Meßterschen Reihenbildner aufgenommene Landesteile sind maßstabhaltig. Der Doppelreihenbildner, der Stereoaufnahmen liefert, gestattet sogar, die Geländeform (Höhen und Tiefen) allgemein zu erkennen.« Im Jahre 1921 schrieb der Franzose A. H. Carlier: Meßters Konstruktion ist äußerst sinnreich. Er brachte den Deutschen eine Aufklärung, die der unsrigen sicherlich sowohl an Qualität als auch an Quantität völlig überlegen war. Die Apparate waren allerbeste Qualität.

Selbstverständlich war auch die Entwicklung der Flugzeuge weiter vorgeschritten. 1916 kamen für die Nahaufklärer folgende neuen Typen zum Einsatz. AEG C IV, Albatros C III und C VI, DFW C V (von Aviatik als Aviatik C VI geliefert), LFG C II, LVG C IV und Rumpler C I. Hiervon sind die LFG C II, als »Walfisch« bekannt geworden, und die Rumpler C I besonders bemerkenswert. Die erstere war aufgrund besonders guter aerodynamischer Formgestaltung mit 165 km/h den feindlichen Jagdeinsitzern gewachsen. Andererseits verursachte sie wegen ungünstiger Sichtverhältnisse für den Flugzeugführer sehr oft Bruchlandungen. Bestes C-Flugzeug des Jahres 1916 aber war unstreitig die Rumpler C I. Die Maschine hatte eine Höchstgeschwindigkeit von 175 km/h und verfügte über sehr gute Steigleistungen und Flugeigenschaften. Die gleichaltrigen französischen Jagdeinsitzer Nieuport 17 C.1 waren nur um 2 km/h schneller als die Ru C I! Die englischen Sopwith »Pup« waren sogar 7 km/h langsamer.

Die schwere Arbeit der Nahaufklärer wurde damals allgemein anerkannt. Die Hauptarbeit hatte der Beobachter zu leisten, aber ohne eine gute Zusammenarbeit zwischen ihm und dem meist dem Unteroffiziersstand angehörenden Flugzeugführer konnte auch er nicht zum Erfolg kommen. Bereits vor 1914 hatte sich der Begriff der »Fliegerehe« zwischen »Franz« und »Emil« herausgebildet, der bei den Aufklärungsfliegern auch noch im Zweiten Weltkrieg Geltung haben sollte. Der Name »Franz« für den Beobachter stammt von dem bereits am 3. 9. 1914 im Westen gefallenen Lt. Blüthgen. Beim Manöver 1912 wurde er, der mit seinem Beobachter die ihm gestellte Aufklärungsaufgabe gut gelöst hatte, vom Kommandierenden General nach dem Namen seines Beobachters gefragt. Darauf antwortete Blüthgen: »Keine Ahnung! Ich nenne ihn Franz!« Damit war der Name geboren. Auch »Emil« hat einen der ersten Militärflieger zum geistigen Vater. Es war Lt. von Blanc, Pilotenschein Nr. 380 vom 17. 4. 1913.

Daß die schwere Arbeit der Aufklärer richtig eingeschätzt wurde, hat eine Aussage Manfred von Richthofens, des erfahrensten Jagdfliegers und Jägerführers des Ersten Weltkriegs, bewiesen. Er schrieb: »Dem Aufklärungsflieger begegnet es oft, daß er in einen Kampf verwickelt wird, aber er hat Wichtigeres zu tun, als sich mit dem Kampf zu beschäftigen. Oft ist eine Platte wichtiger als der Abschuß eines ganzen Apparates. Deshalb ist er in den meisten Fällen gar nicht zum Luftkampf berufen.« Die Verleihung des Pour le Mérite an acht Aufklärungsflieger ist ein Beweis dafür, daß man auch bei der Obersten Führung ihre Leistung zu schätzen wußte. Auf dem Gebiete der Lichtbildaufklärung zeichneten sich besonders aus: Hermann Fricke, Führer des Reihenbildzuges 2, Jürgen von Grone, Fliegerabteilung (A) 222, Erich Homburg, Feldfl. Abt. 62. Hervorragende Artillerieflieger waren Wilhelm Griebsch, Fl. Abt. (A) 213 und 250, Hans-Jürgen Horn, Fl. Abt. (A) 221 und Albert Müller-Kahle, Fl. Abt. (A) 202 und 215 sowie Friedrich Nielebock Fl. Abt. (A) 250. Eine Sonderstellung nahm Dr. Peter Rieper ein. Er war der einzige Fesselballon-Beobachter, der den Pour le Mérite erhielt. Die Beobachtung vom Fesselballon aus war wirklich Nah- und Gefechtsaufklärung. Ein Einsatzbericht Müller-Kahles, der auch bei der neuen Luftwaffe der dreißiger Jahre als Kommandeur der Beobachterschule Brieg seine Erfahrungen weitergeben konnte, zeigt, daß die Arbeit der Nahaufklärer im Ersten Weltkrieg gar nicht so verschieden von der im Zweiten war.

»Nachdem ich mich stets abends vorher mit der betreffenden Artilleriegruppe, möglichst mit dem das Erdfeuer leitenden Offizier telefonisch über Munition und Ziel geeinigt hatte, wurde früh – nach nochmaliger Benachrichtigung der Artillerie – gestartet. Auf dem Hinfluge stellte ich die befohlene Welle für die drahtlose Telegrafie ein, die zum leichteren Abhören seitens der Erdfunker für jedes Flugzeug verschieden abgestimmt war, und rief die bei der Artillerie für mein Schießen eingeteilte Erdempfangsstation mit dem ihr und mir bestimmten Anruf- und Schlußzeichen als Erkennungssignal an. Auf den Anruf legten dann die Funker an der Antenne die entsprechenden Sichttuchzeichen aus (weiße etwa 75 cm breite und 3 m lange Tuchstreifen, aus denen sich die verabredeten Zeichen legen ließen), und das Schießen fing an. Nun begannen

Besatzung einer DFW C V vor dem Start zum Feindflug.

Der erste Jagdaufklärer: Albatros D III des Lt. Hohberg, Fl.Abt. (A) 263.

die Hauptschwierigkeiten: richtiges Anfliegen, mit dem Einschlagen des Schusses an der Front sein, den Schuß mit dem Ziele in Verbindung bringen, auf dem Rückflug zur Antenne die Beobachtung funken, daß man beim Wiederzuwenden zur Front als Antwort das Schußbereitzeichen der Artillerie sah. Das alles mußte fix gehen, ein einziges verpaßtes Hinsehen hat oft das ganze mühsame Schießen um den Erfolg gebracht. Dabei gleichzeitig auf feindliche Flieger und Abwehrkanonen achten, und alles das unter den im Westen von Natur sehr erschwerten Sichtverhältnissen, die für den Gegner wesentlich günstiger waren. In Flandern hatten wir durch die Einwirkung der See früh morgens, wenn uns die Sonne günstig im Rücken stand, sehr oft tiefe Wolken oder Regen. Klärte sich dann gegen Mittag oder Abend das Wetter auf, so sahen wir in eine milchige Brühe gegen die Sonne. Diese Dunstschicht, die ich nur mit dunkelblauem oder grünen Brillenglas durchsehen konnte, zog sich oft bis 2500 m hin, so daß wir das Ziel nur verschwommen erkennen konnten, im Gegensatz zum Tommy, der mit der Sonne glänzend beobachtete und für dessen Jagdflieger wir durch das Licht geblendete »Artilleriehäschen«, die in ihrem Kreise hin und her torkelten, ein leichtes Ziel boten.« Vergleicht man die Arbeit der Nahaufklärer 1914–18 mit der von 1933–45, so wird man erkennen, daß diese Männer damals die Vorbedingungen für die Leistungen der Nahaufklärer im zweiten Weltkrieg geschaffen haben. Sogar der Jagdaufklärer des Zweiten Weltkrieges hat seinen Ahnherrn schon damals gehabt. Lt. Hohberg von der Fl. Abt. (A) 263 ließ sich in einen Jagdeinsitzer Albatros D III eine Senkrecht-Kamera einbauen, mit der er einige erfolgreiche Einsätze flog, bis er von einem feindlichen Jäger abgeschossen wurde. Seine Idee wurde aber leider nicht weiter verfolgt.

Wie weit die Entwicklung der Nah-Aufklärungsflugzeuge aber schon 1918 fortgeschritten war, zeigt ein Vergleich der Leistungen eines der letzten Aufklärungsflugzeuge von 1918, Albatros C XV, mit denen einer Henschel Hs 126 von 1939:

| | *Albatros C XV* | *Hs 126* |
|---|---|---|
| Motorleistung | 200 PS | 830 PS |
| Bewaffnung | 1 st. & 1 bew. MG | 1 st. & 1 bew. MG |
| Fluggewicht | 1320 kg | 3090 kg |
| Höchstgeschwindigkeit | 165 km/h | 280 km/h |
| Reichweite | 500 km | 800 km |
| Gipfelhöhe | 5000 m | 6800 m |

Man sieht, mit welchem verhältnismäßig geringem Leistungsaufwand damals eine für damalige Verhältnisse ausgezeichnete Leistung vollbracht wurde. Berücksichtigt man dann die geschilderten Entwicklungen in der Funk- und Lichtbildtechnik, dann muß man feststellen, daß bis 1939 die Fortschritte in der Nahaufklärungstechnik gar nicht so überragend gewesen sind.

# 3. Getarnte Weiterentwicklung – Die Verbotszeit 1919–1933

Die Unterzeichnung des Friedensvertrages von Versailles am 10. Januar 1920 bedeutete das Ende der militärischen Luftfahrt in Deutschland. Am 21. Januar 1919 hatte General von Hoeppner nach Rückführung aller Verbände der ihm unterstellten Luftstreitkräfte zum Abschied einen Tagesbefehl erlassen, in dem er noch einmal die Leistungen aller Verbände hervorhob.
Die Auflösung der Dienststelle Kogenluft bedeutete gleichzeitig die Auflösung der Verbände und damit auch der Aufklärungsverbände. Dies waren: Die Flieger-Abteilungen Nr. 1, 2, 3 LB, 6–8, 9 (Württbg.), 10, 12 LB, 13, 14, 16, 17, 18 LB, 19–22, 23 Lb (Sächs.), 26–33, 34 (Sächs.), 35–39, 40 Lb, 41–43, 44 Lb, 45 Lb (Bayr.), 46 Lb (Bayr.), 48 (Bayr.), 108, 300, 303, 304 (Bayr.), 305. (Anmerkung: Alle nicht besonders gekennzeichneten Einheiten sind preußische gewesen. Die Fl.Abt. 300–305 standen im Nahen Osten.)
Dazu kamen die Flieger-Abteilungen (A) Nr. 199 (Bayr.) 201–203, 204 (Sächs.), 205–207, 208 (Sächs.), 209–215, 216 (Württbg.), 217–223, 224 (Württbg.), 225, 226 (Sächs.), 227–230, 231 (Sächs.), 232–241, 242 (Württbg. 243, 244 (Sächs.), 245–249, 250 (Sächs.), 251, 252 (Württbg.), 253, 254, 255 (Sächs.), 256–259, 260 Lb, 261 Lb, 262, 263, 264 (Sächs.), 265–269, 270 Lb, 271–274, 275 (Sächs.), 276, 277, 278 (Sächs.), 279–285, 286–288 (Bayr.), 289 Lb (Bayr.), 290–298 (Bayr.).
Ferner die Auswertungseinheiten: Stabsbildabteilungen bei den Kofl 1–11, 18, 19, A, B, C, Gruppenbildstellen Nr. 101–104, 117–120, 126, 128, 129, 131, 133–145, 243–244 (Bayr.), 150–168, 170 (Bayr.), 171, 173–180, 183, 185, 187, 190, 192, 297–299 (Bayr.) und die Reihenbildzüge Nr. 1–7. Schließlich die Artillerie-Beobachterschulen Alt-Auz, Doblen und Grafenwöhr, die Bayrische Funkerschule Schleißheim und die Beobachterschulen Thorn, Königsberg, Warschau, Schwerin, Namur, Jüterbog, Jüterbog-Diest und Stolp.
Die große Zahl dieser 1919 demobilisierten Aufklärungseinheiten beweist, wie wichtig die Luftaufklärung geworden war.
Das Jahr 1919 brachte für die junge Reichswehr, dem einzigen noch erlaubten militärischen Verband, bereits Belastungen, die zeigten, daß diese kleine Streitmacht auf Fliegerverbände nicht verzichten konnte. Die Abwehrkämpfe gegen die Bolschewiki im Baltikum und die Niederschlagung der kommunistischen Aufstände in Bayern, Mittel- und Nord-Deutschland zwangen die Reichsregierung, auf Freiwilligenverbände – die sogenannten Freikorps – zurückzugreifen. Dazu gehörten auch Fliegerverbände. Es wurden eingesetzt: die Fliegerabteilungen 1, 2, 6, 413, 427, 429, die Grenzschutz-Fl. Abt. 408, 409, die Freiwilligen-Fl. Abt. 424, 425, 426 und die Feldflieger-Abt. 433. Dazu kamen kleinere Verbände in Bayern und Württemberg. Bei den Kämpfen im Baltikum zeichnete sich besonders das Geschwader Sachsenberg aus. Auch bei den Abwehrkämpfen gegen die Insurgenten Korfantys in Oberschlesien waren Nahaufklärungsflieger im Einsatz.
Hauptmann Wilberg, der Gehilfe Oberst Thomsens, der noch im Preußischen Kriegsministe-

rium als Leiter der Luftabteilung A7L arbeitete, hatte dem Militärsachverständigen bei den Verhandlungen in Versailles, Generalmajor von Seeckt, zwar in einer Denkschrift vom 18. 5. 1919 versucht, die Wichtigkeit einer kleinen Luftwaffe für die Reichswehr darzulegen. Aber die Siegermächte, insbesondere Frankreich, bestanden auf einer totalen Vernichtung des gesamten fliegerischen Materials und des Verbots von Fliegerverbänden für Deutschland. Auch die sogenannten »Polizeistaffeln« wurden verboten. Damit war die Aufstellung der für jedes Heer unbedingt notwendigen Aufklärungseinheiten unmöglich geworden. Aber auf jeden Druck erfolgt ein Gegendruck, auf jede Aktion eine Reaktion. Jetzt begann zwar langsam aber unaufhaltsam die Arbeit zur Schaffung einer geheimen Fliegertruppe für die Reichswehr. Vorläufig beschäftigte man sich erst einmal theoretisch mit der Militärluftfahrt. Die Grundlage für die Schaffung einer geheimen Kaderluftwaffe bot dann aber der am 16. April 1922 zwischen Deutschland und der UdSSR abgeschlossene Vertrag von Rapallo, der durch eine Geheimklausel Deutschland eine Basis zur Fliegerausbildung und Flugzeugentwicklung in der UdSSR verschaffte.

Jedem, der die militärische Lage kannte, war klar, daß Deutschland versuchen würde, wieder in der Luft aufzurüsten. England besaß 1920 2000 Frontflugzeuge, Frankreich 1260, Belgien 250. Dazu kamen noch Polen, die Tschechoslowakei und die baltischen Staaten, die besonders von Frankreich systematisch in der Luft aufgerüstet wurden. Deutschlands einzige Abwehr gegen diese Bedrohung waren zehn Fla-Geschütze!

Bereits 1920 waren bei den Infanterie-Divisionen der Reichswehr »Referenten z.b.V.« eingesetzt worden, die für Luftfahrtfragen zuständig waren und bereits über eine kleine Lichtbildstelle verfügten. 1922 erhielt die Firma Ernst Heinkel in Warnemünde durch Hauptmann Student, den Referenten für Fliegertechnik im Reichswehrministerium (RWM) den Auftrag zur Entwicklung eines Nahaufklärungsflugzeuges. Das Resultat war das Mehrzweckflugzeug Heinkel HD 17. Ein »Herr von der Lieth« wurde Leiter der Verbindungsstelle in Moskau. Es war niemand anderer als der ehemalige Feldflugchef, Oberst a. D. von der Lieth-Thomsen. Auf sowjetischen Vorschlag wurde der Flugplatz Lipezk an der Bahnstrecke Graesi-Orel vom RWM als geheime deutsche Flugbasis akzeptiert. Im Jahre 1924 begann dann die planmäßige Fliegerausbildung für die Reichswehr-Fliegertruppe. Neben Lipezk stand auch der russische Fliegerübungsplatz Woronesch der Reichswehr zur Verfügung. Er wurde erstmalig im Jahre 1928, vor allem für die Beobachterausbildung, im Vierwochenwechsel mit Beobachterausbildungsgruppen im feldmäßigen Flugbetrieb belegt. Hier fand sich auch endlich Gelegenheit, Artilleriebeobachter in der Feuerleitung der Artillerie zu schulen, da die Sowjets hierfür eine Batterie zur Verfügung stellten. Man hatte sich bisher mit sogenannten »Steilbeobachterlehrgängen« behelfen müssen, wobei die Feuerleitung von Berggipfeln in den Bayrischen Alpen und im Riesengebirge erfolgte. Der erste Beobachterlehrgang lief sofort 1928 an. 1931 wurde aber die Beobachterausbildung aus Kostenersparnissen nach Braunschweig verlegt, wo die Deutsche Verkehrsflieger-Schule (DVS) genügend Tarnmöglichkeit bot. Die Flugzeugführerausbildung war bereits von Anfang an in Deutschland durchgeführt worden. In Lipezk sind in drei Lehrgängen etwa 100 Beobachter ausgebildet worden.

Aufgrund der in Lipezk und Woronesch gemachten Erfahrungen entstand bereits damals die »Vorschrift für Artillerieflieger«. Für die Belange der Heeresfliegerei wurde 1927, als die DVS-Fliegerschule in Staaken bei Berlin bereits über-

**Mehrzweckflugzeug Heinkel HD 17.**

**Führersitz mit Starrbewaffnung 2 x MG 08/15 bei HD 17.**

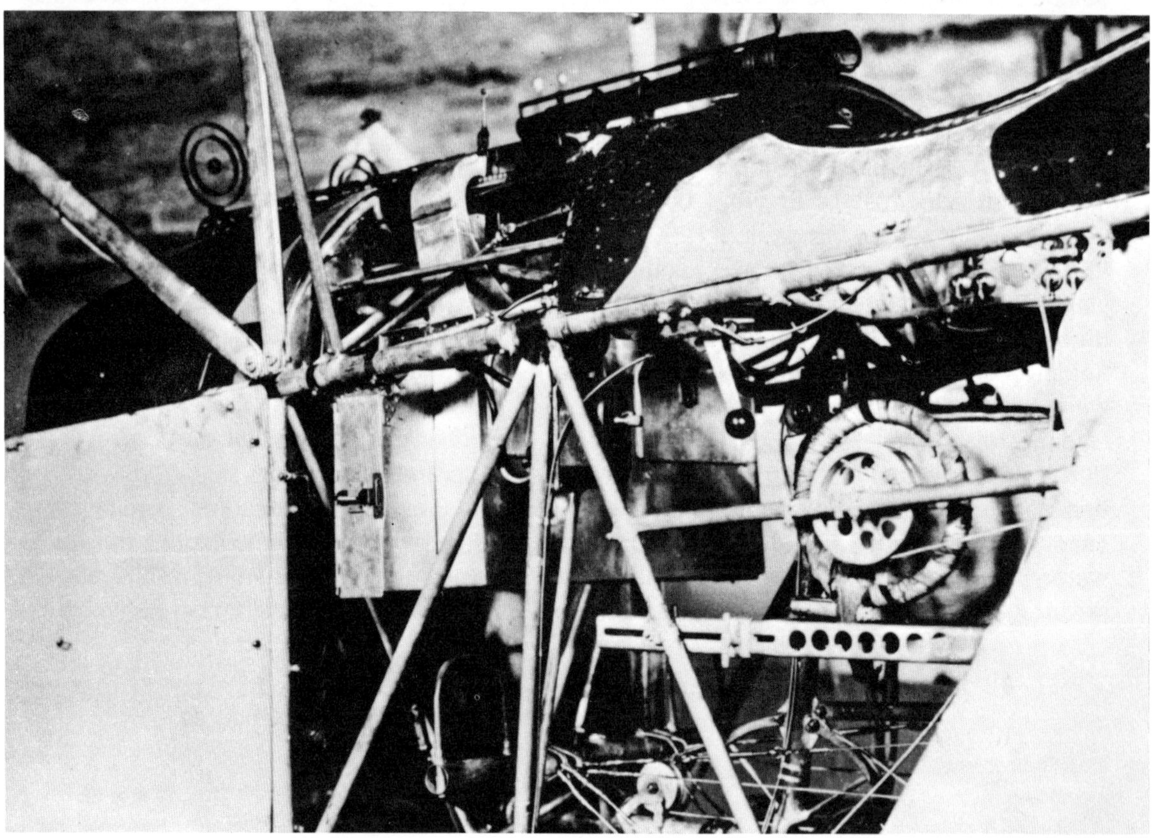

lastet war, die Fliegerschule Schleißheim und kurz danach die DVS Braunschweig eingerichtet. 1929 brachte Heinkel einen Nachfolgetyp für die HD 17 unter der Bezeichnung HD 41 heraus, dessen drei Musterflugzeuge offiziell als »Motorenversuchsflugzeuge« deklariert wurden. Diese wurden eingehend getestet und entsprechend den Forderungen der Reichswehr geändert. Zwei dieser HD 41 wurden dann Prototypen für die spätere He 45, die erst als Fernerkunder, 1939 nach Kriegsausbruch aber noch als Nahaufklärer im Westen eingesetzt wurde.

Albatros lieferte 1927 zwei Aufklärungsflugzeuge: L 74 und L 76. Von der ersteren wurden nur zwei, von der zweiten sechs Flugzeuge gebaut. Trotz guter Beurteilung wurde die L 74 nicht in Serie gebaut. L 76 erwies sich als »Todesmaschine«. Mit ihr stürzten der Bruder des späteren Generalstabschefs der Luftwaffe, Hauptmann Paul Jeschonnek, und der frühere Führer der Jagdstaffel 28 von 1918, Emil Thuy, tödlich ab.

1926 erfolgte die Bildung der Deutschen Lufthansa, die bei der geheimen Entwicklung der Reichswehrfliegertruppe eine wesentliche Rolle spielen sollte. Dies galt natürlich auch für die DVS. Die DVS-Schule Braunschweig war für die Beobachterausbildung zuständig. Schleißheim für die Flugzeugführer. Ursprünglich fand die theoretische Beobachterausbildung in Berlin im Rahmen des sogenannten »Tarnlehrgangs« statt, der aber nach der Verlegung der DVS Staaken nach Braunschweig ebenfalls dorthin abwanderte. Lipezk diente vor allem der taktischen Heeresfliegerausbildung. Das fliegertechnische Entwicklungsreferat im Heereswaffen-Amt unter Hauptmann Student hatte inzwischen von 1927–29 genaue Forderungen für vier Typen von Militärflugzeugen festgelegt, darunter ein Erkundungsflugzeug für die Divisionsnahaufklärung unter dem Decknamen »Erkudista«.

In Zusammenarbeit mit Telefunken wurde bereits an Funkgeräten gearbeitet, die dann als FuG 1 und FuG 2 die Erstausstattung der Nahaufklärungsflugzeuge nach der Enttarnung 1935 bildeten. Die Entwicklung des Luftbildgerätes erfolgte in dieser Zeit in Zusammenarbeit der Reichswehr mit der Deutschen Versuchsanstalt für Luftfahrt (DVL) und der Hansa-Luftbild-GmbH, einem Tochterunternehmen der Deutschen Lufthansa. Lieferant der Kameras war, wie 1914–18 die Firma Zeiß in Jena. Focke-Wulf in Bremen hatte aus dem Verkehrsflugzeug A 21 »Möwe« ein fliegendes Luftbildlabor entwickelt, in dem die Erprobung der Reihenbildkameras vorgenommen und die zukünftigen Bildoffiziere geschult werden konnten. Die DVL entwickelte fotogrammetrische Aufnahmeverfahren, die den Nah- und Fernaufklärern der zukünftigen Luftwaffe einen erheblichen Vorsprung vor der ausländischen Konkurrenz sicherten.

Die technische Erprobung seitens der Reichswehr für Flugzeuge und Geräte erfolgte grundsätzlich in Lipezk und wurde von einem von Fall zu Fall bestimmten Erprobungsleiter geleitet. Zeitweise war der Leiter der Gruppe »Fliegertechnik« des Waffenamtes der Reichswehr selbst bei den Versuchen zugegen.

Im Juni 1927 entstand dann der sogenannte A-Plan, ein Notplan für die Aufstellung einer Wehrmacht im Kriegsfall. Hierfür hatte die Fliegergruppe im Truppenamt der Reichswehr, die unter Leitung von Major Felmy stand, eine Aufstellung der notwendigen Fliegerkräfte für die vorgesehenen 21 Divisionen vorzubereiten. Im Bedarfsfall waren sogenannte »Fliegerkurierstaffeln« aus Flugzeugen, fliegendem und technischem Personal der Lufthansa aufzustellen. Verbandsführer sollten aktive Fliegeroffiziere werden, bei Nichtausreichen sollte auf frühere Offiziere der Fliegertruppe von 1918 zurückgegriffen werden. Die notwendigen Beobachter sollten von den inaktiven, listenmäßig erfaßten Offizieren gestellt werden, die ihre Ausbildung bereits hinter sich hatten und Reserveübungen absolviert hatten.

Neben den »Fliegerkurierstaffeln« wurden dann drei »Reklamestaffeln« mit Arado SC II aufgestellt, deren Piloten aber meist in Lipezk ausgebildete Jagdflieger waren. Die von Major Felmy erstellte Liste sah nur 13 Aufklärungsstaffeln für die 21 Divisionen vor, was vom Truppenamt als unzureichend angesehen wurde. Es verlangte zwei weitere Fernaufklärungs- und vier Nahaufklärungsstaffeln zusätzlich. Felmy wurde inzwischen zum Oberstleutnant befördert und legte dann am 19. Mai 1930 seinen Entwurf für die Luftrüstung 1931–1932 und für die neue Rüstungsperiode 1933–37 vor. Danach sollten nach dieser Phase für die Heeresleitung, jedes Armee-Ober-Kommando (AOK) und jedes Generalkommando je eine Aufklärungsstaffel bereitstehen. Bis Ende 1930 verfügte die Reichswehr immer noch nicht über eigene Fliegerkräfte. Die bereits erwähnten Staffeln waren Privatbesitz der Lufthansa und anderer Gesellschaften. Am 19. Dezember 1931 gab die Heeresleitung die sogenannten »Grundsätze für den Einsatz der Luftstreitkräfte« heraus, die bereits ein Heft »Aufklärungsflieger« enthielt. Am 1. Februar 1932 gab Oberstleutnant Felmy eine Planstudie heraus, die für 1938 folgenden Stand an Nahaufklärern vorsah: Für die Heeresleitung fünf Staffeln als Reserve, die sieben Armee-Korps (AK) sieben Staffeln, die zwei Kavallerie-Korps zwei Staffeln, insgesamt also 14 Nahaufklärungsstaffeln mit 126 Flugzeugen, dazu 42 im Luftpark in Reserve, so daß 168 Nahaufklärungsflugzeuge verfügbar wären. Zu jener Zeit war innerhalb der Reichswehr ein zäher Kampf im Gange, ob die Fliegertruppe ein selbständiger Truppenteil werden oder weiterhin dem Heer unterstellt bleiben solle. Einer der eifrigsten Vertreter der letzteren Form war der spätere Chef des Oberkommandos der Wehrmacht (OKW), damals noch Oberstleutnant Keitel vom Truppenamt. Der Kampf darum wurde erst nach dem 30. Januar 1933 beendet.

Aufgrund der Ausschreibungen der Reichswehr von 1929/30 hatte die Flugzeugindustrie laufend neue Flugzeugmuster herausgebracht, die in Lipezk intensiv getestet wurden. Dort lief die Arbeit jetzt auf Hochtouren. Statt wie bisher 50 bis 100 waren jetzt 200 Ingenieure, Techniker und Spezialisten tätig. Als Nahaufklärer war die Heinkel He 46 ausgewählt worden. Ursprünglich Doppeldecker, war sie zum Hochdecker geändert worden, nachdem man in Lipezk festgestellt hatte, daß die untere Tragfläche die Sicht des Beobachters behinderte. Die sehr ähnlich aussehenden Focke-Wulf S 39 und S 40 verfielen der Ablehnung. Ein Problem bei der He 46, ursprünglich HD 46, war das Triebwerk, ein von Siemens in Lizenz gebauter Bristol »Jupiter« Motor. Der Junkers-Zweisitzer A-20 bzw. der Nachfolgetyp A-35 (Militärausführung K-53) wurde nur im Schulbetrieb verwendet. Die He 45 war, wie gesagt, als Fernerkunder vorgesehen, wurde aber nach 1937 nur noch in gleicher Funktion wie die He 46 eingesetzt. (Die Fernaufklärung ging an die zweimotorige Do 17 über.)

Am 28. Juli 1932 unterschrieb Generalleutnant Adam, Chef des Truppenamtes der Reichswehr, das man als Generalstab ansprechen kann, eine Aufstellungsverfügung der Luftstreitkräfte im Rahmen eines neuen »Friedensheeres«. Danach sollten 1933/34 nur Ausbildungsverbände aufgestellt werden, 1934/35 der Stab eines Brigadekommandos der Flieger, das Fliegergruppenkommando Ost mit einer Aufklärungs- und einer Jagdstaffel, das Fliegergruppenkommando Mitte in gleicher Stärke und das Fliegergruppenkommando Süd mit zwei Aufklärungsstaffeln. 1936/37 sollten zehn weitere Staffeln aufgestellt werden, darunter fünf Aufklärungsstaffeln. Ein weiterer Ausbau war vorgesehen. Neben der Flugzeugführerschule Schleißheim war eine Sonderfliegerschule in Braunschweig für die Ausbildung von Flugzeugführern und Beobachtern für Aufklärung, Jagd und Bombenwurf vorgesehen. Die Bombenwaffe wurde zu diesem Zeitpunkt noch nicht forciert. Generalleutnant Adam wollte noch das Ergebnis der damals laufenden Abrüstungsverhandlungen abwarten. Er legte besonderen Wert auf den Ausbau der Aufklärungseinheiten.

Immer noch war die Frage: »Selbständige Luftwaffe oder Heeresluftwaffe?« ungeklärt, als im Spätsommer Hauptmann Hans Jeschonnek, vom Führungsstab der Inspektion 1, ein Kuckucksei in Gestalt einer Denkschrift »Begründung der Notwendigkeit, die gesamte deutsche Luftfahrt unter dem Reichswehrminister zusammenzufassen« im RWM legte. Diese Denkschrift führte dazu, daß General Adam am 8. 11. 1932 die Weisung zur Vorbereitung der Schaffung einer als »Luftschutzamt« bezeichneten Dienststelle gab, was die einheitliche Führung aller Fliegerkräfte des Heeres und der Marine bedeutete.

Inzwischen war die Technik weiter vorgeschritten. Als Ablösung des alten, immer noch verwendeten MG 08/15 konnte jetzt das neue MG 15 als fertigungsreif angesehen werden. Neben den alten FuG I und II waren jetzt serienreif, aber noch nicht in Produktion: FuG III, IV, V, VI und VII sowie Peil G I. Ende 1932 war aber das Soll von acht Aufklärungsstaffeln noch nicht erreicht. Die Nahaufklärer hatten einen monatlichen Nachschubbedarf von zwanzig He 46 b. Mit der Machtübernahme durch die Nationalsozialisten sollte sich dies alles sehr schnell ändern. Es ist festzustellen, daß die technische Organisation der Luftwaffe, wie sich später im Reichsluftfahrtministerium darstellte, dank der vorbereitenden Arbeit der Fliegerstäbe im Reichswehrministerium bereits 1932 vollendet war.

**Hauptgebäude der Nahaufklärerschule Brieg.**

# 4. Der Aufbau der Risiko-Luftwaffe bis zur Aufgabe der Tarnung März 1935

Die Nationalsozialisten hatten in ihrer Propaganda immer klar erkennen lassen, daß sie versuchen würden, die Wiederaufrüstung des Deutschen Reiches durchzuführen. Hauptpropagandist in dieser Richtung war der letzte Kommandeur des Jagdgeschwaders »Richthofen« Nr. 1 von 1918, Hauptmann a. D. Göring. Nach der Machtübernahme am 30. 1. 1933 gingen die neuen Herren sofort zielstrebig an die Arbeit. Bereits am 9. Februar 1933 erfolgte ein Beschluß des Kabinetts der Reichsregierung, durch den die Aufstellungszeit der Friedensfliegerverbände verkürzt und bereits am 31. März 1936 abgeschlossen sein sollte. Oberstleutnant Felmy hatte daraufhin für die Luftaufklärungstruppe folgende Planung vorgeschlagen: 1933/34 Schulen, 1934/35 sechs Aufklärungsstaffeln, 1935/36 zwei weitere. Über den gesamten Aufstellungsabschnitt verteilt, sollte die Aufstellung der restlichen acht Aufklärungsstaffeln erfolgen, deren Ausrüstungsbeschaffung und Ausbildung bereits ab 1933 zu erfolgen hatte. Diese Planung ist allerdings in dem Ausführungsbefehl des Chefs der Heeresleitung vom 10. April 1933 nicht berücksichtigt worden. Es blieb bei der Aufstellung in vier Jahresabschnitten vom 1. 10. 34 bis 30. 9. 38. Im Mai 1933 wurden bereits die Standorte für die Friedensfliegertruppe festgelegt: Beobachterschule: Braunschweig, Flugzeugführerschule: Schleißheim, Technische Schule: Döberitz, Reserve-Beobachterschule: Hildesheim, Aufklärungsstaffel 1: Königsberg in Ostpreußen, Aufklärungsstaffel 3: Döberitz, Aufklärungsstaffel 4: Großenhain, Aufklärungsstaffel 5: Böblingen.

Das neue »Reichskommissariat für Luftfahrt«, das Göring unterstand und bald in ein »Reichsluftfahrministerium (RLM)« umgewandelt wurde, wünschte aber schnellere Arbeit. Der neue Staatssekretär für Luftfahrt, Erhard Milch, bisher Direktor der Deutschen Lufthansa und im Ersten Weltkrieg selbst Aufklärungsflieger, zeigte jetzt sein ausgesprochenes Organisationstalent. Am 19. Juni 1933 hatte er mit dem Vertreter des Reichsverteidigungsministeriums, Oberst von Reichenau, eine Besprechung, in der bis Herbst 1935 bereits eine Luftflotte von rund 800 Flugzeugen geplant wurde. Zu diesem Zeitpunkt war man im RLM bereits an der Arbeit an einem »1000 Flugzeuge-Programm«. Dieses sah neben den anderen Verbänden bereits fünf Fernaufklärungs- und sieben Nahaufklärungsstaffeln vor. Dies bedeutete allein für die Heeresfliegerei eine Verdoppelung der vorgesehenen Verbände. Da man bei den Planungen im RLM nicht die Heeres- und Marineleitung zugezogen hatte, wurde dies am 13. Juli 1933 von General Adam offiziel moniert. Bei dieser Gelegenheit erhob die Heeresleitung die Forderung nach 16 Aufklärungsstaffeln, während das RLM nur zwölf vorgesehen hatte. Hier fand man aber einen Kompromiß. Am 14. 8. 1933 erfolgte dann der kurz terminierte Befehl zum Bau der für die Aufklärer notwendigen Schulen. Danach wurden folgende Fertigstellungstermine festgelegt: Ausbau Beobachterschule Braunschweig 1. 12. 1933, Neubau Beobachterschule Hildesheim 1. 6. 1934, Neubau Beobachterschule Prenzlau 1. 12. 1933.

Die als DVS-Schulen getarnten Flugzeugführerschulen Gotha, Cottbus, Celle, Neuruppin und Kitzingen sollten nach diesem Plan am 15. 4. 1934 fertiggestellt sein. Etwa zum gleichen Zeitpunkt erhöhte die Heeresleitung ihre Forderungen nach Heeresfliegerverbänden erheblich: 7 Fernaufklärungsstaffeln, 3 für die Heeresleitung und 4 für die geplanten AOK's A, B, C und D, 14 Nahaufklärungsstaffeln, davon vier für die vier AOK's, acht für die geplanten Korpskommandos. Trotz aller Schwierigkeiten auf dem Personalsektor konnte das Reichsheer im ganzen bis Ende 1933 rund 500 ausgebildete Flieger bereitstellen. Diese setzten sich wie folgt zusammen: 120 in Lipezk ausgebildete Jagdflieger, 180 in Lipezk und Braunschweig ausgebildete Beobachter 120 als Flugzeugführer für Aufklärungs- und Bombenflugzeuge ausgebildete Jung-Flugzeugführer, 60 in gleicher Art ausgebildete ältere Reichswehroffiziere und 20 sonstige Offiziere und Angestellte der Reichswehr mit Flugzeugführerschein B 2.

Am 1. September 1933 wurde die als »Luftschutzamt« bezeichnete Führungsstelle im RLM in »Luftkommandoamt (LA)« umbenannt. Etwa um die gleiche Zeit erfolgte die Übergabe der Lipezker Anlagen und der übriggebliebenen 50 Jagdeinsitzer Fokker D XIII an die Rote Luftflotte. Man kann sagen, daß damit unter die Entwicklung der Fliegertruppe im Rahmen der Reichswehr ein Schlußstrich gesetzt wurde. Diese war, soweit man erkennen kann, in drei Phasen erfolgt. Die erste Phase ist durch die weitvorausschauende Arbeit des ersten Fliegerreferenten der Reichswehr, des Hauptmanns Wilberg und die Förderung des Generalobersten Hans von Seeckt gekennzeichnet. Die zweite Phase, bei der sich eine gezielte Planung noch nicht klar herausgeschält hatte, war die Arbeit mehrerer Reichswehroffiziere, die gleichwertig neben einander arbeiteten. Die dritte Phase, die der endgültigen Vorbereitung und Planung einer Kader-Luftwaffe, trägt aber den Stempel der Persönlichkeit des Majors und späteren Oberstleutnants Felmy. Felmy war als Chef des Stabes der Fliegertruppe der Reichswehr von 1929 bis zum 1. April 1933, dem Tage der Einrichtung des »Luftschutzamtes« der Reichswehr, der wirkliche Leiter einer Entwicklung, die von entscheidender Bedeutung für den Aufbau der Luftwaffe ab 1933 war. Daß Göring von dieser Arbeit keine Ahnung gehabt hat, beweist, daß er Ende März 1933, als er im Beisein des Generals von Blomberg, des Admirals Raeder und der Amtschefs der Heeres- und der Marineleitung in die bisher geleistete Arbeit eingeweiht wurde, äußerst überrascht war und wörtlich erklärte: »Ich habe nicht geahnt, daß Sie so weit sind. Um so besser:« Die neuen Machthaber konnten auf der geleisteten Vorarbeit weiter aufbauen. Damit wurde aber die Entwicklung der Luftwaffe in eine Richtung gelenkt, die von den bisherigen für diese Arbeit verantwortlichen Offizieren der Reichswehr nicht in diesem Ausmaß und Tempo geplant war.

Bis 1935 mußte das von Staatssekretär Milch bearbeitete »1000-Flugzeugprogramm« erheblich aufgestockt werden. Es mußte eine sogenannte »Risiko-Luftwaffe« aufgebaut werden, denn mit nur 1000 Flugzeugen, deren eine Hälfte Schul- und Ausbildungsflugzeuge waren, konnten die Forderungen von Heer und Marine nach Fliegerkräften nicht befriedigt werden.

Am 1. April 1934 begann dann der Aufbau der neuen Luftwaffe in organisatorischer Beziehung mit der Aufstellung der sechs Luftkreiskommandos Königsberg, Berlin, Dresden, Münster, München und Kiel. Ihre Einrichtung erfolgte unter dem Tarnnamen »Gehobenes Luftamt«. Gleichzeitig wurden zwei weitere Führungsstäbe der Luftwaffe aufgestellt: das Kommando der 1. Flieger-Division in Berlin und der Stab des Kommandeurs der Heeresflieger, deren Chef in Personalunion Oberst Hugo Sperrle wurde. Er war damit Chef aller bis dahin vorhandenen Landfliegerverbände. Dazu gehörten u. a. fünf Fern- bzw. Nahaufklärungsstaffeln. Diese fünf Staffeln, die im Laufe des Jahres 1934 entstanden, waren die Fernaufklärungsstaffeln 1./121 in Neuhausen bei Königsberg, 1./222 in Prenzlau und 1./324 in Großenhain. Die beiden Nahaufklärungsstaffeln, wegen ihrer Arbeit für das Heer auch als H-Staffeln bezeichnet, waren die 1./113 in Kot tbus und die 2./114 in Gotha, beide waren bereits mit dem Nahaufklärungsflugzeug He 46 b ausgerüstet. Anfang 1935 begann der Aufbau zweier weiterer H-Staffeln. Ende 1934 waren bereits 84 He 46 bei den Staffeln und in den Schulen Braunschweig und Hildesheim vorhanden. Daß diese Flugzeuge noch lange nicht den Anforderungen, die man an moderne Flugzeuge stellen mußte, genügten, lag in der langen Verbotszeit von 1919 bis dahin begründet. Major von Richthofen, der Leiter der Entwicklungsabteilung im neuen Technischen Amt (LC) des RLM sagte aber ganz deutlich in seinen 1934 herausgegebenen Entwicklungsgrundsätzen: »Ein bedingt brauchbares, beschaffungsreifes Gerät ist besser als kein Gerät«, und weiter: »Für jeden Zweck muß schnellstens ein beschaffungsreifes Gerät zum Abschluß gebracht werden, auch wenn dieses Gerät vorerst nur eine Zwischen- oder Notlösung darstellt; das beste und vollkommenste Gerät, dessen Entwicklung nicht abgeschlossen ist, ist zunächst wertlos.« Dies erklärt, warum z. B. die Nahaufklärer He 46 flogen, deren Triebwerk wegen seiner Vibrationen der He 46 den Spottnamen »Rüttelfalke« einbrachten.

Auch die Bewaffnung der He 46 ließ noch zu wünschen übrig, denn nur wenige Maschinen konnten aus Mangel mit dem neuen MG 15 ausgerüstet werden. Viele He 46 flogen noch mit dem alten MG 08/15.

Aber immer noch arbeitete die Luftwaffe unter Tarnung. Alle Einheiten hatten Tarnnamen. Bei den Aufklärern fanden folgende Deckbezeichnungen Anwendung:

| | |
|---|---|
| Aufklärerschule Braunschweig | = Deutsche Verkehrsfliegerschule GmbH Zweigstelle Braunschweig |
| Aufklärungs-(Bild-)Schule Hildesheim | = Deutsche Luftfahrt GmbH, Zweigstelle Hildesheim |
| Aufklärungsstaffel und Flugzeugführerschule Gotha | = Fliegerschule der Reklameabteilung des Deutschen Luftsportverbandes |
| Aufklärungsstaffeln in Königsberg-Neuhausen | = Reklamestaffel Ostdeutschland des Deutschen Luftsportverbandes |

Am 26. Februar 1935 unterschrieben Hitler, Blomberg und Göring den »Erlaß über die Reichsluftwaffe«. Mit diesem Erlaß wurde die Luftwaffe als dritter Wehrmachtsteil offiziell neben Reichsheer und Reichsmarine gestellt. Am 1. März 1935 erfolgte dann die offizielle »Enttarnung« der Luftwaffe, deren Tarnnetz inzwischen schon sehr durchsichtig geworden war. Sie wurde von nun an durch geschickte Propaganda mit dem Anschein einer Stärke versehen, die sie in Wirklichkeit nicht besaß.

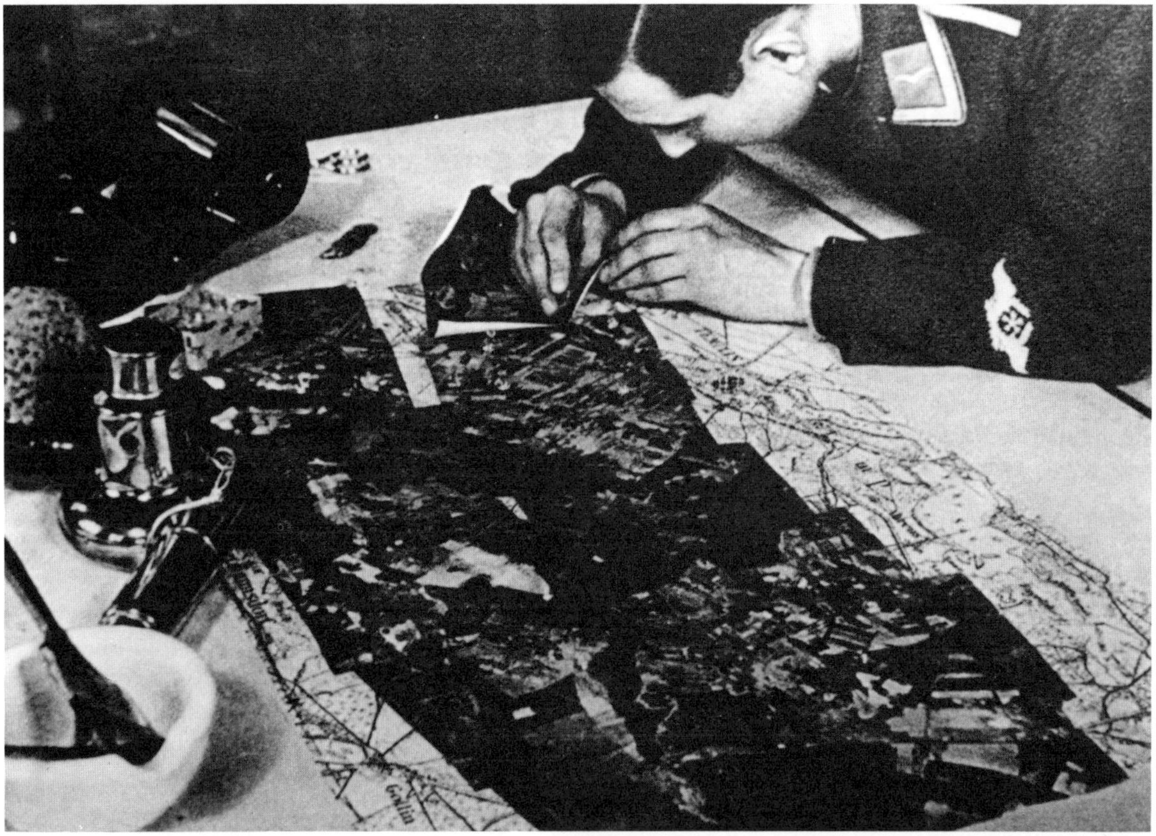

Die Arbeit der Bildabteilung: Zusammensetzen von Reihenbildaufnahmen.

Unten links: Generalmajor Müller-Kahle, Kommandeur der Nahaufklärerschule Brieg.

Unten rechts: Arbeit am Entzerrungsgerät.

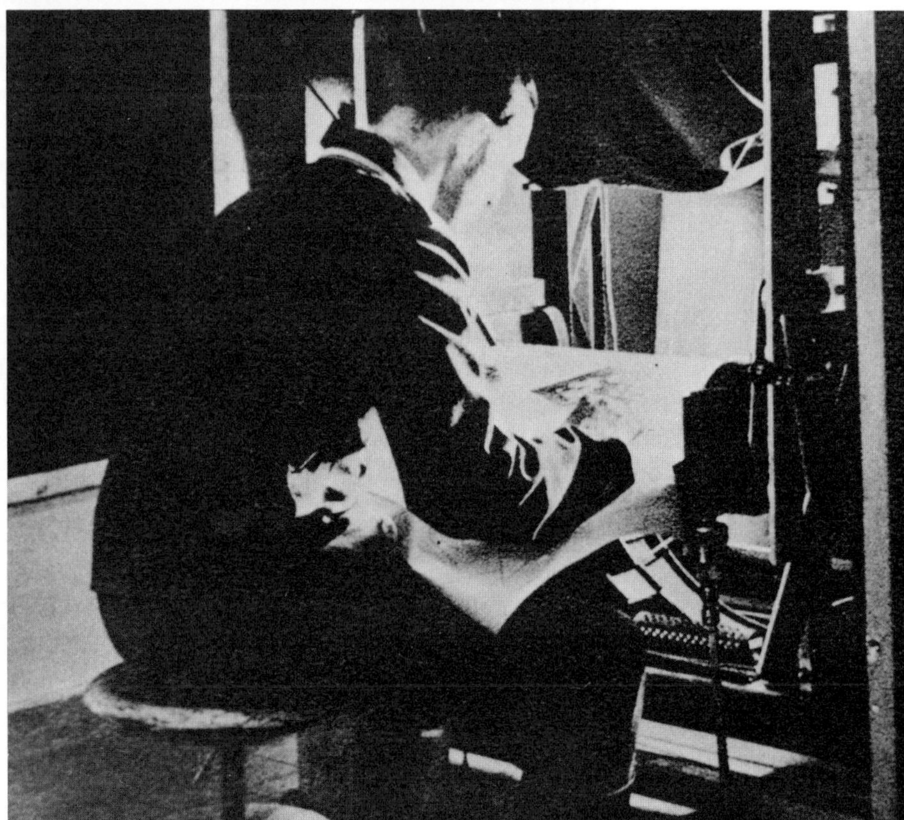

# 5. Die Aufgaben der Taktischen Luftaufklärung

Bereits 1933 lag eine Dienstvorschrift für die Aufklärungsflieger vor, in der die Aufgaben und die Art ihrer Durchführung festgelegt waren. Diese Luftwaffen-Dienstvorschrift (L.Dv.) 2 bildete die Grundlage für die Ausbildung der Aufklärungsflieger. Sie war aufgrund der Tatsache, daß die Luftaufklärung mit Heer und Marine zusammenzuarbeiten hatte, mit der Heeres-Dienstvorschrift 402 und der Marine-Dienstvorschrift Nr. 2 gekoppelt und ist bis zum Ende des Zweiten Weltkriegs laufend verbessert und erweitert worden.

In der Einleitung über das Wesen der Luftaufklärung heißt es u. a.:

1) Die Luftaufklärung dient der Luft-, Land- und Seekriegführung.
2) Die Durchführung der Luftaufklärung für die drei Wehrmachtteile obliegt der Luftwaffe.
3) Die Luftaufklärung für den Landkrieg bringt Unterlagen über Gelände, Aufmarsch und Kräfteverteilung des Feindes, über Einleitung, Verlauf und Abbruch der Kampfhandlungen sowie über Vorgänge und Anlagen im feindlichen Hinterland als Aufmarsch-, Bewegungs- und Versorgungsraum der feindlichen Wehrmacht.

Für die hier zu behandelnde Nahaufklärung wurden die Aufgaben unter Ziffer 18 wie folgt festgelegt:

Die Nahaufklärung dient der taktischen Führung und schafft Unterlagen für den Ansatz der eigenen Kräfte, sowie – als Gefechtsluftaufklärung – für die Führung des Gefechts. Gleichzeitig erbringt sie als Zielaufklärung Unterlagen für Führung und Kampf von Angriffsverbänden der Luftwaffe im Zusammenwirken mit dem Heer.

Unter Ziffer 37 heißt es dann weiter:

Als Gefechtsluftaufklärung schafft die Nahaufklärung Unterlagen für die Führung des Gefechts. Sie wird vorwiegend als Augenaufklärung durchgeführt. Das Luftbild kann wertvolle Ergänzungen bringen. Bei starker Abwehr an einer ständigen Front wird auch die Gefechtsaufklärung nur als Bildaufklärung durchgeführt.

Wahrscheinlich sind die Abschnitte Nr. 38 und 39 erst während des Zweiten Weltkriegs entstanden, es sei denn, daß sie aufgrund der Erfahrungen des Ersten bereits vorsorglich eingefügt worden sind: An stehenden Fronten und im Stellungskrieg kann sich die Tiefe der Aufklärungsräume für die einzelnen Arten der Luftaufklärung verringern, die Räume grenzen sich gegenseitig schärfer ab. Starke feindliche Flugabwehr zwingt zu großen Flughöhen, aus denen die Augenaufklärung sehr erschwert ist, zumal im Stellungskrieg die Tarnung gründlicher durchgeführt wird. Feststellung zahlreicher Einzelheiten und Veränderung im Gelände ist in der Regel nur noch durch Luftbild möglich.

Die Luftbildaufklärung im Stellungskrieg überprüft und ergänzt die vorhandenen Unterlagen durch planmäßige Überwachung des gesamten Aufklärungsraumes. Sie trägt damit entscheidend bei zum rechtzeitigen Erkennen feindlicher Angriffsvorbereitungen.

Über den Aufbau der Nahaufklärungsverbände sagte die L.Dv.2 folgendes: Träger der Nahaufklärung sind die Nahaufklärungsverbände. Sie

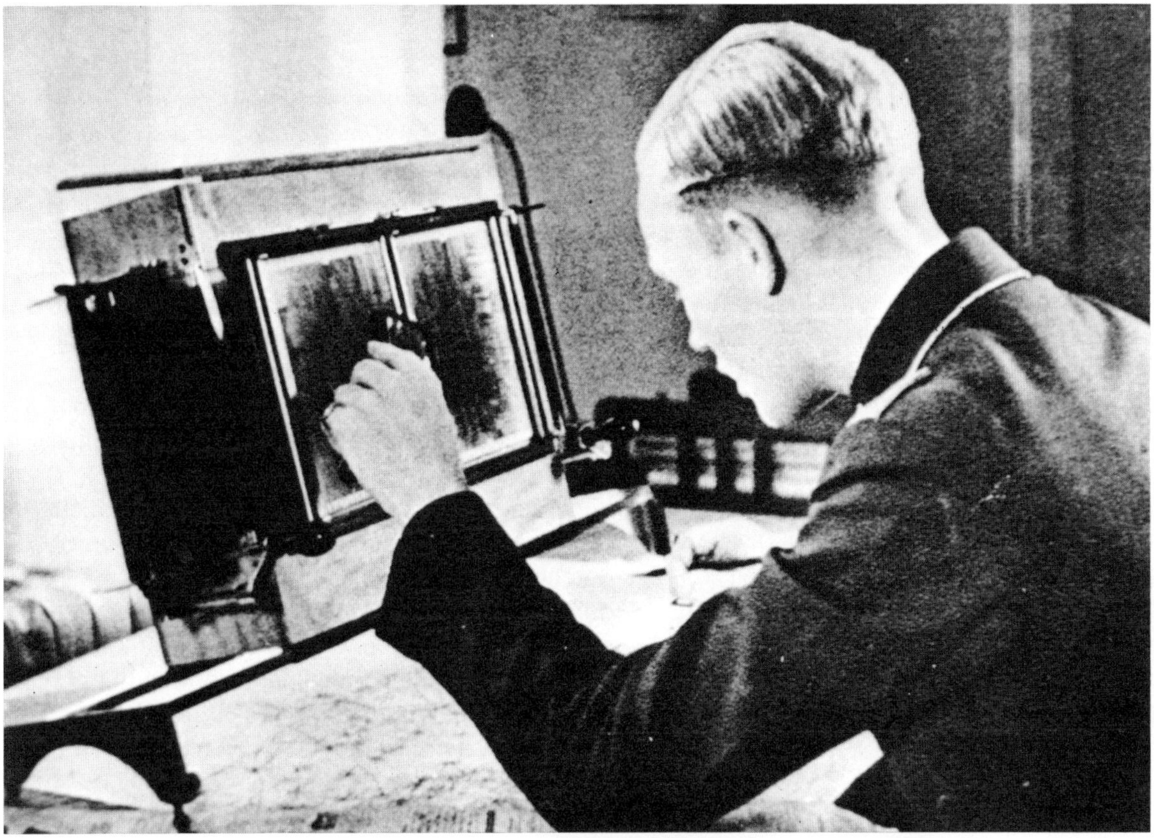

Auswertung von Negativen am Lichtkasten.

Niederschrift der Ergebnisse der Bildauswertung.

gliedern sich in Nahaufklärungsgruppen, die aus Gruppenstab, 2–3 Nahaufklärungsstaffeln und 1 Luftnachrichten-Betriebs-Kompanie bestehen. Zeitweises Abzweigen einzelner Staffeln ist möglich.

Hierzu ist zu bemerken, daß dieser Aufbau erst ab 1942 in Kraft trat. Vorher bestanden Aufklärungs-Geschwader und -Gruppen, die ihrerseits aus einzelnen Fern- bzw. Nah-Aufklärungsstaffeln zusammengesetzt waren. So war z. B. die erste Staffel der Aufklärungsgruppe 10 »Tannenberg« eine Nahaufklärungsstaffel (1.(H)/10) und die 3. Staffel eine Fernaufklärungsstaffel (3.(F)/10). Den Korps und Panzer-Divisionen wurde je eine Aufklärungsstaffel (H) mit je 12 Flugzeugen und 3 Verbindungsflugzeugen unterstellt. Ab 1941 mußte aus Mangel an Aufklärungsflugzeugen die Zahl der zu einer Staffel gehörenden Flugzeuge auf sechs herabgesetzt werden.

Etwa zur Jahreswende 1941/42 erfolgte dann die Trennung in Fern- bzw. Nah-Aufklärungsgruppen (FAG und NAG).

Bereits in der L.Dv.2 wurde aber festgestellt, daß die Aufgaben der Fern- bzw. Nahaufklärerverbände nicht immer scharf getrennt werden können.

Die L.Dv.2 verlangte vom Nahaufklärungsflugzeug folgende Eigenschaften:

- Geringe Größe
- gute Sichtverhältnisse
- mittlere Eindringtiefe
- hohe Geschwindigkeit
- sehr gute Steigfähigkeit
- große Gipfelhöhe
- Wendigkeit
- Blindflugtauglichkeit
- starke Bewaffnung
- Einbau von Funk- und Bildgeräten
- Einbau von Abwurfmunitionsträgern
- Einbau einer Meldeabwurfvorrichtung

Diese Anforderungen wurden aber erst 1942 gestellt. 1935 stand man noch auf dem Standpunkt, der Nahaufklärer brauche nicht so schnell zu sein und auch nicht so hoch zu fliegen, weil der Beobachter sonst nicht genug sehen könne. In der ersten Zeit war ein großer Teil der Beobachter vom Heer für diesen Zweck zur Luftwaffe kommandiert, also Heeresoffiziere, die teilweise sogar Heeresuniform trugen, bis sie endgültig in die Luftwaffe übernommen wurden.

Auf die Wichtigkeit des Luftbildes wurde immer wieder hingewiesen und die damit zusammenhängenden Fragen sehr detailliert behandelt.

Die Zusammenarbeit mit dem Heer wurde durchgeführt von:

dem Bildoffizier und der Bildstelle bei den Aufklärungsstaffeln (F) und (H), soweit es fototechnische Arbeiten und Luftbildauswertung betraf,

dem Fliegerverbindungsoffizier bei der Heeresgruppe und beim Armee-Oberkommando (AOK) und der Stabsbildabteilung beim AOK,

dem Ic/Bild und der Fl. Bildstelle (mot.) beim Generalkommando eines Fliegerkorps,

dem Ic/Bild und der Bildstelle beim Luftgaukommando,

dem Ic/Bild und der Stabsbildabteilung beim Luftflottenkommando.

Die Aufgabenstellung der vorgenannten Dienststellen zeigt ihre Wichtigkeit sehr deutlich:

- Rechtzeitiges Einreichen taktischer Vorschläge zur Luftbildaufklärung und zur Erneuerung vorhandener Luftbilder, damit die Truppe stets die neuesten Unterlagen zur Verfügung hat,
- Überwachung der technischen Durchführung des Luftbilddienstes,
- Vielseitige, gründliche, schnelle, den taktischen Forderungen der Gruppe entsprechende Auswertung,
- Handliches, übersichtliches Herrichten und rasche Auslieferung der Luftbildunterlagen,

- Förderung der Ausbildung für den Gebrauch des Luftbildes im Heer.

Bei den fliegenden Einheiten waren die Gruppenkommandeure und Staffelkapitäne für den Luftbilddienst verantwortlich. Unterstützt wurden sie dabei vom Bildoffizier. Jede Staffel hatte eine Bildstelle zur Ausführung der fotografischen Arbeiten und der Bildauswertung. Verbindungsmann zu den Heereskommandostellen war der Fliegerverbindungsoffizier. Ihm unterstand die Stabsbildabteilung beim AOK. Die Nahaufklärungsverbände waren den Luftflotten, bzw. den Fliegerkorps oder -Divisionen unterstellt. Die Unterstellung unter einen Fliegerführer oder einen vorübergehend gebildeten Gefechtsverband war vorgesehen. In der L.Dv. 2 wurde dann die Arbeit der Nahaufklärer unter Ziffer 120 genauer definiert:

In der Nahaufklärung müssen die zahlreichen Anforderungen (Gef.-Luftaufkl., Artl.Fl., Luftbild usw.) einheitlich gesteuert werden. Daher geben die Generalkommandos ihre Aufklärungswünsche in großen Zügen in der Regel an das Armee-Oberkommando, welches sie mit den eigenen Aufklärungswünschen zusammengefaßt an die Luftwaffe weitergibt.

Die Luftflottenkommandos können bei geringen Nahaufklärungskräften nach Absprache mit den Heeresgruppenkommandos den unterstellten Kommandostellen in den »Besonderen Anordnungen für die Aufklärung« Weisungen für den Einsatz der Nahaufklärung für Heer und Luftwaffe geben. Da Einzelaufträge, vor allem in der Gefechtsluftaufklärung, meist kurzfristig anfallen, so muß sich die Auftragserteilung für den nächsten Tag auf zusammengefaßte Aufträge und Schwerpunkte beschränken, wie Überwachung bestimmter Räume auf Panzer, Artilleriemassierungen, Übersetzversuche, Brückenbau u. a., Regelung des Artilleriefliegerdienstes und Bildaufträge. Je nach der Lage werden daher die einzelnen Staffeln der Nahaufklärungsgruppe mit Korps und Divisionen im Rahmen des befohlenen Auftrags auf unmittelbare Zusammenarbeit angewiesen, um jeden Zeitverlust bei dringenden Einzelaufträgen zu vermeiden. Dabei sollen die Staffeln möglichst nicht mit den Korps verschiedener Armeebereiche zusammenarbeiten. Die Kommandeure der Aufklärungsgruppen müssen ihren Staffelkapitänen stets die notwendige Handlungsfreiheit gewähren.

Da der Flieger-Verbindungsoffizier einen hohen Grad an Verantwortung trug, wurden an ihn besonders hohe Anforderungen bei der Auswahl gestellt. Verlangt wurden: Beherrschung der Einsatzgrundsätze des Heeres und der Luftwaffe, eingehende Kenntnis der Leistungsfähigkeit der Flugzeugmuster und der Einsatzmöglichkeiten der Fliegerverbände sowie gewandtes und sicheres Auftreten und Einpassen in die Kommandostellen des Heeres.

Hier ergaben sich in der ersten Zeit nach der Enttarnung einige Schwierigkeiten, da gerade wegen dieser Tarnung die Luftwaffen-Offiziere fast keinen Kontakt mit den Heeresdienststellen gehabt hatten. Es dauerte aber nicht allzu lange, dann spielte sich auch dies ein.

Das Luftbild allein konnte aber kein vollständiges Nahaufklärungsbild vermitteln. Auf die Augenaufklärung konnte keineswegs verzichtet werden.

Allgemein wurde die Nahaufklärungsgruppe geschlossen in einem zusammenhängenden Frontabschnitt eingesetzt. Dies war aber erst nach Aufstellung der NAGr 1941/42 der Fall. Vorher wurden die Aufklärungsstaffeln (H) durchaus einzeln den verschiedenen Heeresverbänden zugeteilt. Erst nach dem genannten Zeitpunkt wurde festgelegt, daß die Staffeln an sich selbständig waren und im Rahmen der Gruppe von verschiedenen Flugplätzen aus eingesetzt werden konnten.

Dem Gruppenkommandeur stand, gleichzeitig als 1c-Offizier, der Gefechtsstandoffizier zur Führung der Lagekarten, zur rechtzeitigen Erteilung der Einsatzbefehle und zur schnellen Meldeberichterstattung zur Seite. Seine Arbeit wurde ergänzt durch die des Gruppenbildoffiziers, der für rechtzeitige taktische Vorschläge zur Luftbildaufklärung und deren schnelle Auswertung, handliche, übersichtliche Auslieferung der Luftbildunterlagen – auch bei den Staffeln – verantwortlich war.

Entsprechend war auch die Führung der Nah-Aufklärungsstaffel aufgebaut. Hier kam aber noch ergänzend ein Technischer Offizier (TO) dazu, der für Einsatzbereitschaft, Versorgung und Nachschub der Staffel verantwortlich war. Bei den Besatzungen war der Beobachter Kommandant des Flugzeugs, nach dessen Anweisungen der Flugzeugführer zu handeln hatte. Dies änderte sich nach Einführung der Einsitzer Bf 109 und Fw 190 als Foto-Aufklärer.

Die Nahaufklärung sollte für die taktische Führung durch Augen- und Luftbildaufklärung vor der Gefechtsberührung frühzeitig Unterlagen über Marschbewegungen, Versammlungen und Bereitstellungen, Gliederung und Verteilung der Feindverbände, Nachschub, Geländeverstärkungen, militärische Anlagen und die allgemeine Luftlage beschaffen. Sie erforderte von Beobachter, Bildoffizier und Luftbildauswerter gute erdtaktische Kenntnisse über Gliederung und Kampfweise der Truppe sowie über Art und Einsatz der einzelnen Waffen, Geräte und Fahrzeuge. Diese Aufgaben konnten natürlich nur durch besonders geschulte Offiziere gelöst werden. Im Laufe des Krieges sind dann aber auch Feldwebel als Beobachter geschult und eingesetzt worden. Dies betraf vor allem die Gefechtsluftaufklärung. Zu dieser gehörte: Aufklärung der Artillerie, einschl. motorisierter und Eisenbahnartillerie, Panzerzüge und schwerer Waffen, Aufklärung von Reserven, vor allem der Panzertruppen, ihres Verbleibs und Einsatzes, Erkundung von Geländebefestigungen und Kampfanlagen aller Art, Überwachung des Gefechtsverlaufs und Feststellung der vordersten Truppenteile und der vordersten Linien. Die Überwachung der Panzerbewegungen, eigener und feindlicher, bildete einen besonderen Schwerpunkt der Nahaufklärung. Dies galt auch für Panzerabwehrwaffen. Ein weiterer wesentlicher Teil der Nahaufklärung wurde vom Einschießen der eigenen Artillerie in Anspruch genommen. Der Artillerieflieger hatte die Ziele zu ermitteln, den Beschuß zu beobachten und eventuelles Planschießen zu überwachen. Voraussetzung für die schnelle Übermittlung von Erkundungsmeldungen und die Zusammenarbeit mit der eigenen Artillerie bildete der Boden-Bord-Funkverkehr. Im Gegensatz zum Ersten Weltkrieg, wo man noch mit Morse-Signalen arbeiten mußte, bestand jetzt grundsätzlich Funksprechverkehr, für den, wie bereits geschildert, bereits 1935 die wichtigsten Geräte zur Verfügung standen. Für den jeweiligen Einsatz wurden Rufzeichen, Wellenlängen und Decknamen von der zuständigen Kommandostelle an den Nachrichtenoffizier der Gruppe oder Staffel zugeteilt. Das Abhören durch den Feind mußte durch häufigen Wechsel von Frequenzen und Decknamen erschwert werden. Während des Einsatzes hatte jeder Funkverkehr zu unterbleiben, bis erste Aufklärungsergebnisse vorlagen. Wenn möglich, war der Funksprechverkehr durch den Melde-Abwurf zu ersetzen. Für das Artillerie-Einschießen waren sehr detaillierte Vorschriften erarbeitet worden, die sich dann im Zweiten Weltkrieg auch bewährt haben. Die LDv 2 bildete nun die Grundlage für die Ausbildung und Entwicklung der Nahaufklärungsverbände der jungen Luftwaffe.

**Ausbildung im Frieden: Heinkel He 46 startet zum Übungsflug (Aufkl.Gr.11).**

**Beobachter einer anderen He 46 bei Aufnahmen mit der 13/18 cm-Handkamera.**

# 6. Aufbau und Ausbau der Nahaufklärerverbände 1935–1939

Gemäß Befehl des Reichsministers der Luftfahrt (RdL) für den dritten Aufstellungsabschnitt vom 25. 5. 1934 war bis Anfang Oktober 1935 folgender Bestand an Nahaufklärungsverbänden vorgesehen:

| | |
|---|---|
| 3 Geschwaderstäbe | Luftkreis (LK) I, 1 Staffel, LK III, IV, V |
| 7 Staffeln | je 1 Geschwader zu 2 Staffeln in Kottbus, Münster und Göppingen |

Dazu sollten am 1. Oktober 1936 ein weiterer Geschwaderstab und drei Staffeln hinzukommen, so daß zu diesem Zeitpunkt 4 Geschwaderstäbe mit zehn Staffeln zur Verfügung standen, die sich wie folgt verteilten:

| | | |
|---|---|---|
| LK I | 1 Staffel | (Neuhausen/Königsberg) |
| LK II | 1 Geschw.Stab, 2 Staffeln | (Raum Stargard i. Pommern) |
| LK III | 1 Geschw.Stab, 2 Staffeln | (Kottbus) |
| LK IV | 1 Geschw.Stab, 3 Staffeln | (Münster) |
| LK V | 1 Geschw.Stab, 2 Staffeln | (Göppingen) |

Da nach Wegfall der Tarnung im März 1935 eine zivile Kennzeichnung der Flugzeuge nicht mehr notwendig war, erließ der Reichsminister der Luftfahrt und Oberbefehlshaber der Luftwaffe (RdluObdL) am 28. 5. 1936 unter LA Nr. 2220/36 g.Kdos. LA II 2 D folgenden Befehl:

1. Alle militärisch ausgerüstete, d. h. mit ständig eingebauten Waffen- oder Bombeneinrichtungen versehenen Flugzeuge tragen das militärische Hoheitsabzeichen, das weiß umrandete Balkenkreuz.
2. Die Flugzeuge sind außerdem noch mit Zahlen und Buchstaben bezüglich ihrer Zugehörigkeit zu kennzeichnen, und zwar:
   a) Flugzeuge der Verbände
   Es sind dabei in Zukunft die Staffeln mit ihren durchlaufenden Staffelnummern 1–9 zu bezeichnen, z. B.:
   21 + B 38 = 1. Geschwader im LK II, 3. Gruppe, 2. Flugzeug der Staffel 8

Damit war die Kennzeichnung der Aufklärungsstaffeln (H) zum ersten Mal festgelegt. Über die spätere Änderung der Kennzeichnung wird noch zu berichten sein.

Alle Aufklärungsstaffeln (H) waren zu diesem Zeitpunkt bereits mit der verbesserten He 46 C mit SAM 22 B (Bramo 322) ausgerüstet.

Im Befehl des RdluObdL vom 18. 12. 1935 LA Nr. 6160/35 g.Kdos. LA II 2 A wurden dann genauere Angaben über die Nahaufklärer-Verbände gemacht. Danach wurden zum 1. 4. 1936 aufgestellt:

| | | |
|---|---|---|
| LK II | Stab Aufkl.Gruppe (H) 112 | Stargard |
| | Aufkl.Staffel (H) 1/112 | Stargard |
| | Aufkl.Staffel (H) 2/112 | Stargard |
| | Stab Aufkl.Gruppe (H) 212 | Kottbus |
| LK IV | Stab Aufkl.Gruppe (H) 114 | Münster |
| | Aufkl. Staffel (H) 3/114 | Münster |
| LK V | Stab Aufkl.Gruppe (H) 115 | Göppingen |

Der Vergleich mit den Planungszahlen für den dritten Aufstellungsabschnitt vom 25. 5. 1934 zeigt, daß die Aufstellung der vorgesehenen zehn Aufklärungsstaffeln (H) noch nicht vollzogen war.

1937 zeigte sich bereits, daß Umfang und Stärke der Luftwaffe im Verhältnis zu den anderen Wehrmachtsteilen wuchs. Aus dem Luftwaffen-Kommando-Amt (LA) wurde der »Generalstab der Luftwaffe«. Einen Monat später im Juli 1937 wurde die Dienststelle des »Generals der Luftwaffe beim Oberbefehlshaber des Heeres« geschaffen. Dieses Amt übernahm General d.Fl. Wachenfeld, der vom Heer kam und durch längere Generalstabstätigkeit besonders für diesen Posten geeignet war. Gleichzeitig wurde eine »Inspektion der Aufklärungsflieger und des Luftbildwesens (Fl.Insp. 1) unter Leitung von Generalleutnant Klepke aufgestellt, dem als Generalstabsoffiziere der dem Heer angehörende Oberst Hellmich und Major Berchtenbreiter sowie 2 Majore (E) und 2 Hauptleute (E) unterstellt waren (E = Ersatzreserve). Außerdem gehörte zur Fl.Insp. 1 die Abteilung »Luftbildwesen«, deren Chef Oberstleutnant Dipl.-Ing. Schimpf wurde, dem als Vertreter Major Braun zur Seite stand und dem als Hilfsoffiziere 4 Majore (E) und 1 Hauptmann (E) unterstellt wurden.

Bei den (E)-Offizieren handelte es sich um Reserve-Offiziere oder reaktivierte Fachoffiziere, die entweder den Ersten Weltkrieg bei der Fliegertruppe mitgemacht hatten oder bereits bei der Reichswehr ausgebildet worden waren.

Daß die Führung der Luftwaffe klare Vorstellungen darüber hatte, wie die Zusammenarbeit der Aufklärung, insbesondere der Nahaufklärung mit dem Heer erfolgen sollte, geht daraus hervor, daß für eine der ersten Planübungen »Wehrmachtskriegspiel 1935« die Luftwaffe dem Heer drei Fern- und zehn Nah-Aufklärungsstaffeln zur Verfügung stellen wollte. Bereits 1936 bewies das Planungssoll der Luftwaffe, daß diese fast ihre gesamten Aufklärungskräfte und die Flak dem Heer zur Verfügung stehen wollte. Wie aus der g.Kdos. 1190/36 IIa des Generalstabs des Heeres vom 16. 6. 1936 aber hervorgeht, lehnte die Luftwaffenführung es aber grundsätzlich ab, die Flak an das Heer zurückabzutreten und Kampfverbände dem Heer zu unterstellen.

Diese Einstellung war berechtigt, denn bei den meisten älteren Heeresoffizieren bestanden bezüglich der Luftkriegskonzeption nur erheblich lückenhafte Kenntnisse und infolgedessen mangelhafte Beurteilungsmöglichkeiten. Bei der Luftwaffe bestand ein großer Teil des Offizierkorps, soweit es sich um die höheren Ränge handelte, aus ehemaligen Heeresoffizieren, zum großen Teil Generalstäblern, die also auch die Grundsätze der Landkriegführung beherrschten. Das Unvermögen, die Möglichkeiten der Luftkriegführung richtig einzuschätzen, zeigte sich bei dem Führer der »blauen« Partei im Kriegspiel »Thüringen« im Mai 1938. Obwohl die ihm unterstellten Kräfte sechsmal stärker als die von »Rot« angenommen worden waren, forderte der betreffende General bei Beginn der Kampfhandlungen sofort den Einsatz starker Bomberverbände gegen »Rot«. Es erwies sich als unmöglich ihm klarzumachen, daß man die Bomber erst nach Niederringung der feindlichen Abwehr, Jäger und Flak, einsetzen könne. Die Gegensätzlichkeit der Auffassung über operative Luftkriegführung zwischen Heer und Luftwaffe erwies sich als unüberbrückbar. General Wachenfeld und sein Nachfolger General Bogatsch, beide aus dem Heeresgeneralstabsdienst kommend, hatten es schwierig, eine befriedigende Zusammenarbeit zwischen Heer und Luftwaffe herbeizuführen.

Am 29. August 1935 sah der Aufstellungsplan der Luftwaffe bis 1. Oktober 1938 die Indienststellung von sechs Stäben für Aufklärungsgruppen (H) und 18 Aufklärungsstaffeln (H). Im Juli 1936 nahmen dann in Stargard, Kottbus, Münster und Göppingen die dafür vorgesehenen Staffeln ihren Dienstbetrieb auf. Ab 1. November 1936 erfolgte die Aufstellung einer Aufklärungslehrgruppe mit einer Lehr- und Versuchsstaffel

General Bogatsch, General der Luftwaffe beim Oberbefehlshaber des Heeres.

General Felmy, als Chef der Luftflotte 2.

sowie je einer Aufklärungsstaffel (F) und (H). Sie wurde aus der 3. (F) 125 und der 1. (H)/112 gebildet. Bereits am 1. Oktober 1936 waren neu aufgestellt worden: die 2. (H)/111 und die 3. (H)/111 in Insterburg, die 3. (H) 112 in Stargard, die 3. (H)/212 in Kottbus und die 3. (H)/115 in Göppingen. Dazu kam die Neuaufstellung der Stäbe der Aufklärungsgruppe (H) 111 in Insterburg. Bis Ende 1936 waren die Nahaufklärer um 18 Staffeln vermehrt worden. Es bestanden nunmehr fünf Aufklärungsgruppen (H). Damit waren bereits 80% der bis 1938 geplanten Aufklärungsverbände in Aktion. Das Jahr 1937 brachte eine weitere Steigerung des Aufbautempos. Ende 1938 bestanden 13 Aufklärungsgruppenstäbe mit 19 Staffeln (F) und 20 (H).

Da bereits 1935 feststand, daß die He 46 den Anforderungen einer modernen Kriegführung nicht mehr voll gewachsen war, erließ das Technische Amt der Luftwaffe (LC) eine Ausschreibung für ein neues Nahaufklärungsflugzeug. Anscheinend hat sich nur das neu gegründete Flugzeugwerk von Henschel an dieser Ausschreibung beteiligt, denn der ähnliche Entwurf 82114 von Focke-Wulf wurde nicht realisiert. Aber alle drei Versuchsmaschinen des Henschel-Entwurfs Hs 122 entsprachen nicht voll den Forderungen der Truppe. Der Entwurf wurde noch einmal überarbeitet. So entstand die Hs 126, die sich noch 1941 im Fronteinsatz glänzend bewährte und auf dem Balkan sogar noch 1944 im Einsatz war. Größter Vorteil dieser Maschine war die schnelle Herstellungsmöglichkeit aufgrund modernster Fertigungsmethoden. So konnten z. B. die Spantringe für den Rumpf in einem einzigen Arbeitsgang mit Hilfe großer Tiefziehpressen hergestellt werden. Die Maschine war eine äußerst robuste Konstruktion, die sich in jedem Gelände und bei jedem Wetter bewährte.

Zu jener Zeit arbeitete man bei Focke-Wulf an einem Doppelrumpf-Mehrzweckflugzeug, das als leichter Bomber, Nahaufklärer, Schlachtflugzeug und als Schulmaschine dienen sollte. Die Entscheidung, diese Fw 189 als Naherkunder zu bauen, fiel erst so spät, daß 1939 erst sechs Maschinen zum Truppenversuch kamen. 1940 flogen dann bereits 38 Maschinen bei den Nahaufklärungseinheiten. Zum Großeinsatz als Ablösung der Hs 126 kam die Fw 189 aber erst 1941. Die Entwicklung der Funkgeräte war zu einem gewissen Abschluß gekommen. Neue Geräte kamen erst 1939 zum Einsatz. Eine erste Fronterprobung sollte die Nahaufklärerwaffe, wie die anderen Teile der Luftwaffe, ab Sommer 1936 im spanischen Bürgerkrieg absolvieren. Generalleutnant Wilberg, der in der »Verbotszeit« beim Aufbau der geheimen Fliegertruppe sein Organisationstalent bewiesen hatte, wurde Chef des Sonderstabes »W«, der die Überführung Freiwilliger für den deutschen Verband »Legion Condor« in Spanien, dessen Chef Generalmajor Sperrle unter dem Decknamen »Sander« wurde, durchführte. Zur Legion Condor gehörte auch eine Aufklärungsstaffel, die sowohl Fern- als auch Nah-Aufklärung durchführte, die »A 88«. Sie verfügte über drei He 46 C, die aber später durch Hs 126 ersetzt wurden. Die He 46 wurden den Truppen Francos übergeben. Die Spanier erhielten außerdem weitere 18 He 46. Neben der He 46 wurde auch die bei der deutschen Luftwaffe ursprünglich als Fernaufklärer vorgesehene He 45 bei der A 88 als Nahaufklärer eingesetzt.

Das einzige Manöver der Wehrmacht vor dem Kriege fand im September 1937 in Norddeutschland statt. Hierbei waren bei »Blau« fünf Aufklärungsstaffeln und bei »Rot« sechs eingesetzt.

Auch bei der Besetzung Österreichs und der Tschechoslowakei waren einige Aufklärungsstaffeln (H) eingesetzt. Im Juni 1939 fand dann

Die erste Frontbewährung erlebte die Heinkel He 46 in Spanien 1936 bis 1939. Danach übergab die Legion Condor ihre Maschinen an die Spanier.

die »Generalstabsreise 1939« statt, ein mehrtägiges Planspiel des Generalstabs der Luftwaffe, das der Vorbereitung des Überraschungsangriffs auf Polen diente.
Bis zu diesem Zeitpunkt waren elf Aufklärer-Gruppenstäbe aufgestellt worden, zu denen insgesamt dreißig Nahaufklärerstaffeln gehörten. Ende 1938/Anfang 1939 war außerdem eine neue Kennzeichnung der Luftwaffenflugzeuge durchgeführt worden. Jeder Verband, außer den Jagdeinheiten, hatte jetzt vor dem Balkenkreuz einen Buchstaben und eine Ziffer, die die Gruppe kennzeichneten, z. B. L1 = Lehrgeschwader 1. Hinter dem Balkenkreuz folgte ein Buchstabe, der die Staffel angab, gefolgt von einem zweiten, der das Flugzeug innerhalb der Staffel kennzeichnete. Es scheint, daß bei den Nahaufklärergruppen manchmal die Kodezeichen vor dem Balkenkreuz geändert wurden, da Flugzeuge derselben Gruppe verschiedene Kennzeichen getragen haben. Es trugen

| | | |
|---|---|---|
| Aufklärungsgruppe | 10 | T 1 |
| Aufklärungsgruppe | 11 | 6 M oder P 2 |
| Aufklärungsgruppe | 12 | H 1 oder F 5 |
| Aufklärungsgruppe | 13 | 4 E |
| Aufklärungsgruppe | 14 | 5 F |
| Aufklärungsgruppe | 21 | P 2 |
| Aufklärungsgruppe | 22 | 4 N |
| Aufklärungsgruppe | 23 | H 8 oder F 6 |
| Aufklärungsgruppe | 31 | 5 D |
| Aufklärungsgruppe | 41 | 6 K oder C 2 |
| III. (Aufkl.)/LG 2 | | L 2 |

Diese Kennzeichen-Änderung war der äußere Ausdruck der im Februar 1939 erfolgten Neugliederung der Luftwaffenstruktur. Auf die Führung der Aufklärungsflieger (H) durch General Wachenfeld wurde bereits hingewiesen. Er ging in Pension. Sein Nachfolger wurde Generalmajor Bogatsch, dessen Stabschef wurde Oberst Drum.
In der Ausbildung der Aufklärungsflieger war immer wieder darauf hingewiesen worden, daß ihre Hauptaufgabe nicht im Luftkampf oder Bombenwurf zu sehen sei, was im Rahmen ihrer Aufträge mitunter vorkam, sondern daß sie ihr ganzes fliegerisches Können für die Beschaffung schneller und zuverlässiger Aufklärungsergebnisse einzusetzen hätten. Die dafür benötigte Spezialausbildung hatte 1939 einen sehr hohen Stand erreicht.
Anders sah es mit dem Flugzeugbestand aus. Die Stärkemeldung des Generalstabs der Luftwaffe vom 31. August 1939 ergibt folgende Zahlen.

| | |
|---|---|
| Henschel Hs 126 | 275 |
| Heinkel He 46 | 67 |
| Heinkel He 45 | 14 |

Das ergibt insgesamt 356 Nahaufklärungsflugzeuge. Setzt man die Sollstärke von 12 Flugzeugen pro Staffel voraus, so ergibt sich bei dreißig Nahaufklärungsstaffeln ein Soll von 360 Flugzeugen. Es bestand also von vorn herein ein Minus von 85 Flugzeugen, wenn man nur die Hs 126 berechnete, die man als modernes Aufklärungsflugzeug ansehen konnte. Noch nicht einmal mit Hilfe der veralteten He 45 und He 46 gelang es, dieses Minus ganz auszugleichen, denn diese Typen wurden ja auch auf den Schulen gebraucht.
Noch schlechter sah es beim Treibstoff aus. Eine einfache Berechnung, die auf den Zahlen des Generalquartiermeisters der Luftwaffe basierte, kam zu dem Ergebnis, daß die deutsche Luftwaffe nach sechs Monaten Kriegsführung kein Flugbenzin mehr hatte, wenn es nicht gelang, solches zu erbeuten oder neue Quellen zu eröffnen.
Die Ausstattung der Nah-Aufklärungsstaffeln mit Waffen, Munition, Fotogerät und Material sowie Funkausrüstung konnte als befriedigend angesehen werden. So gingen die Aufklärungsverbände (H) in den Krieg.

Oben: Heinkel He 46 F während der Besetzung der Tschecho-Slovakei 1938 auf einem tschechischen Flugplatz.

Unten: Heinkel He 46 E in Bereitstellung vor Beginn des Feldzugs in Polen.

Das Gesicht der Henschel Hs 126. Dieses Flugzeug wurde das meistverwendete Flugzeug der Heeresaufklärer.

# 7. Nahaufklärung über Polen und am Westwall

Der Einsatz der Nahaufklärer in Polen erfolgte im Rahmen der Luftflotte 1 unter General der Flieger Kesselring und der Luftflotte 4 unter General der Flieger Löhr. Von den, wie bereits berichtet, einsatzbereiten 356 Nahaufklärungsflugzeugen waren 288 im Osten, so daß für die Überwachung der Gegner im Westen nur 68 Flugzeuge verblieben, und dies zum großen Teil alte He 45 und He 46. Die Verteilung der Aufklärungsstaffeln (H) bei den Heeresgruppen Nord (Generaloberst von Bock) und Süd (Generaloberst von Rundstedt) ergab sich wie folgt:

| | | |
|---|---|---|
| 1. (H)10 | I. Armeekorps (AK) | Hs 126 |
| 2.(H)10 | XXI.AK und 1. Kavallerie-Brigade | HS 126 |
| 1.(H)11 | 10. Panzer-Division (Pz.Div.) | Hs 126 und 3 He 46 |
| 1.(H)21 | II.AK | Hs 126 |
| 2.(H)21 | III.AK | Hs 126 |
| 3.(H)21 | XIX.AK | Hs 126 |
| 1.(H)31 | VIII.AK | Hs 126 |
| 2.(H)31 | 5.Pz.Div. | Hs 126 und 3 He 46 |
| 4.(H)31 | XV.AK | He 45 und He 46 |
| 1.(H)41 | IV.AK | Hs 126 |
| 2.(H)41 | XVI.AK (mot.) | Hs 126 |
| 3.(H)41 | XIV.AK (mot.) | Hs 126 |
| 1.(H)12 | X.AK | Hs 126 |
| 3.(H)12 | XI.AK | Hs 126 |
| 2.(H)13 | VII.AK | Hs 126 |
| 4.(H)13 | 4.Pz.Div. | Hs 126 und 3 He 46 |
| 5.(H)13 | XIII.AK | He 45 und He 46 |
| 2.(H)23 | 1.Pz.Div. | Hs 126 und 3 He 46 |
| 1.(H)14 | 2.Pz.Div. | Hs 126 und 3 He 46 |
| 2.(H)14 | XVIII.Geb.Korps | Hs 126 |
| 3.(H)14 | XVII.AK | Hs 126 |
| 9.(H)LG 2 | 3.Pz.Div. | Hs 126 und 3 He 46 |

Man ersieht aus dieser Aufstellung wie auch aus der folgenden, daß alle Nahaufklärungsflugzeuge im Einsatz waren. Es waren keinerlei Reserven vorhanden. Bei Ausfällen konnte Ersatz nur direkt von den Herstellerwerken bereitgestellt werden.

Die ausrüstungsmäßige Schwäche der Nahaufklärungsverbände offenbart sich aber noch mehr bei Aufklärungsstaffeln (H) im Westen:

| | | |
|---|---|---|
| 4.(H)21 | Raum Saar-Rheinland | He 45 und He 46 |
| 2.(H)12 | VI.AK | Hs 126 |
| 4.(H)12 | 7. Armee | He 45 und He 46 |
| 4.(H)22 | IX.AK | Hs 126 |
| 1.(H)13 | XXX.AK | Hs 126 |
| 3.(H)13 | V.AK | Hs 126 |
| 1.(H)23 | XXVII.AK | Hs 126 |
| 4.(H)23 | 7. Armee | He 45, He 46 |

Rechnet man, daß diese acht Staffeln nur über 68 Flugzeuge verfügten, davon etwa 1/3 alte He 45 und He 46, so ergibt sich, daß keine Staffel mehr als 8 bis 9 Flugzeuge hatte.

Die schnelle Zerschlagung der polnischen Luftstreitkräfte bereits in den ersten Tagen verhinderte, daß die Schwäche der deutschen Nahaufklärungskräfte sichtbar wurde. Bereits in den ersten drei Tagen schuf die 1.(H)10, die laufend ihre Hs 126 über der polnischen Mlawa-Stellung hatte, für das von Generalleutnant Petzel geführte I.AK die Voraussetzungen für den Sieg über die polnische Armee »Modlin«. Besonders die 3.(H)21 leistete hervorragende Gefechtsaufklärung für die Panzer des Generals Guderian beim Durchbruch durch den Korridor in Richtung Kulm und Graudenz. Bei der Vernichtung der 7. polnischen Infanterie-Brigade waren die 2.(H)41 und die noch mit alten He 45 und He 46 fliegende 4.(H)31 besonders erfolgreich, daß sie bei der Leitung des deutschen Artilleriefeuers und der Überwachung der Bewegung des Gegners ausgezeichnete Arbeit leisteten. Daß die Arbeit der Nahaufklärer gerade am ersten Tag schwierig war, erlebte Leutnant Hutter von der 3.(H)21, der am Morgen des 1. September 1939 den ersten Feindflug seiner Staffel durchführte.

Um 4.20 Uhr morgens startete seine Hs 126. Im Osten ließ schwaches Rot im Himmel die aufgehende Sonne ahnen. Der Flugzeugführer zog die Maschine gleich bis auf 900 m Höhe. Dann wurde Kurs auf den Raum Kulm genommen. Von Osten kam Bodennebel heran. Vor der Stadt befanden sich klar erkennbare Grabensysteme. Hutter zeichnete sie in die Karte ein und machte ein paar Schrägaufnahmen mit der 13/18-Handkamera. Im gleichen Augenblick machte sich polnische Flak unangenehm bemerkbar. Unten zog immer stärkerer Nebel heran. Es hatte keinen Zweck, noch etwas zu riskieren. Hutter gab über Bordsprech Order: »Aus – zurück!« Sofort ging die Maschine in eine scharfe Linkskurve und zog schnell nach Westen. Vom Einsatz-Flugplatz war nichts zu sehen, nur Nebel. Eine gefährliche Situation! Aber sie hatten Glück und konnten durch eine kleine Lücke in der Nebelwand nach unten durchstoßen und landeten sicher auf ihrem Platz. Minuten später war der Nebel so dick, daß man höchstens fünf Meter weit sehen konnte. Anderen Besatzungen der 3.(H)21 ging es schlechter, zwei Maschinen gingen bei Notlandungen im Nebel zu Bruch, eine weitere konnte glatt notlanden. Eine weitere Maschine kehrte vom Feindflug nicht zurück, sie wurde von polnischer Flak abgeschossen.

Was spielte sich derweil im Westen ab? Dort hielt die Heeresgruppe C unter Generaloberst Ritter von Leeb mit 33 Infanterie-Divisionen die Wacht. Ohne Panzer. Die zur Luftverteidigung vorgesehenen Luftflotten 2 (General Felmy) und 3 (General Sperrle) verfügten nur über Jagdkräfte und Fernaufklärer sowie die bereits genannten Nah-Aufklärungsstaffeln. Und drüben? Der Gegner war um ein Mehrfaches überlegen: 110 Divisionen mit rund 4000 Panzern. Aber sie griffen nicht an. Beide Seiten versuchten durch intensive Fernaufklärung die Lage beim Gegner zu erkunden, während die beiderseitige Nahaufklärung versuchte, irgendwelche Bewegungen beim Gegner festzustellen.

Am 6. September begann, auf deutscher Seite aufgrund der vorangegangenen Nahaufklärung erwartet, der Vormarsch der französischen 4. Armee unter General Réquin im Raum Saarbrükken im Vorfeld der deutschen Verteidigungszone »Westwall«. Aber diese Operation endete bereits nach wenigen Kilometern.

Am 7. September stellten Hs 126 der 4.(H)13 fest, daß die Polen sich im Raum Warschau zur Verteidigung einrichteten. Daraufhin ließ Generalleutnant Reinhardt seine 4. Panzer-Division das Tempo beschleunigen. Am nächsten Tage standen die ersten deutschen Panzer vor Warschau. Die 4.(H)31 mit ihren alten He 45 und He 46 flogen jetzt hauptsächlich Artillerieeinschießen für das XV.AK, während die 1.(H)41 und die 2.(H)41 laufend am Himmel hingen, um die Einschließung der polnischen Armee »Preußen« im Raum von Radom zu überwachen.

Die 3.(H)21 hatte wohl die meiste Arbeit, da General Guderian mit dem XIX.AK, jetzt XIX. Panzer-Korps, die polnische Gruppe »Narew« unter Generalmajor Mlot-Fijalkowski zu zerschlagen begann und bei Lomza die 18. polnische Infanterie-Division vernichtete. Diese Staffel hatte nicht nur Gefechtsaufklärung zu fliegen, d. h. das Vorrücken der eigenen Spitzen festzustellen und eventuelle Bereitstellung von polnischen Reserven zu ermitteln, sondern auch für die Artillerie des Korps noch die Feuerleitung zu übernehmen. Bei einem dieser Flüge wurde eine Hs 126 der Staffel von drei polnischen Jägern des Typs PZL XI überrascht. Es kam zu einem Luftkampf, in dessen Verlauf es dem deutschen Beobachter zwar gelang einen Gegner abzuschießen und dann in die Wolken zu verschwinden, die Hs 126 erlitt aber schwere Schäden. Der Motor lief unregelmäßig, das rechte Laufrad war zerschossen neben etwa einem Dutzend weiterer Einschüsse in der Maschine. Es gab eine Bruchlandung auf eigenem Platz, die Besatzung aber kam ohne großen Schaden davon.

Während so im Osten der Vernichtungskrieg gegen Polen in vollem Gange war, ging in der Heimat die Ausbildung der Heeresflieger weiter, denn man brauchte nicht nur Flugzeuge sondern auch Besatzungen. Die Beobachter kamen meist vom Heer, so auch der junge Leutnant Reschke. Er kam nach Hildesheim, wo zu dieser Zeit der im zweiten Kapitel bereits erwähnte Albert Müller-Kahle Chef war. Von der Luftwaffe hielten die Heeresoffiziere nicht allzuviel und legten auch keinen großen Wert darauf, dieser anzugehören. Diese Meinung mußten sie allerdings mit der Zeit revidieren, nachdem sie schließlich diesem »Verein« selbst angehörten. Das Schönste an der Ausbildung war natürlich der Flugdienst, der mit He 45 und He 46 durchgeführt wurde. Weniger beliebt war dagegen der Funkunterricht, wobei man das Morse-Alphabet lernen mußte, was die Beobachter bereits im Ersten Weltkrieg sehr lästig fanden. Später ging Reschke dann nach Brieg, wo inzwischen auch Müller-Kahle gelandet war. Das Verhältnis zwischen diesem und den Heeresbeobachtern wurde erst erträglich, als der Chef des Ausbildungswesens der Luftwaffe (Chef AW) Generalleutnant Kühl, der vom Heer kam, einen Ausgleich herbeiführte. Inzwischen ging der Krieg in Polen weiter.

Die 3.(H)21 war vom frühen Morgen bis zum späten Abend im Einsatz. Der Vorstoß von Guderians XIX. Panzerkorps ging jetzt von Norden über Brest-Litowsk, während von der anderen Seite das XXII.AK über Tomaszow-Lubelski auf Cholm drückte. Die Hs 126 hingen über den Spitzen der Verbände und konnten so feststellen, wie das gesamte polnische Feldheer westlich des Bug eingeschlossen wurde. Das schnelle Vorrücken der Panzerverbände verlangte ein angepaßtes Vorverlegen der Flugplätze. Dieses wieder stellte große Anforderungen, weniger an das fliegende Personal als an das Bodenpersonal. Kaum hatte man sich einigermaßen auf einem Platz eingerichtet, hieß es wieder »Verlegung«!

Dann marschierten am 17. September die Sowjets in Ostpolen ein! Damit war klar, daß Polen wieder einmal eine Teilung bevorstand und sein Schicksal, unabhängig von den noch folgenden militärischen Operationen, besiegelt war. Die polnische Regierung und Heeresleitung flüchteten nach Rumänien und wurden dort interniert. Nun folgte eine Kapitulation der anderen. Am 20. 9. war es die Armee »Lublin«, einen Tag vorher hatten die Armeen »Posen« und »Pomerellen« kapituliert. Lemberg kapitulierte vor den Sowjets. Dann begann das traurige Schauspiel der Bombardierung Warschaus, bei dem mangels richtiger Bombenflugzeuge aus den Behelfsbombern Ju 52 Spreng- und Brandbomben aus Kisten ungezielt auf die Stadt geschüttet wurden. Als letzte polnische Verbände kapitulierten die Einheiten der polnischen Marine auf der Halbinsel Hela am 1. Oktober 1939.

Damit waren mit der größten Zahl der Heeres-

Bodenpersonal macht eine Hs 126 einsatzbereit.

Hs 126 im August 1939 während des Feldzugs in Polen.

verbände auch die meisten Nahaufklärungseinheiten frei geworden und verlegten teils in die Heimatstandorte, teils auch an die Westgrenze des Reiches.
Dort war der »Sitzkrieg« im Gange. Fern- und Nahaufklärer beider Seiten suchten Stärke und Absichten des jeweiligen Gegners zu erkunden. Dabei kam es zwischen den Jägern beider Seiten, die die Aufklärer decken sollten, wiederholt zu mehr oder weniger heftigen Luftkämpfen.
Die Aufträge der Nahaufklärer beschränkten sich hauptsächlich auf Artilleriefliegerei, die in möglichst großer Höhe durchgeführt werden mußte. Die Abwehr über den festen Fronten war ziemlich stark. Flak aller Kaliber und Jäger machten den Nahaufklärern das Leben schwer. Im täglichen Bericht des Oberkommandos der Wehrmacht (OKW) hieß es meist eintönig: »Im Westen schwache Artillerie- und Aufklärungstätigkeit.« Die aus Polen kommenden Aufklärungsstaffeln (H) mußten sich sehr umstellen. Hier gab es kein stundenlanges Fliegen über dem Feindgebiet, keine Tiefangriffe auf Kolonnen. Und das Schlimmste: Überall konnten Jäger bis zur Staffelstärke auftauchen. Tieffliegen war mehr als gefährlich. Das mußte eine Besatzung der 3.(H)21 am 24. 10. 1939 feststellen. Die Hs 126 startete um festzustellen, wie weit die Franzosen sich im Gebiet des Warndt zurückgezogen hatten. Die deutsche Infanterie wollte nachrücken und brauchte Klarheit darüber, was vor ihnen lag. Die Besatzung mußte also tieffliegen. Die Maschine kehrte mit totem Beobachter zurück. Der Flugzeugführer berichtete: »Es war über dem Warndt. Wir fliegen an, ich höre einen einzelnen Gewehrschuß. Ich drehe mich um und sehe, wie mein Beobachter zusammenbricht. Ich mache daraufhin sofort kehrt und fliege zurück.« So einfach war das! Der Beobachter war das Opfer eines Zufallstreffers: Kopfschuß! Aus!
Das neue Jahr 1940 kam. Jeder wußte, daß eine deutsche Offensive erfolgen würde, aber nur wenige wußten, welcher Kampf innerhalb der deutschen obersten Führung um den Operationsplan stattfand. Es kam das Unternehmen »Weserübung«, die Besetzung Norwegens und Dänemarks im April 1940. Es scheint, daß an dieser Operation nur wenige Nahaufklärer teilgenommen haben, denn die offiziellen Berichte sprechen nur von 95 Jägern und 240 Bombern und Stuka, der Rest waren Transport- bzw. Seeflugzeuge. Die Nahaufklärung wurde von den Küsten-Aufklärungsstaffeln besorgt. Hierbei bewährten sich besonders die Arado Ar 196 Schwimmerflugzeuge.
Am 1. Mai 1940 legte Hitler den Beginn des Angriffs im Westen auf den 5. Mai fest. Grundlage der Operation war der sogenannte »Sichelschnittplan«, den Hitler nach einer Aussprache mit General der Infanterie von Manstein vom 17. 2. 1940 am 24. 2. in der Aufmarschanweisung »Fall Gelb« festgelegt hatte.

# 8. Blitzkrieg im Westen

Am 9. Mai, Hitler hatte den Angriffstermin verschoben, legte er den endgültigen Angriffstermin für den Fall »Gelb« auf den 10. Mai fest. Am gleichen Tag teilte Oberst Oster, Chef der Zentralabteilung der deutschen »Abwehr« dem holländischen Militärattaché Sas mit, daß die Operation am nächsten Tage beginnen würde. Nachdem Osters erste Meldung vom 4. April mit dem Angriffstermin 9. April nicht eingetroffen war, glaubte Sas auch diesmal nicht an den bitteren Ernst der Meldung dieses Mannes, der Hitler und sein Regime glühend haßte.

Der Aufmarsch des Heeres war wie folgt angeordnet:

Nordabschnitt:

Heeresgruppe B unter Generaloberst von Bock mit der 6. und 18. Armee, unterstützt durch die Luftflotte 2 unter General der Flieger Kesselring.

Mittelabschnitt:

(Hier lag der Schwerpunkt des Angriffs)
Heeresgruppe A unter Generaloberst von Rundstedt mit der 4., 12. und 16. Armee, sowie der Panzergruppe Kleist, unterstützt durch die Luftflotte 3 unter General der Flieger Sperrle.

Südabschnitt:

Heeresgruppe C unter Generaloberst Ritter von Leeb mit der 1. und 7. Armee.

Die Gesamtstärke der deutschen Angriffsarmeen betrug: 10 Pz.-Divisionen, 7 motorisierte Divisionen, 1 Kavallerie-Division, 1 Luftlade-Division, 1 Fallschirmjäger-Division und 117 Infanterie-Divisionen. Dazu 3834 Flugzeuge.

Für die Nahaufklärung standen den Heeresverbänden insgesamt 34 Aufklärungsstaffeln (H) zur Verfügung, die sich wie folgt verteilten:

| *Aufkl.St.* | *Heeresverband* | *Einsatz* | *Flugzeugmuster* |
|---|---|---|---|
| 1.(H)10 | I. später VII.AK | Holland, Belgien | Hs 126 |
| 2.(H)10 | XXVI.AK | Holland, Belgen | Hs 126 |
| 1.(H)11 Pz. | 10. Pz.Div. | Sedan | Hs 126 |
| 1.(H)21 | II.AK | Belgien, Nordfrankreich | Hs 126 & Do 17 M |
| 2.(H)21 | III.AK | Luxbg., Belgien, Nordfrankreich | Hs 126 & Do 17 M |
| 3.(H)21 | XIX.AK | Luxbg., Belgien, Nordfrankreich | Hs 126 |
| 4.(H)21 | XXIV.AK | Oberrhein | Hs 126 |
| 1.(H)31 | VIII.AK | Belgien, Nordfrankreich | Hs 126 |
| 2.(H)31 Pz. | 5. Pz.Div. | Belgien, Nordfrankreich | Hs 126 |
| 4.(H)31 | XV.AK. (mot.) | Belgien, Nordfrankreich | Hs 126 |
| 1.(H)41 | IV.AK | Belgien, Nordfrankreich | Hs 126 |
| 2.(H)41 | XVI.AK. (mot.) | Belgien, Nordfrankreich | Hs 126 |
| 3.(H)41 | 8. Pz.Div. | Belgien, Nordfrankreich | Hs 126 |
| 1.(H)12 | XXIII.AK | Luxemburg, Frankreich | Hs 126 |
| 2.(H)12 | VI.AK | Belgien, Nordfrankreich | Hs 126 |
| 3.(H)12 Pz. | 9.Pz.&1.Kav. Div. | Holland, Belgien, Nordfrankreich | Hs 126 |
| 4.(H)12 | XII.AK | Elsaß-Lothringen | Hs 126 & 3 Do 17 M |
| 4.(H)22 | IX.AK | Belgien, Nordfrankreich | Hs 126 |
| 2.(H)32 | XXIV.AK. | Oberrhein | Hs 126 |
| 3.(H)32 | XII.+XXX.AK | Oberrhein | Hs 126 |
| 4.(H)32 | erst. i.d. 2. Phase | Frankreich | Hs 126 |
| 5.(H)32 | wie 4. (H)32 | Frankreich | Hs 126 |

| | | | |
|---|---|---|---|
| 1.(H)13 | XXX.+XXXVII. AK | Oberrhein | Hs 126, Do 17 M, Bf 109D |
| 2.(H)13 | VII.AK | Luxemburg, Frankreich | Hs 126, Do 17 M |
| 3.(H)13 | V.AK | Sedan | Hs 126 |
| 4.(H)13 | 4.Pz.Div. | Sedan | Hs 126 |
| 5.(H)13 | XIII.AK | Luxemburg, Frankreich | Hs 126 |
| 1.(H)23 | XXVII.AK | Belgien, Nordfrankreich | Hs 126 |
| 2.(H)23 Pz. | 1.Pz.Div. | Sedan | Hs 126 |
| 4.(H)23 | XXV.+XXXIII.AK | Oberrhein | Hs 126 |
| 1.(H)14 Pz. | 2.Pz.Div. | Sedan | Hs 126 |
| 2.(H)14 | XVIII Geb.K. | Luxemburg, Belgien, Frankreich | Hs 126 |
| 3.(H)14 | 7.Pz.Div. | Sedan | Hs 126 |
| 9.(H)LG 2 | 3.Pz.Div. | Sedan | Hs 126 |

Anm.: AK = Armee-Korps, Pz.Div. = Panzer-Division

Wie sich der Beginn des Westfeldzuges für die Nahaufklärer darstellte, schildert der Bericht des damaligen Leutnants Reschke von der 4.(H)13 (Staffelkapitän Major Berger), die der 4. Panzer-Division zugeteilt war. Diese Division hatte am Vorstoß durch Belgien teilzunehmen, d. h. in dem Raum, wo der Einsatz der Fallschirmtruppen gegen die Maasbrücken stattfinden sollte. Reschke berichtet: »Um 6.30 Uhr früh starten wir zum ersten Feindflug. Man kommt sich ganz komisch vor, wenn man denkt: Jetzt wird es zum ersten Mal ernst. Es ist eigentlich ein gehobenes Gefühl, das mich beherrscht, Angst ist jedenfalls nicht dabei. Schon deshalb nicht, weil ich ja überhaupt keine Ahnung habe, was los sein wird. Nachdem man uns auf der Schule beigebracht hatte, daß wir unter 4000 m ein Kind des Todes seien, fliegen wir unseren ersten Auftrag zunächst in 4000 m Höhe. Wir kommen über die Grenze, ich höre im FT-Gerät, wie Händel seine erste Meldung durchgibt: Brücken bei Maastricht unzerstört. Es ist wolkenloses klares Wetter, unter uns sieht man eigene fliegende Verbände jetzt zum Teil schon wieder zurückkehren, und ganz weit im Westen sieht man die ersten Rauchsäulen aufsteigen. Ich stelle fest, daß die Panzerspitzen noch nicht weit vorangekommen sind. Die Brücken in Maastricht sind heil, Kampftätigkeit ist dort nicht zu beobachten. Stattdessen ist es bei Eben Emael und an den Brücken von Veldvezelt und Broenhoven um so interessanter. Es liegen Tuchzeichen aus (›Wir sind eingeschlossen‹). Eine Menge Fallschirme liegen auf Eben Emael. Am Kanal und bei der Brücke Veldvezelt liegen ebenfalls eine Menge. Ich stelle außerdem 30–40 Segelflugzeuge im Gelände verstreut fest, zum Teil bruchgelandet. Wir wir später erfuhren, war dies der Einsatz der Fallschirmjäger auf Eben Emael und die beiden Brücken. Diese 3 Punkte mußten als operativ besonders wichtig unbedingt schnell in unseren Besitz gelangen, die Brücken unzerstört, denn sonst wäre der Vormarsch der Panzer längere Zeit aufgehalten worden. Dies ist erreicht worden.

Auf den Straßen im Aufklärungsraum, die ich bis Tongern und St. Trond abfliege, ist wenig zu sehen, lediglich Einzelverkehr. Das ist auch erklärlich, denn der Gegner hat um diese Zeit wahrscheinlich erst alarmiert und kann mit seinen Truppen noch nicht im Anmarsch sein.

Es ist gut, daß mein Auftrag ›taktische Aufklärung‹ heißt, denn aus 4000 m Höhe hätte ich bei meinem damaligen Ausbildungsstand bei ›Gefechtsaufklärung‹ wahrscheinlich nicht sehr viel gesehen. Die Straßen waren jedoch auch aus dieser Höhe leicht zu beobachten. Unter uns an vielen Stellen Brände, Kampf- und Sturzkampfgeschwader, Jäger und Zerstörer sind in der Luft, und hin und wieder sieht man die Leuchtspur einzelner mittlerer und leichter Flakbatterien. Ihr Feuer ist zwar nicht für uns berechnet, trotzdem aber hat man das erregende Gefühl: Hier wurde zum ersten Mal scharf geschossen.«

Man sieht an diesem Bericht, daß die jungen Nahaufklärer trotz gründlicher Ausbildung auf

Hs 126 der 4.(H) 13 vor Beginn des Frankreichfeldzugs.

Beobachter einer Hs 126 der 9. (H)LG 2 bei Aufnahmen mit der 13/18-Handkamera.

den Schulen ihren »Beruf« doch erst im Fronteinsatz erlernten.
Die erfolgreichen Luftlandeunternehmungen jener ersten Tage des Westfeldzuges dürfen als bekannt vorausgesetzt werden. Bereits am 13. Mai konnte die 4.(H)31, die für das XV. motorisierte Armeekorps unter General der Infanterie Hoth Nahaufklärung flog, feststellen, daß die Spitzen des Korps die Maas bei Dinant überschritten. Hochbetrieb für Nahaufklärer herrschte im Raum Sedan, wo die Spitzen der Panzergruppe Kleist in schwerem Kampf mit französischen Panzerverbänden standen. Nahaufklärer im Bereich der Heeresgruppe B stellten fest, daß die in West-Belgien eingerückten Verbände der gegnerischen Heeresgruppe 1 unter General Billotte sich an der Dyle zur Verteidigung eingerichtet hatten. Fernerkunder stellten laufend Heranführung von Verstärkungen fest. Aber es dauerte nur zwei Tage, bis zum 16. Mai, und die Dyle-Stellung war aufgebrochen. In der folgenden Nacht griffen zum ersten Male Bomberverbände der Royal Air Force das Reichsgebiet an. 99 Vickers Wellington und Handley-Page Hampden bombardierten Öllager und Eisenbahnlinien im Ruhrgebiet. Dies war der Beginn des strategischen Luftkriegs gegen Deutschland.
Jetzt tauchten auch die ersten englischen Jäger über dem belgischen Kampfraum auf. Zwei Hs 126 der 3.(H)21 flogen Aufklärung im Raum von d'Hévère und Meerdael südlich Löwen. Die eine der beiden Maschinen wurde über dem Forêt de Soignes von drei Hurricane geschnappt. Die Besatzung wehrte sich mit ihren Bordwaffen so gut es ging, aber die Überlegenheit, 24 MG gegen 2, war zu groß. Es rasselte laufend im Rumpf der Hs 126, die aber wieder bewies, daß sie nicht so schnell klein zu kriegen war. Funkgerät und Kameras waren bereits zerstört, aber Motor und Treibstoffanlage wurden nicht getroffen. Der Beobachter erhielt einen Treffer im Fuß, schoß aber weiter, bis der Blutverlust ihn zusammensacken ließ. Im Tiefstflug gelang es dem Flugzeugführer zu entkommen. Nach der Landung mußte der ohnmächtige Beobachter aus der Maschine gehoben werden.
Nachdem die Panzergruppe Kleist am 19. 5. Abbéville erreicht hatte, standen ihre Spitzen bereits am nächsten Tage an der Somme-Mündung. Damit waren alle belgischen, französischen und britischen Kräfte nördlich dieses Stoßkeils von allen Landverbindungen abgeschnitten. Nah- und Fernaufklärer konnten bereits in den nächsten Tagen feststellen, daß die Franzosen sich auf einen Entlastungsstoß zur Befreiung der abgeschnittenen Verbände über die Somme nach Norden vorbereiteten. Insbesondere Nahaufklärer der den deutschen Stoßkeil bildenden Panzer- und motorisierten Divisionen konnten südwestlich der französischen Front regen Verkehr auf den französischen Nachschubstraßen feststellen. Dabei wurde eine Hs 126 der 3.(H)21 von drei englischen Jägern überrascht. Die Treffer der Engländer hatten die Steuerungskabel teilweise zerschossen, so daß die Maschine auf keinen Steuerausschlag mehr reagierte. Dem Flugzeugführer gelang es noch die wundgeschossene Maschine über die Lys zu bringen. Dann sprang er ab. Anscheinend öffnete sich der Fallschirm des Beobachters zu spät. Sie fanden ihn tot neben der zerstörten Maschine.
Der neue französische Oberbefehlshaber General Weygand konzentrierte alles, was an Panzern vorhanden war, *Somua, Hotchkiss, Renault* und schwere *Char 2 bis* in diesem Raum.
Sie sollten den Ausbruchsversuch der im Norden stehenden Verbände in Richtung Cambrai-Arras-Doullens von Süden her unterstützen. So kam es zur Schlacht bei Arras. Da die Alliierten alle verfügbaren Luftstreitkräfte einsetzten, kam

Beobachter geht an Bord einer Hs 126 der 2.(H) 10 »Tannenberg«.

Lorient mit brennenden Tankanlagen. Aufnahme der 4.(H) 22.

es zu schweren Luftkämpfen zwischen deutschen und alliierten fliegenden Einheiten. Die Arbeit der Nahaufklärer wurde dadurch nicht gerade erleichtert. Aber zu keinem Zeitpunkt blieb die deutsche Führung ohne klare Übersicht über das Erdgeschehen. Dann traten am 26. Mai die Panzerdivisionen der deutschen Heeresgruppe A zur Vernichtung der abgeschnittenen alliierten Truppen an, nachdem Hitler am 24. 5. ihren Vormarsch gebremst hatte. Am 27. 5. begann die Operation »Dynamo«, die Evakuierung der britischen Truppen aus dem Kessel bei Dünkirchen. Diese Aktion konnte unter schweren Verlusten der Evakuierungsflotte trotz heftiger Angriffe der deutschen Luftwaffe einigermaßen erfolgreich, aber unter Aufgabe fast des gesamten Materials abgeschlossen werden. Hitlers Zögern hatte die totale Ausschaltung der eingeschlossenen Verbände verhindert. Um diese Zeit waren alle Nahaufklärungsstaffeln im Bereich der Heeresgruppen A und C bereits laufend im Einsatz, um den Aufmarsch der Franzosen in der sogenannten »Ewygandlinie« festzustellen. Am 5. Juni trat der Fall »Rot« ein: die Schlacht um Frankreich begann. Die Engländer setzten alles ein, um die Reste ihres Expeditionskorps aus den Häfen St. Valery, Le Havre und Cherbourg zu evakuieren, was nur teilweise gelang. Am 14. Juni marschierte die zur 18. Armee gehörende 87. Infanterie-Division als erster Verband in Paris ein. Inzwischen hatten die 4.(H)21, 4.(H)12, 3. und 4.(H)32, 1.(H)13 und 4.(H)23 der Führung der Verbände der Heeresgruppe C genaue Unterlagen über die Maginot-Linie südlich Saarbrücken und die französischen Stellungen bis zur Schweizer Grenze verschafft. Ab 14. 6. kam jetzt auch hier die Front in Bewegung. Inzwischen war die Panzergruppe Guderian nach Süden durchgestoßen und erreichte am 17. 6. die Schweizer Grenze im Rücken der Maginot-Linie.

Zwischen dem 18. und 20. Juni gelang es der Royal Navy aus La Rochelle und La Pallice noch 2300 britische und 6000–8000 polnische Soldaten zu evakuieren. In der folgenden Woche holte sie noch etwa 19000 meist polnische Soldaten aus Bayonne und St. Jean-de-Luz heraus. Insgesamt konnte die Royal Navy über 190000 Mann aus Frankreich nach England evakuieren, ohne daß die deutsche Luftwaffe dies verhindern konnte. Nachdem die französische Regierung am 20. Juni um einen Waffenstillstand gebeten hatte, wurde dieser am 22. 6. 1940 in Compiègne unterzeichnet. Der Krieg gegen Frankreich war beendet. Der größte Teil der Nah-Aufklärungsverbände verlegte zurück in die Heimatstandorte.

Aus dem Verteilungsplan der Aufklärungsstaffeln (H) ist klar zu ersehen, daß im Frankreichfeldzug praktisch nur ein Flugzeugmuster bei diesen verwendet wurde: die Henschel Hs 126. Dieses Flugzeug hatte sich als robustes und widerstandsfähiges Gerät erwiesen, das sich allen Forderungen gewachsen gezeigt hatte. Die Heinkel He 45 und He 46 waren zu den Schulen, hauptsächlich Brieg und Hildesheim, abgewandert. Trotzdem war klar geworden, daß die Zeit des zweisitzigen Nahaufklärungsflugzeugs bald abgelaufen sein würde. Vor allem mußte die Abwehrkraft verstärkt werden. Dies erforderte nicht nur eine Vermehrung der Waffen, sondern auch eine größere Besatzung. Aus diesen Gedankengängen heraus arbeitete man bei den Flugzeugwerken Focke-Wulf in Bremen an dem Nah-Aufklärungsflugzeug, das eine totale Abkehr vom bisherigen Konzept bedeutete: der Focke-Wulf Fw 189. Sie sollte aber erst beim Unternehmen »Barbarossa«, dem Feldzug gegen die Sowjetunion zum Tragen kommen.

Triebwerkskontrolle an einer Hs 126 während des Frankreichfeldzugs.

# 9. Nahaufklärer über dem Ärmelkanal

Mit der Besetzung der holländischen, belgischen und französischen Küste kam auf die wenigen dort verbliebenen Nahaufklärungsstaffeln eine neue Aufgabe zu: Flug über See. Denn solange nicht mehr Küstenfliegergruppen zur Verfügung standen, deren Zahl für diese zusätzliche Aufgabe nicht ausreichte, mußten die Aufklärungsstaffeln (H) die Lücke ausfüllen. Zuerst sah es so aus, als ob diese Aufgabe in Zusammenhang mit der Weisung des OKW vom 2. 7. 1940 zu bringen war, in der es hieß: »... daß unter bestimmten Voraussetzungen eine Landung in Großbritannien in Frage kommen könnte.« Dann aber stellte sich heraus, daß der Grund ein anderer war. Der Kommodore des Kampfgeschwaders 2, Oberst Johannes Fink, erhielt den Auftrag als »Kanalkampfführer« die Straße von Dover für alle englischen Schiffe zu sperren, die schnellen Zerstörer der Royal Navy aus dem Seegebiet von Portsmouth bis Dover zu vertreiben, und falls es tatsächlich zur Invasion Englands kommen sollte, die Luftüberlegenheit über den Küstengewässern zu erringen. Zu diesem Zweck wurden neben starken Jagd- und Zerstörerverbänden alle verfügbaren Stuka-Einheiten zur Verfügung gestellt. Zu den Staffeln, die am Kanal für diesen Zweck verblieben, gehörte auch die 3.(H)21. Sie hatte immer noch die braven alten Hs 126. Einer der ersten, der See-Aufklärung flog, war Leutnant Hutter. Über Brest fliegend, sah die Besatzung unten Wracks der von der Luftwaffe zerstörten Evakuierungsschiffe. Dann ging es hinaus auf die offene See. Zum ersten Mal empfanden die beiden »Landratten« die Weite des Meeres. Der blaue Himmel spiegelte sich in der ruhigen See und verlieh dem sonst graugrünen Wasser einen dunkelblauen Schimmer. »Emil« und »Franz« suchten aufmerksam die Umgebung ab, aber sie konten außer einem halben Dutzend französischer Fischkutter nichts entdecken. Dann zeigte der Treibstoffmesser an, daß es Zeit war, umzukehren. Eine halbe Stunde später landete ihr Vogel auf dem Einsatzplatz.

Am 4. Juli näherten sich der britische Geleitzug. O.A. 168 der westlichen Kanalmündung. Fernaufklärer hatten ihn bereits gemeldet. Nahaufklärer hatten als Fühlungshalter den weiteren Kurs überwacht und alarmierten die Stuka, als der Convoy auf der Höhe von Portland stand. Da die Royal Air Force, Fighter Command, die Sicherung des Geleitzuges mit dem Bemerken abgelehnt hatte, man müsse das United Kingdom, nicht aber die Schiffahrt, schützen, kam es an dem Convoy zu einer Katastrophe. 90 Ju 87 B-2 des Stuka-Geschwaders 2 wurden auf den Geleitzug angesetzt und fanden aufgrund der genauen Standortbestimmung des Nahaufklärers ihr Ziel auf dem kürzesten Wege. Der Erfolg war verheerend. Die Stuka »beharkten« auch gleich den Hafen von Portland. Vier Schiffe wurden versenkt, neun beschädigt. Nur eine Ju 87 ging durch die Abwehr des Flak-Hilfschiffs »Foylebank« verloren.

Natürlich merkten die Engländer sehr schnell, wie lästig die deutschen Hs 126 sein konnten, und setzten Jäger auf sie an. Zwei Hs 126 gingen bald verloren. Jagdschutz war notwendig, der vom JG 51, der I./LG 2 und der III./JG 3 übernommen wurde. So entwickelten sich Jägergefechte, die sozusagen das Vorspiel für die Luftschlacht um England bildeten. Oberst Fink, der seinen Gefechtsstand in einem umgebauten Omnibus bei Cap Gris Nez eingerichtet hatte, bekam bald wieder Arbeit. Am 10. Juli meldeten zwei Hs 126 in den Mittagsstunden einen ziemlich großen Convoy, der von Folkestone in Richtung Dover lief. Es kam im Zusammenhang mit dem Angriff der II./KG 2 auf den Convoy zu einer kleinen Luftschlacht zwischen Bf 109 E der III./JG 51 und Bf 110 des ZG 26 einerseits und der 56. und 111. Squadron der Royal Air Force, bei der 14 Hurricane ohne deutsche Totalverluste abgeschossen wurden. Die Hs 126 hatten sich rechtzeitig zurückgezogen.

Bei diesen Aktivitäten hat sich dann herausgestellt, daß die Hs 126 für die hohen Anforderungen, die am Kanal gestellt wurden, nicht mehr gut genug war. Die Lösung des Problems brachte der Rückgriff auf die Ideen des Leutnants Hohberg von 1917: das Jagdflugzeug als Aufklärer.

Bei der 2.(H)21 war auf Anregung des Leutnants Krauß eine Bf 109 E-1 durch Einbau eines Reihenbildgeräts Rb 21/18 zum Foto-Aufklärer umgebaut worden. Um das erhöhte Gewicht auszugleichen, waren die Flächen-Kanonen ausgebaut worden, so daß die so entstandene Bf 109-E-5 nur zwei MG 17 über dem Motor hatte. Krauß selbst übernahm die Truppenerprobung, ließ sich aber am 19. Juli 1940 bereits zur Stuka-Waffe versetzen. Er fiel als Major 1943 bei einem sowjetischen Luftangriff auf den Flugplatz Orel-Ost.

Im Frühjahr 1940 lief bei Focke-Wulf die Fertigung des Ersatzes für die Hs 126, des Doppelrumpfflugzeugs Fw 189 A-1, an.

Der erste Prototyp dieses Aufklärungs-Dreisitzers Fw 189 V1, D-OPVN, flog bereits Ende Juli 1938, aber erst der vierte Prototyp wurde vom Technischen Amt endgültig akzeptiert. Im Frühjahr 1940 war dann eine O-Serie an die Erprobungsstellen der Luftwaffe und an einige Aufklärungsstaffeln (H) zwecks Truppenerprobung ausgeliefert worden, die befriedigend abgeschlossen wurde, worauf dann im Spätsommer die Serie A-1 anlief.

Wie groß der Bedarf an Nahaufklärungsflugzeugen war, geht aus der Tatsache hervor, daß 1940 368 HS 126 ausgeliefert wurden, während es 1939 nur 137 gewesen waren. Nachdem nun die Erprobung der Fw 189 A-O erfolgreich verlaufen war, erhielt Henschel Order, die Fertigung der Hs 126 auslaufen zu lassen. Im Januar 1941 wurden die letzten fünf Hs 126 ausgeliefert. Aber noch beherrschte die Hs 126 das Feld, denn Focke-Wulf lieferte bis Ende 1940 nur 38 Fw 189 ab, die aber noch nicht zum Fronteinsatz kamen. Noch bis zum Beginn des Rußlandfeldzuges war die Masse der Aufklärungsstaffeln (H) mit der Hs 126 ausgerüstet.

Inzwischen ging der Kampf gegen die englischen Convoys in der Kanalzone weiter. Wieder einmal startete eine Besatzung mit ihrer braven Hs 126 in der Bretagne mit der Weisung, den Raum westlich Point du Raz zu überwachen. Das Wetter zeigte sich von der unfreundlichsten Seite.

Kurz nach Durchstoßen einer Regenwolke entdeckte die Besatzung eine kleine, kaum sichtbare Rauchwolke am Horizont. Auf Weisung des Beobachters kurvte der Flugzeugführer links ein. Nur wenige Meter über den Wellen jagte die Hs 126 in Richtung auf die Rauchwolke zu. Zu ihrer freudigen Überraschung entdeckten sie, daß es sich nicht nur um ein Schiff, sondern um einen kleinen Geleitzug von sechs Schiffen handelte. Als sie am Heck eines Schiffes den Union Jack entdeckten, funkte der Beobachter sofort die Bodenstelle an: »Feindlicher Geleitzug aus sechs Schiffen mit einem Zerstörer im Planquadrat PX3.« Die Bestätigung kam sofort: »Dranbleiben! Bewegungen überwachen!« Die Bomber ließen nicht allzu lange auf sich warten. Neun Ju 88 brausten heran. Der Führer des Geleits hatte sie frühzeitig erkannt. Die Schiffe fuhren jetzt einen schnell wechselnden Zickzackkurs. Drei Schiffe sanken nach Volltreffern sofort, die anderen drei blieben ohne Fahrt liegen. Für die Henschel war es höchste Zeit kehrtzumachen. So konnte sie das Ende des Dramas nicht mehr beobachten.

Am 1. August 1940 gab Hitler die Weisung Nr. 17 heraus: »Verschärfter See- und Luftkrieg gegen England!« Die Luftschlacht um England begann. Die Rolle der Henschel Hs 126 war im Westen ausgespielt. Jetzt hatten die Fernerkunder das Wort. Und für den Ärmelkanal und seine Schiffahrt kam nur noch die BF 109 E-5 in Frage.

Am 19. 9. beschloß Hitler aufgrund der Ergebnisse eines Besuches des Generalleutnants von Tippelskirch in Rumänien die Entsendung einer Heeres- und Luftwaffenmission und sogenannter »Lehrtruppen« nach dort. Im Rahmen dieser »Lehrtruppen« wurden auch einige Aufklärungsstaffeln (H) mit ihren Hs 126 nach dort verlegt. Dies war nur die erste Stufe der Truppenkonzentrationen der deutschen Wehrmacht nach Osten. Die endgültige Umgruppierung begann dann am 26. Oktober 1940. Inzwischen hatte Italien nach seinem Angriff auf Griechenland eine Niederlage nach der anderen einstecken müssen. In Nordafrika war die Lage für die Italiener ebenfalls bedrohlich geworden.

**Hs 126 der 2.(H) 10 über dem Flugplatz Stavanger 1940. Unten links ein Fieseler »Storch«.**

# 10. Balkan und Mittelmeer

Am 20. November 1940 fand im Oberkommando des Heeres (OKH) unter Leitung des Generalleutnants Paulus das erste Planspiel für den Feldzug gegen die Sowjetunion statt. Zwei Wochen später hielten der Oberbefehlshaber des Heeres, Generalfeldmarschall von Brauchitsch, und sein Stabschef Generaloberst Halder bei Hitler Vortrag über den von diesem geplanten Angriff gegen Griechenland zur Unterstützung Italiens und über den Feldzug gegen die Sowjetunion. Nachdem Anfang Dezember 1940 die Verlegung des X. Fliegerkorps unter General der Flieger Geisler nach Süditalien und Sizilien begonnen hatte, erteilte am 9. Januar 1941 Hitler den Befehl zur Verlegung eines deutschen Panzerverbandes zur Unterstützung der geschlagenen Italiener nach Libyen. Mit diesem Verband, später als »Deutsches Afrika-Korps« bezeichnet, ging als einzige Nahaufklärungseinheit die 2.(H)14, mit Hs 126 ausgerüstet, nach Nordafrika. Sie wurde später auf Jagdaufklärer Bf 109 F-5 und Bf 110 D umgerüstet und flog nun sowohl Nah- wie auch Fernaufklärung. Die Staffel traf im Februar dort ein.

Am 2. März 1941 marschierte die 12. deutsche Armee von Rumänien aus in Bulgarien ein. Mit ihr verlegten folgende Nahaufklärungsverbände in den Balkanraum, vorerst noch als Teile der »Lehrtruppe« deklariert: 2.(H)10, 3.(H)12, sowie die 3. und 4.(H)13.

Am 27. März 1941 erfolgte dann der Staatsstreich in Jugoslawien, der die deutschfreundliche Regierung des Prinzregenten Paul beseitigte und die feindliche Einstellung der neuen Machthaber gegenüber Deutschland klar herausstellte. Damit waren Hitlers Pläne gegen Griechenland und die Sowjetunion über den Haufen geworfen. Am selben Tage noch erging die Weisung Nr. 25 »Blitzfeldzug gegen Jugoslawien mit dem Ziel der totalen Zerschlagung dieses Staates, in Verbindung mit dem bereits geplanten Angriff gegen Griechenland. Der Angriff gegen die Sowjetunion wird um etwa 4 Wochen verschoben.« Während die Vorbereitungen zur Durchführung dieser Anweisung noch liefen, wurden am 30. 3. die höheren Befehlshaber aller Wehrmachtsteile, die für den Feldzug gegen die UdSSR vorgesehen waren, in diese Operation »Barbarossa« eingewiesen.

Bereits Ende 1940 war die 2.(H)14 zum Erstaunen der Besatzungen auf Hs 126 trop umgerüstet worden. Dieser Typ unterschied sich von der Grundform durch Staubfilter und Notausrüstung für Wüstennotlandungen. Die Staffel war mit den ersten Einheiten des zukünftigen Afrika-Korps nach Nordafrika verlegt worden und hatte Mitte März 1941 ihre Tätigkeit aufgenommen und schuf mit die Grundlage für Rommels erste Vorstöße im Raum El Agheila und Agedabia. Sie blieb in Nordafrika bis zum bitteren Ende. Dann verlegte sie nach Italien.

Am 3. April unterzeichnete Hitler die Weisung Nr. 26, die die Zusammenarbeit zwischen Deutschland, Rumänien und Bulgarien im Rahmen des geplanten Balkanfeldzuges regelte. Mit den als »Lehrtruppen« bereits in Rumänien anwesenden Nahaufklärungs-Staffeln nahmen folgende Nahaufklärungsverbände, die sämtlich

Oben: Hs 126 der 4.(H) 13 1941 in Rumänien vor Beginn des Unternehmens »Barbarossa«.

Unten: Hs 126 der 4.(H) 13 über Constanza.

mit Hs 126 ausgerüstet waren, an dieser Operation teil:
Es flogen für

| | |
|---|---|
| XVIII. Armeekorps | 4.(H)13 |
| 11. Panzer-Division | 3.(H)21 |
| XIV. Armee-Korps (mot.) und 5. Panzer-Division | 2.(H)31 |
| 8. Panzer-Division | 3.(H)41 |
| 9. Panzer-Division | 3.(H)12 |
| XL. Armeekorps (mot.) | 4.(H)22 |
| 14. Panzer-Division | 2.(H)32 |
| XLIX., LI. u. LII.AK | 3.(H)13 |
| XLI. Armeekorps | 4.(H)13 |
| XXX. Armeekorps | 5.(H)13 |
| XL. Armeekoprs und 2. Panzer-Division | 1.(H)14 |

Wegen des begrenzten Operationsgebietes waren keine Fernaufklärungsverbände in den Balkanraum verlegt worden. Dabei waren die Besatzungen manchmal gezwungen, Aufklärungsflüge bis an die äußerste Grenze der Reichweite ihrer braven Hs 126 durchzuführen.
So erhielt während der Schlacht an den Thermopylen eine Besatzung der 3.(H)21, die zu diesem Zeitpunkt im Raum Lamia lag, den Auftrag bis nach Chalkis vorzustoßen, das tatsächlich an der Grenze der Reichweite der Hs 126 lag. Viel Kampfreserve blieb nicht. Der Auftrag lautete: »Überwachung der Rückzugsstraße des Gegners Dadion-Theben. Von dort nach Chalkis, Überwachung des Hafens und der Buchten von Politika, da die in Griechenland kämpfenden englischen Truppen begannen, sich aus Griechenland zurückzuziehen. Die im Hafen und den Buchten liegenden Schiffe waren zu fotografieren. Starke Flakabwehr war zu erwarten. Insbesondere war mit Massierung leichter Fla-Waffen und mit dem Auftauchen englischer Jäger zu rechnen. Die deutschen Jäger hatten zwar bereits unter den Hurricane aufgeräumt, aber es waren noch eine ganze Menge vorhanden. Jagdschutz konnte bei dieser Entfernung nicht mitgegeben werden. Die Besatzung erfüllte trotz aller Schwierigkeiten ihre Aufgabe. Auf der Rückzugstraße wurden riesige Kolonnen beobachtet. Im Hafen von Chalkis konnten mehrere große Transportschiffe festgestellt und mit der Handkamera aufgenommen werden. Und das, während die Maschine in engen Kurven sich durch das Flakfeuer wand. Abgesehen von geringfügigen Löchern kehrte die Maschine mit unversehrter Besatzung zurück. Diese und ähnliche Aufträge wurden von den Nahaufklärern reibungslos durchgeführt. Sie schufen die Unterlage für den Ansatz der Bomber und Stuka, denen in der Zeit vom 21. bis 24. April ein altes griechisches Schlachtschiff, ein Zerstörer, fünf Torpedoboote, ein Vermessungsschiff und 43 Transportschiffe mit insgesamt 63975 BRT zum Opfer fielen. Am 30. April 1941 konnte der Balkanfeldzug als abgeschlossen angesehen werden.
Am Unternehmen »Merkur«, der deutschen Landung auf Kreta, nahmen keine Nahaufklärer teil. Dagegen war in Nordafrika die 2.(H)14 laufend im Einsatz. Am 27. Mai 1941 wurde dort der Halfaya-Paß an der lybisch-ägyptischen Grenze erreicht.

Triebwerksüberholung bei glühender Hitze in der Cyrenaika 2.(H) 14.

**Hs 126 der 2.(H) 14 kehrt vom Aufklärungsflug zurück.**

# 11. Unternehmen »Barbarossa«

Nur wenige Aufklärungsstaffeln (H) verblieben auf dem Balkan. Sie sollten in den letzten Kriegsjahren die einzigen Vertreter der deutschen Luftwaffe auf dem Balkan bleiben. Die meisten Nahaufklärungsverbände wurden nach und nach an die deutsch-sowjetische Demarkationslinie verlegt. Zu diesem Zeitpunkt begann bereits die Umrüstung der Nahaufklärungsverbände auf das neue Muster Focke-Wulf Fw 189. Die Fertigung der Hs 126 endete im Januar 1942, in dem nur noch fünf Maschinen gebaut wurden. Focke-Wulf baute zwar im ganzen Jahr 1941 bereits 250 Fw 189. Dies konnte aber bei der großen Anzahl der Verbände und der im zweiten Halbjahr 1941 eintretenden Verluste keinesfalls ausreichen. So flogen die meisten Aufklärungsstaffeln (H) noch bei Beginn des Ostfeldzuges mit der Hs 126. Zum Teil wurden auch bereits Jagdaufklärer Bf 109 E-5 und Bf 110 C-5 eingesetzt. Wie die Nahaufklärer den Beginn des Ostfeldzuges erlebten, schildert ein Bericht des Leutnants Siegfried Hutter von der 3.(H)21: »›Ich schlafe tief und fest. Plötzlich tritt jemand heran, stößt mich und sagt: ›Herr Leutnant, es ist 2 Uhr.‹ Verschlafen blicke ich hoch und erkenne den Wachtposten. ›Gut, danke‹, erwidere ich und richte mich halb auf... Ich bin eingeteilt worden, als erste Aufklärungsmaschine um 3 Uhr zu starten. Heute schreiben wir den 22. Juni. Was ist drüben bei den Bolschewisten los? Das ist die Frage, die ich zu beantworten haben werde... Heiner, mein ›Emil‹, ist auch munter geworden. Ich gehe hinüber zur Befehlsstelle, sehe die letzten Funksprüche durch. ›Achtung, bei W. mit Flak zu rechnen‹, – ›Jäger aus dem Osten wahrscheinlich‹. Der Feind? Was wissen wir von ihm? Noch nichts... Schwarz hebt sich der Rumpf unserer braven ›Ida‹ vom Himmel ab. ›Na, alter Junge, daß Du uns keine Zicken machst!‹ denken wir.

Ich sehe auf die Uhr. ›2.40 Uhr. Wir haben noch 20 Minuten Zeit.‹ Wir schnallen uns den Fallschirm um, leuchten kurz mit der Taschenlampe auf die Kartenblätter. ›Also, Heiner, zunächst über das Waldstück bei C., dann bei H. über den Bug und nach W., dann Kurs auf das Waldstück 20 km nordwestlich davon und zum Schluß über die Stellungen südwestlich W. Das genügt vorerst. Alles klar?‹ – ›Alles in Ordnung, es bleibt beim Besprochenen!‹ Wir klettern in die Maschine. Ich blicke auf meine Uhr, 2.55 Uhr. Noch fünf Minuten bis zum Start... Ich blicke erneut auf die Uhr. 3 Uhr. ›Fertig! Wir starten, alles klar!‹ spreche ich ins Mikrofon. ›Alles in Ordnung, wir starten!‹ tönt es zurück. Wir winken den dunklen Gestalten neben dem Flugzeug zu. ›Ahoi!‹ schreien wir. ›Hals- und Beinbruch!‹ brüllen sie zurück. Die Maschine rast über das holprige Feld, schneller und schneller. Unmerklich hebt sich mein ›Emil‹ von der Erde.« Der Feldzug im Osten hatte auch für diese Besatzung begonnen.

Für das Heer startete das »Unternehmen Barbarossa«, der Angriff auf die UdSSR zwischen Ostsee und Karpathen, erst um 3.15 Uhr. Zu diesem Zeitpunkt hingen die Nahaufklärer auf der ganzen Frontlänge bereits über den russischen Stellungen. Den 118 Infanterie-Divisionen, 15

Motorisierten Divisionen und 19 Panzer-Divisionen, die im Osten aufmarschiert waren, standen folgende Nahaufklärungsverbände zur Verfügung:

**Verteilung der Aufkl-Staffeln (H) für Unternehmen »Barbarossa«**

| *Frontabschnitt* | *Zugeteilter Heeresverband* | *Einheit* |
|---|---|---|
| Eismeerfront | AOK 20 | 1.(H)32 |
| Heeresgruppe Nord | V.AK | 4.(H)10 |
| | XXXVIII.AK | 2.(H)21 |
| | XXVI.AK | 4.(H)21 |
| | I.AK | 7.(H)21 |
| | XLI.Pz.K. | 4.(H)31 |
| | 8.Pz.Div. | 3.(H)41 |
| | XXVIII.AK | 1.(H)12 |
| | LVI.Pz.K. | 8.(H)32 |
| | II.AK | 2.(H)13 |
| | 1.Pz.Div. | 2.(H)23 |
| | 6.Pz.Div. | 3.(H)23 Pz |
| | X.AK | 4.(H)23 |
| Heeresgruppe Mitte | VII.AK | 1.(H)10 |
| | XLII.AK | 2.(H)10 |
| | 7.Pz.Div. | 1.(H)11 |
| | XII.AK | 1.(H)21 |
| | VIII.AK | 1.(H)31 |
| | XLVI.Pz.K. | 6.(H)31 |
| | IX.AK | 2.(H)41 |
| | XX.AK | 5.(H)41 |
| | 4.Pz.Div. | 6.(H)41 Pz |
| | VI.A.K. | 2.(H)12 |
| | 12.Pz.Div. | 3.(H)12 |
| | XXXIX.Pz.K. | 4.(H)12 |
| | XIII.AK | 5.(H)12 |
| | XLIII.AK | 7.(H)12 |
| | 19.Pz.Div. | 2.(H)32 |
| | 17.Pz.Div. | 6.(H)32 |
| | XXIV.Pz.K. | 7.(H)32 |
| | 20.Pz.Div. | 1.(H)13 Pz |
| | 18.Pz.Div. | 6.(H)13 Pz |
| | LVII.Pz.K. | 7.(H)13 |
| | XLVII.Pz.K. | 5.(H)23 |
| | 10.Pz.Div. | 3.(H)14 |
| | 3.Pz.Div. | 9.(H)LG 2 |
| Heeresgruppe Süd | 11.Pz.Div. | 5.(H)11 Pz |
| | 13.Pz.Div. | 3.(H)21 |
| | XIX.Pz.K. | 5.(H)21 |
| | XVII.AK | 6.(H)21 |
| | 5.Pz.Div. | 2.(H)31 |
| | XXIV.AK | 5.(H)31 |
| | IV.AK | 1.(H)41 |
| | XLIV.AK | 4.(H)41 |
| | XI.AK | 6.(H)12 |
| | III.Pz.K. | 4.(H)22 |
| | LI.AK | 3.(H)32 |
| | LII.AK | 4.(H)32 |
| | XLVIII.Pz.K. | 5.(H)32 |
| | LIV.AK | 3.(H)13 |
| | 14.Pz.Div. | 4.(H)13 |
| | XXX.AK | 5.(H)13 |
| | 9.Pz.Div. | 1.(H)23 |
| | 2.Pz.Div. | 1.(H)14 |
| | 16.Pz.Div. | 5.(H)14 Pz |

Den Heeresgruppen, Armeen und später auch den Panzergruppen waren als Verbindungsoffiziere die »Kommandeure der Luftwaffe (Koluft)«, den Panzerkorps »Gruppenführer der Flieger (Grufl)« beigeordnet, die den Einsatz der Verbände der Nahaufklärer regelten. Der Verlauf der Operationen im Osten bis zum Wintereinbruch darf als bekannt vorausgesetzt werden. Während des Winters 1941/42 erfolgte dann eine große Umorganisation der Luftaufklärung überhaupt. Die Koluftstäbe wurden aufgelöst. Die bisher bestehenden Aufklärungsstaffeln (F) und (H) wurden im Rahmen dieser Neuorganisation zu Fernaufklärungsgruppen (FAG) und Nahaufklärungsgruppen (NAG) zusammengefaßt. Die FAG erhielten ihre Einsatzbefehle nunmehr von den Luftwaffenverbänden, die die Ergebnisse der Fernaufklärung dem jeweiligen Ic/Luftwaffe bei den Verbänden des Heeres (Heeresgruppe, Armee) übermittelten. Die NAG dagegen hatten mit den Armee- und Panzerkorps sowie den Divisionen zusammenarbeiten.

Das Ende des Jahres 1941 sah die deutsche Wehrmacht an allen Fronten in der Defensive. In Afrika kam es durch den fehlenden Nachschub zu so schweren Rückschlägen, daß die deutsch-italienischen Verbände am 23. 12. 1941 sogar Benghasi räumen mußten. In der UdSSR mußte am 13. 12. Tula geräumt werden, am nächsten Tage gab die 9. Armee Kalinin auf. Auf der Krim mußte die 11. Armee den Angriff auf Sewastopol aufgeben, nachdem zwei Sowjet-Armeen im Raum Kertsch und Feodosia im Rücken der Deutschen gelandet waren. Auch an anderen Stellen der Ostfront waren die Sowjets nunmehr laufend im Angriff. Wie die Erdtruppen hatten die Nahaufklärer schwer mit den Auswirkungen der extremen Kälte des russischen Winters zu kämpfen. Mit der Hs 126, deren Besatzungsraum ja offen war, konnte überhaupt nicht mehr geflogen werden. Der Nachschub an Fw 189 war unzureichend. Der Nachschub an Treibstoff bereitete zusätzliche Schwierigkeiten. Das Anwerfen der Motoren war nur unter größten Schwierigkeiten möglich, da für derartig extreme Wetterlagen von der Luftwaffenführung keinerlei Vorsorge getroffen worden war. Unter so düsteren Aspekten gingen die Nahaufklärer in das Jahr 1942.

**Focke-Wulf Fw 189 B-Schulmaschine: Vorn und Mitte zwei Sitze, im Vordergrund Sitz für den auszubildenden Funker mit FT-Geräten.**

Oben: Focke-Wulf Fw 189 der Aufklärungsgruppe 13 an der Ostfront 1941.

Unten: Diese Fw 189 mußte nach Flakbeschuß mit beschädigtem Fahrwerk Bauchlandung machen (Lettland 1941).

# 12. 1942 – Die Große Wende

Die Menschen und Materialverluste des Zweiten Halbjahres 1941 zwangen zu einer Reduzierung der Nahaufklärungsverbände. Die personell und materialmäßig zusammengeschrumpften Staffeln dienten teilweise zur Auffüllung der verbleibenden, zum Teil aber auch zur Aufstellung anderer Luftwaffenverbände. Soweit aus den vorhandenen Unterlagen zu erkennen ist, waren bei Jahreswende 1941 die Nahaufklärungsstaffeln wie folgt verteilt:

**Ostfront**
**Südabschnitt**

1.(H)10, flog noch Hs 126 und kam zur NAG 7
2.(H)10, auf Fw 189 umgerüstet, kam zur NAG 10
4.(H)10, Hs 126, kam zur NAG 7
5.(H)11, Fw 189, kam zur NAG 1
1.(H)21, Fw 189, kam zur NAG 9
4.(H)31, Fw 189, kam zur NAG 8
2.(H)41, Fw 189, kam zur NAG 4
4.(H)41, Hs 126, neuer Verband, ungeklärt
5.(H)41, Fw 189, kam zur NAG 14
6.(H)41, Fw 189, kam zur NAG 12
3.(H)12, Fw 189, kam zur NAG 16
5.(H)12, Hs 126, kam auch zur NAG 16
2.(H)32, Fw 189, kam zur NAG 14
7.(H)32, Fw 189, kam zur NAG 9
3.(H)13, Hs 126, kam zur NAG 8
4.(H)13, Hs 126, neuer Verband, ungeklärt
5.(H)13, Hs 126, wurde März 1942 aufgelöst
3.(H)32, Hs 126, Frühjahr 1942 aufgelöst
4.(H)32, Hs 126, Frühjahr 1942 aufgelöst
6.(H)13, Fw 189, kam zur NAG 4
7.(H)13, Hs 126, kam zur NAG 6
1.(H)23, Hs 126, neuer Verband ungeklärt

**Ostfront**
**Mittelabschnitt**

1.(H)11, Fw 189, kam zur NAG 5
3.(H)21, Hs 126, kam zur NAG 2
1.(H)31, Fw 189, kam zur NAG 11
2.(H)31, Fw 189, kam zur NAG 10
1.(H)41, Hs 126, kam zur NAG 2
1.(H)12, Hs 126, kam zur NAG 15
2.(H)12, Hs 126, kam zur NAG 5
5.(H)32, Hs 126, kam zur NAG 10
6.(H)32, Hs 126, kam zur NAG 15
1.(H)13, Hs 126, kam zur NAG 11
2.(H)13, Fw 189, kam zur NAG 15
2.(H)23, Hs 126, kam zur NAG 2
4.(H)23, Hs 126, kam zur NAG 8
3.(H)14, Fw 189, kam zur NAG 3

**Ostfront**
**Nordabschnitt**

2.(H)21, Hs 126, kam zur NAG 13
3.(H)41, Hs 126, kam ebenfalls zur NAG 13
8.(H)32, wurde im Januar 1942 aufgelöst

**Eismeerfront**

1.(H)32, Fw 189, war dem AOK 20 unterstellt

Aufgelöst waren zu diesem Zeitpunkt:
4.(H)21, 5.(H)21, 6.(H)21, 7.(H)21, 5.(H)31, 6.(H)31, 6.(H)12, 4.(H)22, 3.(H)23, 5.(H)23, 1.(H)14, 5.(H)14.
Die 4.(H)12 gab das Personal an die 2.(H)14 ab. Die 7.(H)12 ging nach Landsberg/Lech und bildete mit vier anderen (H)-Staffeln den Stamm für das Zerstörergeschwader (ZG)76. Die 2.(H)14 blieb, wie bereits geschildert, bis zur Kapitulation in Tunesien in Afrika, ging dann nach Italien und wurde mit dem Personal der 4.(H)12 aufgefrischt. Die 9.(H)LG 2 wurde in die Heimat nach Jüterbog-Damm verlegt und wurde Erprobungsstelle, später Ersatztruppenteil für einsitzige Nahaufklärer.
Die neu aufgestellten Nahaufklärungsgruppen wurden noch im Frühjahr 1942 neu verteilt. Damit ergab sich folgende neue Verteilung:

Besuch des Generalobersten von Reichenau (6. Armee) im Juli 1941 bei der 3.(F) 11 (wurde 1942 3.(H) 11). V. li.: Hptm. Tüttelmann, Staffelkapitän, Gen.Ob. v. Reichenau. Lt. Stingl.

Fieseler »Storch« der 4.(H) 21 beim XLI. Panzerkorps (Nordabschnitt).

**Südabschnitt:**

NAG 1 = 5.(H)11
NAG 4 = 2.(H)41 und 6.(H)13
NAG 6 = 7.(H)13
NAG 7 = 1.(H)10 und 4.(H)10
NAG 9 = 7.(H)32 und 1.(H)21
NAG 12 = 6.(H)41
NAG 13 = 3.(H)41 und 2.(H)21
NAG 16 = 3.(H)12 und 5.(H)12

**Mittelabschnitt:**

NAG 2 = 3.(H)21, 1.(H)41, 2.(H)13
NAG 4 = 1.(H)11 und 2.(H)12
NAG 10 = 2.(H)10, 2.(H)31, 5.(H)32
NAG 15 = 1.(H)12 und 6.(H)32

**Nordabschnitt:**

NAG 8 = 4.(H)31, 3.(H)13, 4.(H)23
NAG 11 = 1.(H)13 und 1.(H)31

Ein Vergleich dieser beiden Aufstellungen mit der Aufstellung der zu Beginn des »Unternehmens Barbarossa« eingesetzten Verbände zeigt klar, wie geschwächt die Nahaufklärungsverbände im Frühjahr 1942 waren. Die Verteilung der Verbände macht aber auch klar, daß zu diesem Zeitpunkt der Schwerpunkt der Operationen des Heeres im Südabschnitt der Ostfront lag. Im Mittel- und Nordabschnitt der Ostfront befanden sich die deutschen Heeresverbände nur noch in der Defensive. Mitte Januar nahm der neue Oberbefehlshaber der Heeresgruppe Mitte, Generalfeldmarschall von Kluge, die vorspringenden Frontbogen bei Kaluga, Rusa und Wolokolamsk zurück. Man zog sich dort in die Winterstellung zurück. Drei Tage später schlossen die sowjetischen Angriffsgruppen die Zange um das II. Armeekorps und einen großen Teil des X.AK. Dadurch entstand der Kessel von Demjansk, der ausschließlich durch Versorgung aus der Luft gehalten werden konnte. Die Gruppe Gilsa war bei Suchinitschi eingeschlossen. Die 11. Armee konnte den sowjetischen Einbruch bei Feodosia auf der Krim abriegeln. Nur bei Juchnow südöstlich Wjasma konnten die 4. Armee und die 4. Panzer-Armee zwischen Februar und März einen Gegenangriff erfolgreich beenden. Erst Anfang April kam es zu größeren deutschen Offensivoperationen. Von der NAG 8 gelieferte Unterlagen schufen die Grundlagen für schwere und erfolgreiche Angriffe des I. Fliegerkorps auf den Raum Leningrad.

Inzwischen war klar geworden, daß die Einsätze der Nahaufklärer immer härter werden würden. Insofern war man gezwungen, die Ausbildung der Beobachter zu Flugzeugführern zu verstärken, um diese in der einsitzigen Nahaufklärung einsetzen zu können. So wurden die Beobachter, die zum großen Teil ursprünglich Heeresangehörige gewesen waren, zur Flugzeugführer-Schulung nach Jüterbog-Damm geschickt. Die dort liegende 9./LG 2 war inzwischen zur II./NAG 102 geworden. Ähnlich wie bei den Jägern hatten die Nahaufklärerschulen Hunderter-Nummern erhalten. Gruppenkommandeur war Hauptmann Schneider.

Die Ausbildung in Damm erfolgte nach Angaben von Teilnehmern an den Kursen auf Bf 109 F-5 und G-6 bzw. G-8. Daneben wird aber ein etwas rätselhafter Typ »NAA 57« erwähnt. Es handelte sich um erbeutete North American »Harvard«, zweisitzige Übungsflugzeuge.

Da die Bf 109 F-5 nur noch in geringer Stückzahl vorhanden waren, konnten mehrere der zukünftigen Jagd-Aufklärer sofort ihr Training auf der Bf 109 G aufnehmen. Während des Umschulungsbetriebes kam es immer wieder zu Unfällen, die teils auf die bekannten Schwächen der Bf 109, teils aber auch auf die Überbeanspruchung der Kursusteilnehmer zurückzuführen waren. Neben der rein fliegerischen Ausbildung fanden Luftkampfübungen und auch solche im Bombenwerfen (Jabo) statt. Dazu kamen Orientierungsübungen im Tiefflug und im Artillerie-Einschießen. Die auf den beiden letzteren Sektoren durchgeführte Ausbildung hat sich dann im Fronteinsatz gut bewährt, zumal schon bei der Ausbildung recht gute Ergebnisse erzielt

Oben: Die Aufklärungsgruppe (H) 14 ist während sämtlicher Operationen in Nordafrika bis zum Rückzug nach Sizilien im Einsatz gewesen (Hs 126).

wurden. Gleichermaßen erfolgreich war die Ausbildung im Bildflug, sowie in der taktischen und Gefechtsaufklärung. Es ist klar, daß die im weiteren Verlauf des Krieges immer wieder verkürzten Kurse 1944/45 die jungen einsitzig fliegenden Nahaufklärer im Fronteinsatz vor ernste Probleme stellten und zu ständig wachsenden Verlusten führten. Am 9. Mai 1942 begann dann Timoschenkos Offensive bei Isjum, der eine Woche später der Gegenangriff der deutschen 17. Armee und der 1. Panzer-Armee in Verbindung mit der von Süden vorstoßenden 6. Armee folgte, der zur Einschließung des größten Teils der sowjetischen Angriffsverbände führte.

Zu dieser Zeit ereignete sich ein Vorfall, der zeigt, daß die Fw 189 ein ausgesprochen robustes Flugzeug war. Am 19. Mai 1942 startete eine Besatzung mit einer Fw 189 zur Frühaufklärung des See- und Küstengebiets der Tamanhalbinsel. Die Maschine war bereits eine Stunde unterwegs, als sie von zwei MiG-3 überrascht wurde. Die Maschine befand sich zu diesem Zeitpunkt in etwa 4000 m Höhe. Eine MiG-3 erzielte gleich beim ersten Anflug mehrere Treffer am Bug des linken Motors, durch den Luftschraube und Getriebe teilweise blockiert wurden. Die entstandene Unwucht brachte den Motor zu so starkem Rütteln, daß auch Abstellen des Motors und der Versuch, die Luftschraube in Segelstellung zu bringen, ohne Erfolg waren. Anscheinend hatten weitere Treffer auch die Verbindung zwischen Zelle und Triebwerk beschädigt, denn nach etwa 15–20 Sekunden brach der Motor aus der Aufhängung und stürzte in die Tiefe. Trotzdem flog die Maschine weiter. Der Flugzeugführer, ein Leutnant, wollte aber in dieser Situation keine Kurven riskieren, so daß der Bordschütze sehen mußte, wie er mit den immer wieder anfliegenden MiG fertig wurde. Aber seine Waffen machten ihm Kummer. Immer wieder hatten die MG 81 Ladehemmung. Aber ein bißchen Glück muß ein Flieger eben haben: die Iwans waren ausgesprochene »Schlumpschützen«! Nach etwa zehn Anflügen, bei denen die Fw 189 nur unwesentliche Treffer erhielt, drehten sie ab. Wahrscheinlich ging ihnen langsam der Sprit aus. Jetzt hieß es nur noch die Maschine heil zur Erde zu bringen. Der Beobachter hatte die Situation und den ungefähren Notlandeplatz an die Staffel gemeldet. Bei der Landung knickte das Fahrwerk auf der linken Seite nach hinten weg, so daß die Fläche beschädigt wurde. Die Maschine konnte aber bei der Staffel selbst mit Hilfe eines neuen Triebwerks und einer neuen Fläche repariert werden und flog bereits wenige Tage später den nächsten Einsatz.

Inzwischen hatte die 2.(H)14 »Großeinsatz«. Am 26. 5. 1942 begann in Nordafrika das Unternehmen »Theseus«, die deutsch-italienische Offensive an der El Gazala-Front. Die Staffel flog mit Bf 109 F und Bf 110 D laufend taktische und Gefechtsaufklärung und konnte relativ ungestört arbeiten, da Generalfeldmarschall Kesselring große Teile der Luftflotte 2, insgesamt 604 Flugzeuge gegen die gegnerische »Desert Air Force« eingesetzt hatte. Der Kampf um die von den »Freien Franzosen« verteidigte Wüstenstellung bei Bir Hacheim hielt dann aber den Vormarsch auf. Jetzt mußten wieder einige alte Hs 126 zum Artillerie-Einschießen eingesetzt werden.

Im Osten konnte Ende Mai 1942 die Kesselschlacht bei Charkow von den bereits erwähnten drei deutschen Armeen erfolgreich zum Abschluß gebracht werden.

Mitte Juni fiel Bir Hacheim, so daß der Vormarsch in Afrika weitergehen konnte. Die 2.(H)14 war wieder voll beschäftigt. Eine Woche später fiel Tobruk. Am 28. Juni begann die deutsche Sommeroffensive in der Sowjetunion. Sämtliche Nahaufklärungsgruppen im Mittelabschnitt und südlich davon waren laufend im Ein-

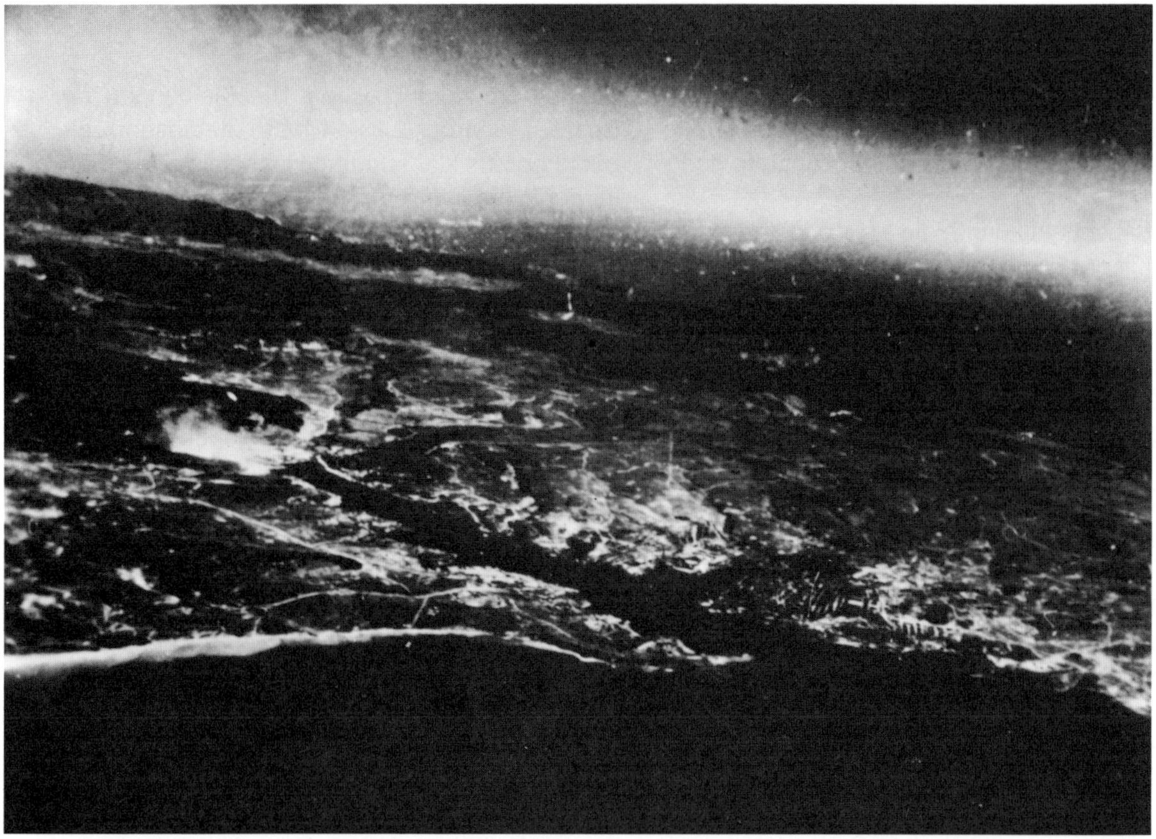

Aufnahme einer Bf 110 F-3 der 3.(H) 11 über Sewastopol 1942.

Nach einem Aufklärungsflug über der Krim 1942 kehrte die von Lt. Stingl (rechts) geführte Bf 110 trotz Beschußschäden vom 500. Flug der 3.(H) 11 sicher zurück.

satz. Die Aufgaben wechselten laufend: Artillerie-Einschießen, taktische und Nahaufklärung. In Einzelfällen wurden auch Jabo-Angriffe geflogen.
Im Südabschnitt konnte die 11. Armee am 4. Juli 1942 mit der Einnahme der Halbinsel Chersones die Besetzung der Krim abschließen.
Mitte Juli begann das sowjetische Oberkommando, da die sowjetische Front zwischen Don und Donez ins Wanken geriet, mit dem Aufbau der »Stalingradfront« (Die sowjetischen »Fronten« entsprachen etwa den deutschen Heeresgruppen.) Der bisher glücklos agierende Marschall Timoschenko wurde durch Generalleutnant Gordow ersetzt. Als Hitler Mitte Juli den Angriff in Richtung Rostow befahl, befahl das sowjetische Oberkommando den Rückzug auf Stalingrad, die Wolga und den Kaukasus. Der Aufbau der Falle von Stalingrad begann.
Anfang August trat die deutsche 6. Armee zum Angriff an und zerschlug große Teile der 62. Sowjet-Armee und der 1. Panzer-Armee westlich Kalatsch. Jetzt übernahm Generaloberst Jeremenko die Führung der »Stalingradfront«. Am 15. August erreichte die 6. Armee unter Generaloberst Paulus den Don. Zehn Tage später wurde für Stalingrad der Belagerungszustand erklärt. Ende August versuchte Rommel in Nordafrika noch einmal die englischen Kräfte bei El Alamein zu durchbrechen. Die Meldungen der Besatzungen der 2.(H)14 hatte zu diesem Zeitpunkt bereits klar erkennen lassen, daß die Engländer in diesem Abschnitt nicht nur starke Kräfte versammelt hatten, sondern noch laufend weitere Verstärkung heranführten. Anfang September begann die Besetzung der Taman-Halbinsel im Südabschnitt, der Terek wurde erreicht. Mitte September übernahm die 62. und die 64. Sowjet-Armee die Verteidigung von Stalingrad.
Am 4. Oktober wurde von Armeegeneral Schukow, Generaloberst Wasilewski und den Oberbefehlshabern der »Fronten« im Südabschnitt der Plan für die Einkesselung der 6. deutschen Armee festgelegt.
Am 23. 10. begann die englische Offensive der 8. Armee bei El Alamein, die zum Zusammenbruch der deutsch-italienischen Kräfte in Nordafrika führen sollte. Anfang November landeten die Amerikaner in Marokko und Algerien im Rükken der deutsch-italienischen Verbände.
Am 3. September waren die ersten Teile der 6. Armee, Einheiten des LI. Armeekorps, in Stalingrad eingedrungen. Am 19. November begann die sowjetische Großoffensive im Raum Stalingrad, die zur Vernichtung der 6. Armee führen sollte.
El Alamein und Stalingrad bilden den echten Wendepunkt des Zweiten Weltkrieges.

1942: Die Besatzung einer Fw 189 geht zum Einsatz an Bord.

Diese Hs 126 der 2.(H) 41 trägt seitlich Aufhängevorrichtungen für 50 kg-Bomben.

Startvorbereitungen an einer Hs 126 im Mittelabschnitt der Ostfront.

Die Nahaufklärer mußten neben ihrer eigentlichen Arbeit auch noch Bomben- und Tiefangriffe zur Heeresunterstützung fliegen. Hier werden SC 50-Bomben unter einer Fw 189 aufgehängt.

# 13. Von Stalingrad bis Teheran 1942/43

Wie ernst die Verluste der Nahaufklärungsgruppen 1942 geworden waren, geht unter anderem aus der Tatsache hervor, daß vier Fernaufklärungsstaffeln zu Nahaufklärungsstaffeln wurden. Es handelte sich um die 3.(F)31, die als 3.(H)31 in die NAG 1 überführt wurde, ferner um die 3.(F)11 als 3.(H)11 zur NAG 3, die 2.(F)33 als 2.(H)33 zur NAG 6 und die 4.(F)33 als 4.(H)33 zur NAG 13. Im Verlaufe der Schlacht um Stalingrad verloren die Nahaufklärungsverbände etwa 25% ihres Flugzeug- und Personalbestandes. Die Sowjets setzten zur Niederkämpfung der deutschen Luftwaffenverbände und zum Zerbrechen des Widerstands auf der Erde die 8. Luftarmee unter Generalmajor Chrjukin, die 16. Luftarmee unter Generalmajor Rudenko, die 2. Luftarmee unter Generalmajor Smirnow und die 17. unter Generalmajor Krassowski ein. Bereits am 22. November 1942, drei Tage nach Beginn der sowjetischen Großoffensive, waren im Raum zwischen Don und Wolga bei Stalingrad die 6. Armee, das IV. Armeekorps, die 1. rumänische Kavallerie- und die 20. rumänische Infanterie-Division eingeschlossen. Die deutschen Flugplätze in diesem Raum wurden teilweise so schnell von den sowjetischen Panzermassen überrollt, daß hier bereits die ersten Verluste der in diesem Raum liegenden Nahaufklärerverbände eintraten. Trotzdem flogen Nahaufklärer immer wieder in den Kessel ein und versuchten, die Führer der eingeschlossenen Verbände in ihrem Abwehrkampf zu unterstützen. Insbesondere durch die erstmals in diesem Raum eingesetzten neuen sowjetischen Jäger vom Typ Lawotschkin La-5, die der deutschen Fw 190 etwas ähnelte, traten ernste Verluste unter den Nahaufklärern ein, da die Besatzungen die Angreifer oft zu spät erkannten. Die La-5 erhielt übrigens aufgrund dieser Erfolge bei den Sowjets den Ehrennamen »Hölzerner Retter von Stalingrad«, da es sich um ein fast ausschließlich in Holzbauweise hergestelltes Flugzeug handelte.

Der Einsatz der Nahaufklärer wurde noch schwerer, als Mitte Dezember die sowjetische »Woronesch-Front« in Richtung Tschir-Rostow angriff. Die für die Luftversorgung von Stalingrad wichtige Nachschubbasis Tazinskaja, auf der auch Nahaufklärer lagen, wurde von Sowjetpanzern überrollt. Als am 2. Februar 1943 der letzte deutsche Widerstand in Stalingrad erlosch, hatten nicht nur die Transportflieger der zur Luftversorgung Stalingrads eingesetzten Verbände 488 Flugzeuge und rund 1000 Mann fliegendes Personal verloren, auch die Nahaufklärer hatten zahlenmäßig nicht genau zu ermittelnde Verluste erlitten.

Bei den Kämpfen um Stalingrad wurden fast vollkommen aufgerieben:

von der NAG die 6.(H)/13 und die 2.(H)/41
von der NAG 5 die 6.(H)/32
von der NAG 7 die 1.(H)/10, die 4.(H)/10 und die 6.(H)/41
von der NAG 12 die 3.(H)/41
von der NAG 14 die 2.(H)/32
von der NAG 16 die 3.(H)/31

Schwere Verluste erlitten

von der NAG 6 die 2.(H)33

**1942 kamen auch bereits die ersten Jagd-Aufklärer Bf 109G-6 an die Front.**

**Regiments- und Divisionskommandeure flogen manchmal selbst mit einem Nahaufklärer mit, um sich selbst ein Bild von der Erdlage zu machen (Hs 126).**

Nach dem Aufklärungsflug wird die Filmkassette aus einem Jagdaufklärer Bf 109F-5 herausgehoben.

Zwei Jagdaufklärer Bf 109 G-8.

Fieseler »Storch« der 4.(H) 21: Obwohl diese Flugzeuge nur als Verbindungsflugzeuge vorgesehen waren, wurden sie des öfteren auch zur Gefechtsaufklärung verwendet.

von der NAG 8 die 3.(H)13
von der NAG 12 die 7.(H)13
von der NAG 15 die 3.(H)12
von der NAG 16 die 5.(H)12

Rein zahlenmäßig kann man die Personalverluste auf 100 bis 120 Mann fliegendes Personal und 300 Mann Bodenpersonal schätzen. Die Flugzeugverluste dürften bei etwa 150 Maschinen liegen. Es handelte sich hauptsächlich um Fw 189, sowie einige Bf 109 G und sogar noch Hs 126.

Die Flugzeugverluste konnten vorläufig ersetzt werden, die Männer nicht.

Die Tragödie von Stalingrad war das Signal dafür, daß jetzt die Initiative in den Händen der Alliierten lag. Von nun an war die deutsche Wehrmacht auf allen Fronten in der Defensive. Ein Rückzug folgte dem anderen. Anfang Februar 1943 wurde der Frontbogen von Demjansk geräumt. Am 8. Februar ging Kursk verloren, am 12. Februar Krasnodar, am 14. Rostow und Woroschilowgrad, am 16. Charkow.

In Afrika drängte die 8. englische Armee die deutsch-italienischen Verbände auf die Mareth-Linie zurück.

Anfang März wurde der Frontbogen bei Rschew geräumt. Andererseits konnten die deutsche 1. und 4. Panzer-Armee zur gleichen Zeit erfolgreiche Gegenangriffe im Raum Slawjansk, Bogoroditschno und Balakleja durchführen. Am 6. März gelang die Wiedereinnahme von Charkow durch das II. SS-Panzerkorps. Anderen, ebenfalls im Verbande der 4. Panzerarmee unter Generaloberst Hoth kämpfenden Verbänden gelang die Wiedereinnahme von Bjelgorod.

Dagegen scheiterte Rommels letzter Versuch, aus der Marethstellung heraus eine Offensive gegen die 8. englische Armee zu starten.

Inzwischen war man in der Heimat bestrebt, die in Stalingrad verlorenen Verbände neu aufzustellen. Gleichzeitig erfolgte Schritt um Schritt die Umrüstung der Nahaufklärungsstaffeln auf Einsitzer Bf 109 G-8.

Im einzelnen ergaben sich folgende Umstellungen:

Die ehemalige 1.(H)10, jetzt nur noch als 1.10 bezeichnet, wurde als 1./NAG 12 neu aufgestellt. Die 2.10 flog mit Fw 189 bei der NAG 9 an der Kaukasusfront. Die bei Stalingrad aufgeriebene 4.10 wurde als. 1./NAG 2 neu aufgestellt, mit Bf 109 G ausgerüstet und der Luftflotte 4 im Südteil der Ostfront unterstellt. Die 1.11 flog im Verbande der NAG 5 immer noch Fw 189 und war bei der Heeresgruppe Mitte im Einsatz. Sie wurde in 11.11 umbenannt. Die 3.11 flog mit Bf 110 bis August 1943 bei der NAG 14, wurde dann auf Bf 110 G umgerüstet und gehörte von nun an als 5. Staffel dem ZG 76 an, das in der Reichsverteidigung eingesetzt war. Die 5.11 flog mit Fw 189 bis zum Herbst 1943 bei der NAG 1, wurde dann, auf Bf 109 G umgerüstet, bei der NAG 9 eingesetzt.

Bei den Operationen im Kaukasusgebiet war die mit Fw 189 ausgerüstete 1.21 im Einsatz. Im Nordabschnitt der Ostfront operierten die in der NAG 8 zusammengefaßten und der Luftflotte 1 unterstellten 11.31 und 12.21. Die bei Stalingrad dezimierte 6.(H)41 wurde 1943 als 1./NAG 12 neu aufgestellt und mit Bf 109 G ausgerüstet. Ähnlich erging es der 2.(H)41, die im März 1943 als 2./NAG 4 neu aufgestellt, auf Bf 109 G umgerüstet und bei der Heeresgruppe Mitte eingesetzt wurde. Ebenfalls im Mittelabschnitt waren ab Frühjahr 1943 die 11.12, früher 1.(H)12, und die 12.12, früher 2.(H)12, eingesetzt. Die erstgenannte flog 1943 Fw 189, während die letztere noch Hs 126 flog. Weitere NAG im Mittelabschnitt der Ostfront waren: NAG 2, 3, 5, 8 und 10, darunter die 12.13, die 1./NAG, die 1./NAG 5 und andere. Die Umrüstung auf Bf 109 G wurde im Laufe des Jahres 1943 durchgeführt.

Im Südabschnitt der Ostfront flogen die NAG 1 und 6, die 2./NAG 5 sowie die 2./NAG 5. Die 3./NAG 12 und die 3./NAG 6, die beide mit Bf 110 ausgerüstet waren, wurden im August 1943 von der Ostfront abgezogen, auf Bf 110 G umgerüstet und als 2. und 6. Staffel des ZG 76 neu aufgestellt. Sie wurden in der Luftverteidigung des Reichsgebietes eingesetzt.

An der Eismeerfront verblieb die mit Fw 189 ausgerüstete 11.32; die ehemaligen 5.(H)12 und 3.(H)31 wurden der Luftflotte 4 Südost unterstellt und bildeten nun die 2. und 3. Staffel der NAG 2. Bis zur Kampfeinstellung der deutsch-italienischen Verbände in Tunesien und Algerien flog die ehemalige 2.(H)14 als 1./NAG 11 mit Bf 109 G und Bf 110 G in diesem Kampfraum und verlegte kurz vor der Kapitulation der Panzergruppe Afrika nach Italien. Dorthin wurde dann auch die ehemalige 4.(H)12 als 2./NAG 11 verlegt, die mit Bf 109 G-8 ausgerüstet wurde.

Für die Luftüberwachung des süd- und südöstlichen Teils Englands wurden 1943 die 1.13, früher 4.(H)13, und die 2.13, früher 1.(H)23, eingesetzt. Beide Staffeln waren mit der Focke-Wulf Fw 190 A-3/U4 ausgerüstet. Dieser Flugzeugtyp zeigte sich 1943 noch den zu dieser Zeit auf englischer Seite eingesetzten Spitfire-Versionen gewachsen. Bald mußte aber die A-3/U4 durch die leistungsstärkere A-5/U4 ersetzt werden, die dann noch bis 1944 in Dienst blieb. Die laufende Verstärkung der englischen Jagdabwehr führte dann, als die Invasion am 6. Juni 1944 begann, zum zeitweise vollkommenen Erliegen der deutschen Nahaufklärung im Westen.

Im Osten stieß die deutsche Fern- und Nah-Aufklärung ab 1942/43 auf immer stärkere sowjetische Abwehr. Die Nahaufklärer hatten bereits im Sommer 1943 bei etwa 6,5% ihrer Einsätze Luftkämpfe zu bestehen. Dazu kam die laufende Verstärkung der sowjetischen Flakartillerie. Fast bei jedem zweiten Einsatz mußte mit massiver Abwehr durch Fla-Geschütze aller Kaliber gerechnet werden. Im Laufe des Jahres 1943 stieg die Flakbeschußquote auf 90% aller Einsätze. Bei den NAG, die bereits mit Bf 109 G-8 ausgerüstet waren, gelang es immer wieder den sowjetischen Jägern, durch besseres Steigvermögen der Bf 109 G zu entkommen. Flogen die Nahaufklärer in Rottenformation, so wichen die Sowjetjäger auch bei zahlenmäßiger Überlegenheit meist Luftkämpfen aus. Dies sollte sich aber ändern, als die Amerikaner Bell P-39 »Airacobra« an die UdSSR lieferten, die besser stiegen als die sowjetischen Muster und vor allem stärker bewaffnet waren. Die P-39 hatte allerdings auch einen Nachteil: das Triebwerk Allison V-1710 war zwar leistungsstark, hatte aber nur eine beschränkte Lebensdauer. Nach einer bestimmten Anzahl Flugstunden flog der Motor, wenn er nicht ausgewechselt wurde, auseinander. Dies verschaffte der P-39 bei den amerikanischen Fliegern den Beinamen »time-bomb« (Zeitbombe).

Im Laufe des Mai 1943 beschäftigte sich man auf deutscher Seite im Mittelabschnitt der Ostfront hauptsächlich mit der Partisanenbekämpfung, die ein echtes Problem geworden war.

Bei der Durchführung dieser Operationen, den Unternehmen »Zigeunerbaron«, »Freischütz«, »Maigewitter« und »Nachbarhilfe« hatten die Nahaufklärer wichtige Arbeit zu leisten. Hierfür konte man natürlich nur langsam fliegende Flugzeuge verwenden, wofür neben den alten Hs 126 und den Fw 189 auch die sonst nur als Verbindungsflugzeuge dienenden Fieseler Fi 156 »Storch« besonders geeignet waren, die man für diesen Zweck zur Version Fi 156 P umgerüstet hatte. Das hervorragende Können der Sowjets in der Tarnung stellte die niedrig fliegenden Nahaufklärer vor echte Probleme. Trotzdem gelang es in mehreren Fällen, Konzentrationen von Partisanenverbänden festzustellen

Umschulung von Beobachtern zu Jagdaufklärern: Oblt. Reschke mit Bf 109F-5 in Reinsdorf.

und wirksam zu bekämpfen.
Am 12. und 13. Mai 1943 stellten dann die letzten deutsch-italienischen Verbände in Nordafrika den Kampf ein. Den Nahaufklärern gelang es, sich nach Italien abzusetzen.
Mitte Mai begann in Montenegro das Unternehmen »Schwarz« gegen die Tito-Partisanen, bei der auch Flugzeuge der NAG 2 eingesetzt waren. Hier bewährten sich sogar noch die alten Hs 126, die später die einzigen Flugzeuge der Luftwaffe in diesem Raum waren.
Die mit Bf 109 ausgerüsteten Nahaufklärungsstaffeln begannen in dieser Zeit bereits unter Flugzeug- und Ersatzteilnachschub zu leiden. Hier machten sich bereits die Auswirkungen der alliierten Luftoffensive bemerkbar.
Mitte Juni 1943 entschied sich Hitler, das Unternehmen »Zitadelle«, den Angriff auf den Frontbogen im Raum Kursk durchzuführen. Dieses Unternehmen sollte aufgrund der Tatsache, daß die Sowjets über den deutschen Aufmarsch sowohl durch Spionage im OKW und auch durch intensive Nah- und Fernaufklärung genau im Bilde waren, zum Fehlschlag werden. Obwohl trotzdem alle deutschen Nahaufklärungseinheiten in diesem Raum immer wieder versuchten, die sowjetische Stärke festzustellen, stießen sie auf erbitterte sowjetische Jagd- und Flakabwehr.
Bei einem knappen Fünftel der Einsätze wurden die deutschen Nahaufklärer in Luftkämpfe verwickelt, von der intensiven Flakabwehr ganz zu schweigen. Dazu kamen die Tiefangriffe der »Schtormowik«, der gepanzerten Schlachtflugzeuge des Typs Iljushin Il-2. Die Produktion dieser Flugzeuge war auf Stalins Befehl als vordringlichste Aufgabe der sowjetischen Flugzeugindustrie bezeichnet worden. So konnten die Sowjets während, aber auch noch vor der Schlacht von Kursk Hunderte dieser Flugzeuge einsetzen, ohne auf eine energische deutsche Jagdabwehr zu stoßen, denn die deutsche Jagdwaffe im Osten war durch das laufende Abziehen von Jagdverbänden für die Verteidigung des Reichsgebietes laufend geschwächt worden.
Am 5. Juli 1943 begann das Unternehmen »Zitadelle«, fünf Tage später landeten die Alliierten auf Sizilien, zwei Tage später begann die sowjetische Gegenoffensive im Orel-Bogen und südlich Kursk. Bereits am Tage darauf wurde das Unternehmen »Zitadelle« eingestellt. So endete die letzte große deutsche Offensive im Osten.
Anfang August begann die nächste sowjetische Offensive aus dem Raum nördlich und südlich Bjelgorod, die von erfolgreichen Unternehmungen der Partisanen gegen die Verkehrsverbindungen hinter der deutschen Front unterstützt wurden. Die zusammengeschmolzenen deutschen Nahaufklärungsverbände waren nicht in der Lage gewesen, rechtzeitig die Vorbereitungen der Partisanen zu erkennen. Der Aufmarsch der Sowjetarmeen gegen den Nordflügel der Heeresgruppe Süd war klar von Fern- und Nahaufklärung erkannt worden, aber es fehlten die Reserven, um eine genügend starke Verteidigung aufzubauen. Nach zwei Tagen fiel Bjelgorod, die Umklammerung Charkows drohte. Gleichzeitig begannen die Sowjets nun auch die Heeresgruppe Mitte anzugreifen. Am 16. August begannen fünf Sowjetarmeen die Offensive in Richtung auf Stalino.
Im Mittelmeer mußte Sizilien geräumt werden.
Ende August ging Taganrog verloren. Im September wurde der Kubanbrückenkopf geräumt. Am 9. 9. landete die 5. US-Armee auf dem italienischen Festland bei Salerno.
Erst Mitte September rang sich Hitler zu dem Entschluß durch, den Rückzug der Heeresgruppen Mitte und Süd auf die sogenannte »Panther«-Stellung, die etwa der Linie Melitopol-Saporoschje-Djnepr-Desna-Orscha-Witebsk ent-

sprach, zu genehmigen. Italien fiel ab. Die italienische Armee wurde zum größten Teil entwaffnet. Man rechnete im OKW bereits mit dem Abfall Ungarns. Immer wieder stießen sowjetische Angriffsarmeen gegen die immer schwächer werdende deutsche Ostfront an. Nicht immer gelang es die Einbrüche abzuriegeln. Die deutschen Nahaufklärer hatten immer weniger Chancen, durch sowjetische Jägerschwärme und Flakbarrieren durchzubrechen. Im Raum Orscha z. B. verhinderten sowjetische Jägerschwärme, die in verschiedenen Höhen und Abständen flogen, jeden Versuch deutscher Nahaufklärer, taktische oder Gefechtsaufklärung durchzuführen. Hier bewährte sich sehr oft die Fw 189, die im Tiefflug über die sowjetischen Truppen jagte, trotz MG- und Flakfeuer. Von Jägern wurde sie angegriffen, wenn diesen ein Überraschungsangriff gelang. Zeitweise gelang es den Sowjets, die deutsche Luftaufklärung vollkommen auszuschalten.

Die deutschen Heeresverbände waren in Italien und in der Sowjetunion zwar in der Defensive, aber noch hielten die Fronten. Wie lange, das wußte keiner. Die deutsche Luftwaffe, darunter auch die Nahaufklärer wurde planmäßig dezimiert. Die alliierten Luftangriffe auf die deutsche Flugzeug- und Ausrüstungsindustrie ließ den Nachschub an Flugzeugen, Waffen und Geräten immer dünner fließen. Ende November fand in Teheran die Konferenz zwischen Roosevelt, Stalin und Churchill statt, in der »im Prinzip« die Teilung Deutschlands vereinbart wurde und Stalin über die geplante Invasion in der Normandie unterrichtet wurde. Am Jahresende befand sich die deutsche Wehrmacht im Osten teils in der Defensive, teils bereits im Rückzug. So endete das Jahr 1943.

**Bf 110 F-3 der 3.(H) 11 über dem Kaukasusgebiet.**

**Aufnahme von Kiew-Ost mit Reihenbildner Rb 50/30, Sommer 1941. Oben: unvollendete Pontonbrücke; unten: Eisenbahnbrücke nach Poltawa.**

# 14. Einsatz bis zum letzten Tage 1944–1945

Das Jahr 1944 begann unter unheilvollen Vorzeichen. Im Westen erwartete man die Invasion der Alliierten. Generalfeldmarschell Rommel übernahm als Oberbefehlshaber der Heeresgruppe B die Führung aller deutschen Verbände nördlich der Loire unter dem Oberbefehlhaber West Generalfeldmarschell von Rundstedt. Am gleichen Tage, dem 1. Januar 1944, wurde auf alliierter Seite das Kommando der »United States Strategic Air Forces in Europa (USSTAF)« gebildet. Die Amerikaner waren entschlossen, das deutsche Rüstungspotential und die Treibstoffversorgung endgültig zu zerschlagen. Drei Tage später überschritten sowjetische Truppen bei Sarny in Wolynien zum ersten Mal die polnisch-sowjetische Grenze. Die Sowjets näherten sich den Grenzen des Deutschen Reichs.

Zu diesem Zeitpunkt waren die Nahaufklärungsverbände der Luftwaffe bereits erheblich zusammengeschmolzen. Von den im Frühjahr 1942 aufgestellten vierzehn Nahaufklärungsgruppen existierten nur noch zwölf. Die NAG 7 und 9 existierten nicht mehr. Im hohen Norden stand nur noch eine Staffel, die 1.32, mit ihren Fw 189. Am Nordflügel der Ostfront war die NAG 5 mit der 1. und 2. Staffel, die beide Bf 109 G flogen, eingesetzt, dazu als selbständige Staffel die 1.31 mit Fw 189. Im Bereich der Heeresgruppe Mitte waren eingesetzt: die NAG 1 mit einer Staffel Fw 189 (13.14), die 2./NAG 3 (Bf 109 G), die NAG 4 mit drei Staffeln Bf 109 G, die NAG 8 mit zwei Staffeln Bf 109 G und einer Staffel Fw 189. Im Südabschnitt der Ostfront waren eingesetzt: die 1./NAG 2 mit Bf 109 G, und die 1. und 2./NAG 14, ebenfalls mit Bf 109 G. Für den Südostbereich standen die 2./NAG 2 mit Bf 109 G, die 3./NAG 2 mit Bf 110 G, die NAG 12 mit zwei Staffeln Bf 109 G und die 3./NAG 14, ebenfalls mit Bf 109 G zur Verfügung. Im Westen befand sich nur die NAG 13 mit zwei Staffeln Fw 190 A-5/U4. Daß man zu diesem Zeitpunkt bereits mit Angriffen auf das Reichsgebiet rechnete, ergibt sich aus der Tatsache, daß die einzige Staffel der NAG 6 im Reichsgebiet eingesetzt war.

Die im Westen eingesetzten Fw 190 bewährten sich recht gut, obwohl ihre Arbeit durch die sich laufend verstärkenden britischen und amerikanischen Jagdverbände von Tag zu Tag schwieriger wurde. Es war klar, daß die Alliierten unter allen Umständen ihren Aufmarsch für die Invasion verschleiern wollten, was ihnen dann auch ziemlich gelang. Wenn auch einzelne Fw 190 der NAG 13 es schafften, Bildmaterial über Bewegungen im englischen Küstengebiet nach Hause zu bringen, so war das Material für eine einwandfreie Feststellung des Angriffszeitpunktes nicht ausreichend.

Die Aktivität der sowjetischen Jagdwaffe wurde bereits ab 1943 zu einer ernsten Bedrohung der deutschen Luftaufklärung. Überlebende Offiziere der deutschen Luftaufklärung bestätigten nach dem Kriege, daß die sowjetische Jagdabwehr gegen die deutsche Luftaufklärung sich laufend verstärkt hat und diese im Frühjahr 1945 zum Erliegen brachte.

In den ersten Monaten des Jahres 1944 führten die deutschen Nahaufklärer trotz aller Schwierigkeiten ihre Aufgabe noch im wesentlichen

Fw 189 der Nah-Aufkl.Gr. (NAG) 11.

Staffelkapitän Hauptmann Meier, 1.(H) 31, in Szoltzy, 4. 5. 1943.

**Bf 109G-8 der NAG 8, Bielice September 1944. V. li. Oblt. Kratz (60. Flug), Maj. Tüttelmann, Oblt. Zimmermann, Oblt. Schmidt.**

**Einsatzbesprechung bei NAG 4, 1944 Kurland, Mitte General Pflugbeil.**

durch. Zusammenstöße mit sowjetischen Jägern im feindlichen Hinterland und an ruhigen Frontabschnitten waren nicht allzu häufig. Wegen ihrer zahlenmäßigen Unterlegenheit hatten die deutschen Aufklärer ab 1944 aber nur wenig Chancen bei Luftkämpfen mit sowjetischen Jägern. »Alte Hasen« waren trotzdem immer wieder in der Lage, ihre Aufträge durchzuführen. Dabei gelang es immer wieder den Aufklärungseinsitzern, sowjetische Jäger abzuschießen – aber nur bei Aufträgen, die weit ins feindliche Hinterland führten. Meist versuchte man aber, Luftkämpfe zu vermeiden, denn die Durchführung der Aufklärungsaufgabe war wichtiger. Bis Mitte 1944 waren die Bf 109 G-8 in der Lage, sowjetischen Jagdschwärmern zu entkommen. Die sowjetischen Jagdflugzeuge stiegen zwar auf kurze Distanz schneller als die Bf 109, bei längeren Steigflügen gaben sie aber meist bei Erreichung einer Höhe von etwa 6000 m auf. Dies sogar bei zahlenmäßiger Überlegenheit. So ereignete sich folgendes bei einem Zusammenstoß einer Bf 109-Rotte der 2./NAG 5 unter Führung von Oblt. Reschke mit acht Sowjet-Jägern: Die deutsche Rotte entdeckte die Gegner in etwa 4000 m Höhe über sich. Um einen Angriff aus Überhöhung zuvorzukommen, zogen die beiden Bf 109 ziemlich steil hoch und stießen in den sowjetischen Verband hinein, der die deutschen Jagdaufklärer anscheinend noch nicht entdeckt hatte. Die Sowjets spritzten auseinander und machten keine Miene, die beiden Deutschen zu verfolgen.

Wie derartige Ereignisse damals propagandistisch ausgewertet wurden, zeigt der folgende Original-PK-Bericht (PK = Propaganda-Kompagnie):

PK... im Osten, 12. 1. 1944

Trotz des anhaltend schlechten, winterlich-grauen Wetters an der mittleren Ostfront müssen von unseren Nahaufklärern fast täglich Unterlagen über Bewegungen der Sowjets geflogen werden. Teils geschehen sie als Sofortmeldung über das Beobachtete durch das Kehlkopfmikrofon an die Bodenstellen, teils als Bildstreifen, die eine unbestechliche Kamera über dem Feindgebiet herstellt.

Unablässig und ohne erkennbare Rücksicht auf seine außerordentlich hohen Verluste wirft der Gegner die in Uniform gesteckten, seinem asiatischen Steppenraum entpreßten Menschenmassen und mit ihnen ein fast unerschöpfliches Material an Panzern, Geschützen, Munition aller Art und Flugzeugen in jene Schlacht, die schon vor Monaten hier entbrannte und seither nie verglüht ist. Immer von neuem versucht er, unsere Linien zu durchbrechen und gibt selbst dann sein Vorhaben nicht auf, wenn er sich vor ein und derselben Stellung, die unsere Soldaten verteidigen, bereits viermal, achtmal, ein dutzendmal und noch öfter blutige Köpfe geholt hat. Eines Tages, hofft er, könnte unser Widerstand erlahmen, würden wir aus irgendwelchen Gründen – und gelte es das neblige Wetter, das jede Beobachtung aus der Luft unmöglich macht und seine Vorbereitungen zu neuem Angriff uns verbirgt –, nicht mehr so scharf wie bisher aufpassen, dürfte seine Stunde kommen, die den Triumph seiner Massenstürme ihm endlich beschert: dann will er durchstoßen.

Und deshalb verfolgt der Feind mit wahrhaft tödlichem Haß eine jede sich ihm nahende, einsame Aufklärermaschine.

Mit dem ersten Licht des kurzen Wintertages stehen sie zum Starten bereit und wagen fast täglich ihre kühnen und mitunter weiten Vorstöße in den gegnerischen Luftraum – ein Unternehmen, das hier sonst ohne Not kein Jäger beginnt, weder hüben, noch drüben. Um diese Nahaufklärer also webt er seinen Flakteppich und ihretwegen warten die Sowjetjagdflugzeuge oftmals weit hinter den Linien, lauern in großer Höhe oder hinter den Wolken versteckt und erhoffen den Augenblick, um sich in übermächtiger Anzahl auf sie zu stürzen. Der Feind weiß um ihre Bedeutung und um die Gefahr, die sie ihm ständig bringen, wo immer sie auftauchen: daß sie das Auge unserer Führung sind, das Adlerauge der Aufklärerei, das sie als Symbol stolz in ihrer Frontflugspange führt.

Diese Männer tragen mit an der Hauptleistung einer ungeheuren Verantwortung: rechtzeitig zu melden, was drüben geschieht, unbedingt aufzupassen, schnell und mit sicheren Ergebnissen aufzuklären! Wenn dieser Krieg im Osten überhaupt gegen das Monstrum einer auf Länder- und Seelenraub ausgehenden Sowjetunion von uns geführt werden konnte und weiterhin geführt werden wird, so nur infolge der Überlegenheit des einzelnen deutschen Soldaten gegenüber dem Schlachtvieh des Kremls, einer Überlegenheit, an der nicht zuletzt auch die deutsche Führung entscheidenden Anteil hat. Diese Führung aber muß, bei aller Intuition in ihren großen Entschlüssen, genaue, genaueste Unterlagen über jede Bewegung beim Feinde erhalten. Nur dann ist sie imstande, rechtzeitige Maßnahmen zur erfolgreichen Abwehr zu treffen.

So geschah es vor kurzem, als der Wehrmachtsbericht die blutige Zurückschlagung eines erneuten Massenangriffs der Sowjets in unserem Abschnitt meldete: da traf bei unserer Nahaufklärungsgruppe ein Handschreiben des Oberkommandierenden ein, worin er ihr für hervorragende Leistungen seine besondere Anerkennung aussprach. In diesem Brief stellte er fest, daß ohne den Einsatz seiner Nahaufklärer, der beispielhaft und mitunter wirklich kaum mehr zu erwarten gewesen sei, das wirksame Aufhalten und Abriegeln des Gegners unmöglich geworden wäre. Ihre Meldungen zu jeder kritischen Stunde hätten maßgeblich den Überraschungsplan der Bolschewisten vereitelt, und eine spätere, rückblickende Geschichtsbetrachtung über diese zähen Kämpfe dürfte erst jenen Dank für diese Männer wachrufen, den heute kein Außenstehender nur entfernt ermessen könnte. – Flugzeugführer, Beobachter und Bordschütze oder Jagdflieger in einer Person ist der Mann im Einsitzeraufklärer. Sein fliegerisches Können wird unterstützt durch eine sehr gründliche navigatorische Ausbildung, die stets einen breiten Raum auf dem Dienstplan einer Aufklärerschule einnimmt. Denn die gleichförmig jetzt mit Schnee bedeckte Landschaft des Ostens erschwert die Orientierung außerordentlich und kein Funker hilft hierbei dem Aufklärer, der nicht selten in einer wilden Kurbelei sich seiner Haut gegen Angriffe erwehren muß und soll dennoch seinen Auftrag, ein Luftbild z. B., nach Hause bringen. Mitunter erlaubt ihm aber seine Zeit, sich mit einem Gegner in einen Luftkampf einzulassen, und letzterer bringt ihm, es mag merkwürdig genug klingen – eine Entspannung. Das Zuschlagendürfen mit der Waffe, ein paar Minuten »freie Jagd«, das Sich-Messen mit dem sowjetischen Jäger, nicht selten auch mit mehreren: es erhöht seine Freude an der Arbeit, die ja ausnahmslos eine verschwiegene ist und bleiben wird. Das liegt in ihrem Wesen. Jetzt aber winkt ihm ein zusätzlicher, sichtbarer Erfolg, er wird einen Abschuß melden können und wackelnd heimkommen. Bis in die äußersten Poren seines Ichs durchpulst ihn jene tiefe Befriedigung, die den Einzelkämpfer nach dem Sieg erfüllt, zumal hier im Osten, im Lande der Unerbittlichkeit.

Und so ist das wohl auch der Grund, weshalb heute Abend der Staffelkapitän, ein gebürtiger Leipziger, sich in besonderer Heiterkeit erging: bei schon tief stehender Sonne hatte er seine erweiterte Gefechtsaufklärung beendet. Als diese aber erfüllt war, befand er sich 80 Kilometer im Feindesland über einem Flugplatz, wo er tief unter sich eine zweimotorige Maschine erblickte, die vielleicht gerade landen wollte. Schnell rief der Hauptmann ein paar erklärende Worte durch die Sprechfunkanlage seinem Rottenflieger zu, der zur Sicherung oben blieb, und stürzte sich auf den Feind, an dem sofort eine Fläche abmontierte.

»Einer weniger«, brüllte er ins Kehlkopfmikrofon und »Glückwunsch, Herr Hauptmann!«, vernahm er die wohlbekannte Stimme seines Kameraden zur Bestätigung aus den Ohrmuscheln.

»Wissen Sie, danach wurde mir denn doch leicht mulmig zumute, als ich im Tiefflug – der Kerl war ja nur ungefähr zweihundert Meter hoch gewesen –, dicht über den Köpfen der Iwans herumfegte. Die schauten dumm, glaube ich, und mir graute vor dem Material, das dort unten stand: Flugzeuge, Wagen, Flakbatterien und Menschen! Aber dann stellte ich den Motor fast senkrecht in die Luft und zog sie hoch, die Maschine, bis sie weich wurde, drückte wieder Fahrt nach und mogelte mich auf diese Weise nach Hause, während unten vier Jäger starteten. Auch fing die Flak blödsinnig zu schießen an. Sie hat uns weitergereicht bis über die eigenen Linien, es wurde eine ganz nette Kurbelei. – Ja, achtzehn Schuß aus der Bordkanone hat mich der andere gekostet, wie mein erster Wart feststellte.«

Hochbeglückt verzeichnete vorhin der Mann auf dem Gefechtsstand an einer sichtbar angebrachten Liste den neuen Jagderfolg der Nahaufklärerstaffel. Es war Hauptmann Findeisens siebenundzwanzigster Abschuß gewesen – ganz »nebenbei«.

Kriegsberichter Parzival Kemmerich.

Mitte Januar begann der Großangriff der 2. sowjetischen Stoßarmee und der 42. Sowjetarmee gegen die Heeresgruppe Nord, die schnell durchbrochen und zum Rückzug gezwungen wurde. Die beiden Staffeln der NAG 5 waren davon mitbetroffen. Die 2./NAG 5 kam Ende Februar nach Petserie. Auf dem Rückzug bzw. der Rückverlegung war die Staffel immer wieder Partisanenangriffen ausgesetzt. In Petserie wurde es dann ruhiger, so daß die Aufklärungsarbeit ohne größere Störungen fortgesetzt werden konnte.

Am 22. Januar landete die 5. US-Armee unter Generalleutnant Clark südlich von Rom bei Anzio und Nettuno. Die beiden mit Bf 109 G fliegenden Staffeln der NAG 11 waren durch massive Tief- und Jagdangriffe der Amerikaner zum großen Teil zur Untätigkeit verdammt worden. Die wenigen Aufklärungsergebnisse hätten aber am Erfolg der amerikanischen Operationen nichts ändern können, da kampfstarke Eingreifreserven nicht verfügbar waren.

Ende Januar wurden im Frontbogen von Tscherkassy zwei deutsche Armeekorps von den Sowjets eingekesselt. Anfang Februar mußte der Brückenkopf Nikopol von der 6. Armee aufgegeben werden.

Ein Mitte Februar angesetzter deutscher Gegenangriff gegen den Brückenkopf von Anzio und Nettuno blieb im Anfangsstadium stecken.

**Nordfront 1944. 2. NAG 4: Oblt. Senftleben (links) und Lt. Weichenhain (gefallen) in Idrica.**

Dagegen gelang den beiden im Raum südöstlich von Tscherkassy eingekesselten Armeekorps der Ausbruch, allerdings unter schweren Verlusten. Von 54000 Mann erreichten nur rund 30000 die deutschen Linien!
Ende Februar versuchten die deutschen Truppen in Italien noch einmal den amerikanischen Brückenkopf Anzio-Nettuno auszuschalten. Wieder vergeblich. Ausschlaggebend dafür war die amerikanische Luftüberlegenheit. Eine Gefechtsaufklärung, aber auch ein Artillerie-Einschießen durch die Bf 109 G der NAG 11 erwies sich als unmöglich. Amerikanische Jäger verhinderten jede Annäherung an das Kampfgebiet.
Im Osten erfaßte die Frühjahrsoffensive der Sowjets im März 1944 immer neue Bereiche. Mitte März wurde der linke Flügel der deutschen 8. Armee weitgehend zerschlagen. An dieser Einbruchstelle konnten die Sowjets nunmehr ungehindert über den Bug vordringen. Einige Tage später erreichten sie altrumänisches Gebiet und am 10. April die Karpathenkämme.
Dem drohenden Abfall Ungarns kamen deutsche Truppen unter Führung des Generalfeldmarschalls Freiherr von Weichs durch Besetzung des Landes zuvor. Anfang April begann der Angriff der 4. Ukrainischen Front gegen die von der 17. Armee verteidigte Krim. Nach fünf Tagen war auch hier die deutsche Front durchbrochen. Die 17. Armee war im Raum Sewastopol abgeschnitten. Die Luftangriffe der Amerikaner bei Tage und der Engländer bei Nacht verstärkten sich von Tag zu Tag. Mitte Mai brach der letzte deutsche Widerstand auf der Krim zusammen.
Ende Mai gelang den West-Alliierten der Durchbruch durch die deutsche Front bei Valmontone in Mittelitalien. Am 6. Juni 1944 begann die Invasion in der Normandie. Die Fw 190 der NAG 13 waren in den letzten Tagen davor überhaupt nicht mehr zum Einsatz gekommen. Die deutschen Flugplätze lagen unter konzentriertem Bombardement von Bombern und Jabos. Gelang es einem deutschen Aufklärer wirklich vom Boden wegzukommen, so wurde er in den meisten Fällen binnen kürzester Zeit abgeschossen.
Im Osten bereiteten Partisanenunternehmungen größten Stils die Sommeroffensive der Roten Armee auf das Wirksamste vor. Zu diesem Zeitpunkt brachten die Sowjets einen neuen Jäger an die Front, Jakowlew Jak-3. Nachdem dieser zum Einsatz gekommen war, konnte die Fw 189 nur noch mit Jagdschutz eingesetzt werden.
Daneben wurde nunmehr die Nachtaufklärung eingeführt. Dafür war die Fw 189 noch gut geeignet. Für diesen Zweck wurden besondere Auflugpeilgeräte entwickelt, so daß auch in sehr dunklen Nächten und bei schlechter Wetterlage geflogen werden konnte. Soweit bekannt wurde Nachtaufklärung nur im Osten durchgeführt. Diese Methode erwies sich als recht ergebnisreich, zumal sowjetische motorisierte Kolonnen meist mit Licht fuhren. Dazu kamen auch kleine Lagerfeuer der sowjetischen Truppen, die recht gut zu entdecken waren. Sehr selten wurden auch Nachtluftbildaufnahmen mit Hilfe von Blitzlichtbomben durchgeführt.
Taktische Aufklärung konnte im Osten ab Sommer 1944 nur noch mit Bf 109 G oder Bf 110 G durchgeführt werden. Die Fw 189 konnte sogar mit Jagdschutz nicht mehr eingesetzt werden. Dabei war die alte Hs 126 auf dem Balkan noch 1944 im Einsatz, wo u. a. ein Handstreich gegen das Hauptquartier Titos mit Hilfe von Hs 126 der NAG 2 und Lastenseglern durchgeführt wurde. (Tito war entwischt, erbeutet wurde nur eine seiner prächtigen Uniformen.)
Am 22. Juni 1944 begann die sowjetische Sommeroffensive gegen die Heeresgruppe Mitte unter Generalfeldmarschall Busch. Die in Richtung Witebsk, Orscha, Mogilew und Bobruisk vorstoßenden Sowjets konnten schon in der Anfangsphase tiefe Einbrüche in die deutsche Front er-

Jagdfliegerschulung für Beobachter in Brieg: Arado Ar 96B.

Flugzeugführer-schulung für Beob-achter, Februar 1945 in Herzogen-aurach (xx = Obfw. Michanz, x = Fw. Bölling).

zielen. Es zeichnete sich bald eine doppelte Umfassung der Heeresgruppe ab. Ein großer Teil der deutschen Infanterie- und Panzerverbände wurde aufgerieben. Am 1. Juli erhielt die Heeresgruppe Nord von Hitler den Befehl, einen Entlastungsangriff für die Heeresgruppe Mitte in südwestlicher Richtung zu führen. Die entsprechenden Unterlagen waren von den beiden Staffeln der NAG 5 zu erstellen. Die 1. Staffel lag in Idriza, die 2., die vorher bei Leningrad eingesetzt gewesen war, in Petserie. Die 1. Staffel beflog den Raum Polotzk-Noworschew, die 2. den Raum nördlich davon. Zwischen Pleskauer See und finnischem Meerbusen flog die 1.31 mit Fw 189 unter Hauptmann Mühlensiefen, die später der NAG 5 unterstellt wurde.
Die von Hitler geforderte Entlastungsoffensive erwies sich infolge der bereits weitgehend geschwächten deutschen Heeresverbände und der weit überlegenen Kräfte der Sowjets als undurchführbar. Hitlers Reaktion war typisch. Generaloberst Lindemann, Oberbefehlshaber der Heeresgruppe Nord wurde abberufen und durch Generaloberst Frießner ersetzt. Aber auch dieser konnte nichts daran ändern, daß vier sowjetische Heeresgruppen in Richtung Wilna, Brest-Litowsk und Polozk vorstießen. Neun Tage später begann Marschall Konjew mit der 1. Ukrainischen Front und zwei Luftarmeen den Angriff gegen die deutsche Heeresgruppe Nordukraine unter Generalfeldmarschall Model.
Wie sich die Lage für Nahaufklärer-Einsitzer darstellte, schildert ein Einsatzbericht des Oberleutnants Reschke von der NAG 5, die wie bereits geschildert im Nordabschnitt der Ostfront eingesetzt war: »12. Juli 1944. 33. Feindflug. Start: 7.35 Uhr Dünaburg-West, Landung dort 8.30 Uhr, Rottenflieger bei Oblt. Loch. Auftrag: Gefechtsluftaufklärung vor II. Armeekorps. Eindringtiefe 30 km. Flugweg: Dünaburg-West – Braslaw – Wydzizi – Salobodka – Dünaburg-West. Ein Auftrag, der uns vor die Südfront von Dünaburg führt. Da ich die Gegend ja erst mal kennenlernen muß, fliege ich als Rottenflieger mit. Besondere Vorkommnisse ereignen sich nicht. Ergebnis: Im Aufklärungsraum Einzelverkehr von 54 Fahrzeugen und einer mot. Batterie mit 5 Geschützen. Die Hauptrichtung des Verkehrs ist jetzt wie auch in den nächsten Tagen stets Nordwest, wohin der Russe große Kräfte zuführt, um seinen Durchbruch nach Norden zu erweitern. Die Fliegerei verleiht einem hier beinahe ein sicheres Gefühl, da man die beiden großen gelben abgeholzten Sandflächen nördlich Dünaburg und ostwärts des Waldlagers schon aus 30–40 km Entfernung leuchten sieht. Wenn man auch tatsächlich weit über dem Feind ist, so meint man doch stets, fast zu Hause zu sein, und das eben verleiht das Gefühl der Sicherheit.«
Die zeitliche Abstimmung der alliierten Offensiven klappte sehr gut. Während die Sowjets auf Nord- und Südabschnitt der Ostfront drückten, begannen fast zu gleicher Zeit, am 18. 7. Amerikaner und Engländer den Ausbruch aus dem Brückenkopf in der Normandie. Die wenigen deutschen Nahaufklärer der NAG 13 wurden, wenn sie nach Tiefangriffen alliierter Jabos überhaupt von den Plätzen starten konnten, sofort von Schwärmen englischer und amerikanischer Jäger erfaßt und entweder abgeschossen oder zur Notlandung gezwungen. Jede Fw 190 der NAG 13, der ein Start gelang, wurde bereits kurz nach dem Start in Luftkämpfe verwickelt. Die Verluste der Nahaufklärer nahmen sehr ernste Formen an.
Im Osten sah es nicht viel anders aus. Die sowjetische Jagdabwehr gegen die deutschen Aufklärer verstärkte sich ab Sommer 1944 laufend. Sowie deutsche Aufklärer die sowjetischen Linien überflogen, wurden sie von sowjetischen Jägern angegriffen, die von ihren Flak-

batterien auf die deutschen Nahaufklärer aufmerksam gemacht wurden. Dabei gehörten Angriffe von zehn bis fünfzehn La-5 oder Jak-3 nicht zu den Seltenheiten. Die Schäden und Totalverluste an deutschen Nah- und Fernaufklärern stiegen in der zweiten Hälfte des Jahres 1944 alarmierend an. Bereits in diesem Stadium des Krieges waren Jak-3 und die neue La-7 den deutschen Bf 109 G-8 absolut überlegen. Trotzdem gelang es immer wieder deutschen Nahaufklärern, die bei der Durchführung ihrer Aufträge in Luftkämpfe verwickelt wurden, sowjetische Jäger abzuschießen. So schoß der Fahnenjunker-Feldwebel Tetzner von der 2./NAG 5 am 22. Februar 1944 eine LaGG-3 (2. Luftsieg) und am 26. März 1944 binnen 15 Minuten eine LaGG-3 und einen Schtormowik Il-2 ab.

Am 25. Juli begannen die Amerikaner ihre große Durchbruchoffensive westlich St. Lô, die durch massive Bombenangriffe der 8. und 9. US-Army Air Forces unterstützt wurde, die systematisch die deutsche Luftaufklärung und Jagdabwehr zerschlugen. Die deutschen Heeresverbände waren diesen Angriffen, abgesehen von der Flak, schutzlos ausgesetzt.

Am 26. Juli gingen Dünaburg, Byalistok, Lemberg und Stanislaw verloren. Drei Tage später traten deutsche Kräfte aus dem Brückenkopf östlich Warschau zum Gegenangriff gegen die 1. Weißrussische Front unter Marschall Rokossowski an, deren Angriffsabsichten auf Warschau von der NAG 3 und 8 erkannt worden waren. Im Nordabschnitt ging im Baltikum, wo jetzt Generaloberst Schörner die Führung übernommen hatte, Mitau verloren. Im Gebiet des Weichselbrückenkopfes bei Baranow wurde die sowjetische Jagdabwehr so stark, daß jede deutsche Luftaufklärung unmöglich wurde. Dieser sowjetische Brückenkopf war von der 13. Armee unter Generalleutnant Puchnow südlich Sandomir gebildet worden. Es gelang den Sowjets, den Einbruchraum auf 50 km Breite und 30 km Tiefe auszudehnen.

In Italien kämpfte die der 14. Armee zugeteilte NAG 11 einen aussichtslosen Kampf. Anfang August 1944 mußte die Armee bereits den Südteil von Florenz räumen.

Alle deutschen Luftwaffenverbände litten jetzt bereits empfindlich unter Treibstoffmangel, der die Einsatzbereitschaft erheblich herabsetzte. Ende August wurde die im Frontbogen um Kischinew stehende, neu aufgestellte 6. Armee, wie ihre bei Stalingrad vernichtete Vorgängerin, von zwei sowjetischen »Fronten« eingekesselt und vernichtet. Es gelang nur geringen Teilen der 6. Armee, sich nach Westen durchzuschlagen. Die Staffeln der NAG 2 konnten sich nur unter Zurücklassung erheblichen Materials und personellen Verlusten absetzen.

Im Westen rückten am 25. August 1944 alliierte Truppen in Paris ein.

Am 31. 8. rückte die 53. Sowjet-Armee in Bukarest ein. Die Räumung der Ägäis, Griechenlands war bereits im September begonnen worden. Die ersten sowjetischen Verbände drangen in Bulgarien ein. Am 11. September überschritten britische Truppen die belgisch-niederländische Grenze. Die Amerikaner nahmen Eupen und Malmedy. Zwischen Aachen und Metz bezogen die deutschen Truppen Verteidigungsstellungen im Gebiet des Westwalls.

Im Osten wie im Westen war man wegen der feindlichen Luftüberlegenheit mehr und mehr gezwungen, Nachtaufklärung zu fliegen. Aufgrund der bisher gemachten Erfahrungen wurde diese fast nur von der Abenddämmerung an bis Mitternacht durchgeführt. Die Eindringtiefe lag dabei bei etwa 200 Kilometer. Nach Mitternacht erbrachte die Nahaufklärung auch bei größeren Feindbewegungen kaum Ergebnisse, da der Gegner solche Bewegungen bis Mitternacht abschloß, um der Truppe noch etwas Ruhe vor

Focke-Wolf Fw 190A-5/U4 für Jagdaufklärerschulung in Reinsdorf, August 1943.

Auch in Frankreich erbeutete North American Na 57 wurden zur Umschulung eingesetzt.

**Aufnahme der 2./NAG 4: Die Altstadt von Danzig nach schweren Bombenangriffen am 11. April 1945.**

dem Tageseinsatz zu gönnen. Die Nachtaufklärung erbrachte wiederholt, wenn die Tagaufklärung kaum Bewegungen beim Gegner feststellen konnte, manchmal Ergebnisse, die zeigten, welche ungeheuren Truppenmengen nachts zugeführt wurden. In einem Fall konnte im Frontabschnitt vor Warschau die Nachtaufklärung mit Fw 189 das gewaltige Ausmaß des sowjetischen Aufmarsches feststellen. Kolonnen von 700 bis 1200 Fahrzeugen waren keine Seltenheit. Zu diesem Zeitpunkt, Mitte September 1944, lag die NAG 10 im Raum Masuren. Die Tagaufklärung wurde mit Bf 109 G-8, die Nachtaufklärung mit Fw 189 geflogen. Es wurde Gefechts- und taktische Aufklärung für das VI. und das XVII. Armeekorps geflogen. Auf der Gegenseite wurde zu diesem Zeitpunkt zwar keine Jagdabwehr, dafür aber sehr starke leichte Flak festgestellt. Im Raum ostwärts Lyck herrschte zu diesem Zeitpunkt noch einigermaßen Ruhe.

In Italien hielt die 14. deutsche Armee nördlich Florenz immer noch die Front. Der Durchbruchsversuch der 5. amerikanischen Armee über den Appennin scheiterte. Trotz starker alliierter Jagd- und Flakabwehr konnten die beiden Staffeln der NAG 11 alle Aufträge zur taktischen und Gefechtsaufklärung durchführen. Besonders schwierig gestaltete sich das Einschießen eigener Artillerie.

Während des englisch-kanadischen Luftlande-Unternehmens im Raum Arnheim, Nimwegen und Eindhoven leisteten die Fw 190 oder NAG 13 unter schwierigsten Verhältnissen gute Arbeit bei der Gefechts- und taktischen Aufklärung über den luftgelandeten Feindverbänden.

Im Südosten begannen die Engländer die deutschen Verbände in der Ägäis Schritt um Schritt von den Inseln zu vertreiben. Ende September war Westgriechenland bis zum Pindusgebirge von deutschen Truppen geräumt. Sowjetische Truppen stießen aus Westrumänien und Westbulgarien gegen Jugoslavien vor. Hier waren zwei Staffeln der NAG 12 im Einsatz, die aber nur noch selten volle Staffelstärke hatten. Sie litten auch unter Treibstoffmangel. Trotzdem flogen die Bf 109 G immer wieder ihre Einsätze, so gut es ging. Am 1. Oktober wurde Athen aufgegeben. Der Flugplatz Eleusis wurde geräumt.

Am 5. Oktober setzten die Sowjetarmeen im Nordabschnitt zum Stoß gegen die im Baltikum stehenden Verbände der Heeresgruppe Nord an. Am 10. Oktober drangen Panzer der 5. sowjetischen Garde-Panzer-Armee bis an die Ostseeküste bei Polangen vor und trennten die in Lettland stehende Heeresgruppe Nord von der übrigen deutschen Ostfront ab. Damit waren Teile der NAG 10 und der NAG 5 ebenfalls abgeschnitten. Memel wurde eingekesselt. Hier konnte sich aber das XXVIII. Armeekorps noch bis Ende Januar 1945 halten. Der sowjetische Vormarsch in Ungarn und Siebenbürgen ging unaufhaltsam vorwärts. Mitte Oktober drangen die ersten sowjetischen Truppen in Ostpreußen ein. Erst Ende Oktober konnte hier der sowjetische Vormarsch zum Stehen gebracht werden.

In diesen Tagen ereignete sich bei der 2./NAG 5 eine Tragödie: die Staffel sollte nach Deutschland verlegt werden. Nur ein Ersatzkommando, bestehend aus fliegenden Besatzungen und Teilen des technischen und Nachrichtenpersonals, sollte zurückbleiben. Alle anderen sollten auf dem Landwege zurückmarschieren. Die Führung dieser Gruppe sollte Oberzahlmeister Schulze übernehmen. Sie kamen zuerst gut vorwärts, wurden aber dann bei Memel von sowjetischen Panzern überrannt und verloren alles. Die Männer schlugen sich dann nach Königsberg durch und wurden dort zum Erdeinsatz abkommandiert. Ein großer Teil von ihnen kam dann nach Lettland und wurde beim Ausladen von einem sowjetischen Bombenangriff überrascht, wobei der größte Teil dieser Männer den Tod

Die 2./NAG 5 vor der Überführung an die Ostfront.

Fahnenjunker Tetzner, 2./NAG 5 auf Bf 109G-6/U5 im Januar 1944 vor dem Flug an die Ostfront.

fand. Die 2./NAG 5 kam Ende Oktober nach Okte.
Im hohen Norden ging die 20. deutsche Gebirgsarmee langsam zurück, nachdem die Finnen zum Gegner übergegangen waren. Zum Teil flogen sie mit von Deutschland gelieferten Maschinen Angriffe gegen ihre bisherigen Verbündeten. Inzwischen debattierte man im Hauptquartier des Oberbefehlhabers West bei Krefeld über eine neue deutsche Offensive. Währenddessen zerschlugen die US-Luftflotten und die Royal Air Force systematisch die Flugzeugindustrie und die gesamte deutsche Ölindustrie. Auch die Nahaufklärer merkten dies immer deutlicher. Immer wieder mußte ein Einsatz wegen Treibstoffmangel abgesetzt werden. Ersatzteile für die fast immer vom Einsatz mit Schäden zurückkehrenden Maschinen kamen nicht heran. Manche Staffel hatte zeitweise nur zwei bis drei Maschinen einsatzbereit. Ende November traten die Sowjets aus den Donaubrückenköpfen im ungarischen Raum zum Großangriff an. Erst zwischen Drau und Südspitze des Plattensees gelang es die Front zum Stehen zu bringen. Zur gleichen Zeit ging im Westen die 1. deutsche Armee bei Merzig hinter die Saar zurück.
An allen Fronten wurde die Arbeit der Nahaufklärer von Tag zu Tag schwieriger. Im Ostseeraum war es schon so weit, daß die Aufklärer sich in der Luft sicherer fühlten als auf ihren eigenen Plätzen. Sie kamen nur noch ganz selten dazu, ihre Aufträge befriedigend durchzuführen. Kaum waren sie gestartet, als sich auch schon Schwärme sowjetischer Jäger auf sie stürzten.
Im Westen war es fast noch schlimmer. Gewiß kamen schon vereinzelt Strahljäger Me 262 A-1 als Jagdaufklärer zum Einsatz. Aber es zeigte sich, daß die Me 262 bei Start und Landung praktisch wehrlos war. Erst als Fw 190 D-9 und die ersten Ta 152 den Schutz der Strahljägerplätze übernahmen, trat eine Besserung der Verhältnisse ein, die aber nur kurze Zeit anhielt, da die zahlenmäßige Überlegenheit des Gegners die qualitativen Vorteile der Strahlflugzeuge zunichte machte. Allerdings konnte die Fernaufklärung, soweit nicht Treibstoffmangel dies verhinderte, bis zum Kriegsende mit der Arado Ar 234 ihre Arbeit fortsetzen. Mit diesem Flugzeug wurde sogar noch Aufklärung über England geflogen, ohne daß größere Verluste eintraten. Gute Nahaufklärungsarbeit mit der Me 262 wurde von der NAG 6 unter Major Heinz Schultze geleistet, die in Südwestdeutschland lag.
Wie groß die Luftüberlegenheit der alliierten Luftstreitkräfte im Westen war, geht aus folgenden Zahlen hervor: Am 25. November 1944 flogen die 9. US-Army Air Force und die 1. und 2. Taktische US-Luftflotte über dem Kampfgebiet im Westen 2052 Einsätze, am folgenden Tag 3014. Es war unter diesen Umständen kein Wunder, wenn die Staffeln der NAG 13 mit ihren wenigen Fw 190 und das halbe Dutzend Me 262 der NAG 6 kaum eine Chance hatten, der Führung der im Westen kämpfenden deutschen Verbände die für die Kampfführung notwendigen Informationen zu liefern. Wenn es schon gelang, einzelne gute Reihen-Aufnahmen und Einzelberichte zu liefern, so waren diese Informationen doch zu lückenhaft, um ein Gesamtbild zu vermitteln, so daß man teilweise mit Vermutungen und logischen Folgerungen des Erkannten arbeiten mußte.
Vom 8. bis 24. Dezember 1944 schlossen die Sowjets im Raum Budapest deutsche und ungarische Truppen in Stärke von rund 70000 Mann ein, die ihrer sicheren Vernichtung entgegen sahen. Zu diesem Zeitpunkt war im Westen das gesamte Gebiet westlich der Roer in amerikanischer Hand. Noch einmal raffte die deutsche Führung alle verfügbaren Kräfte zu einer Offensive zusammen: Am 16. Dezember 1944 begann

Ich hatt' einen Kameraden: Beisetzung Hptm. Boenke, 2./NAG 4 in Lyck, Ostpreußen, Oktober 1944.

das Unternehmen »Wacht am Rhein«, die Ardennenoffensive. Zur Vorbereitung und zur Gefechtsführung konnten im ganzen noch einmal vierzig Aufklärungsflugzeuge eingesetzt werden. Die Ardennenoffensive lief sich im wesentlichen bereits nach zwei Tagen fest. Am 23. 12. erreichte das XXXXVII. Panzerkorps, das zur 5. Panzer-Armee gehörte, den Raum 5 km östlich von Dinant, dann war Schluß. Die alliierte Luftüberlegenheit verhinderte jeden weitergehenden Erfolg. Am 24. Dezember flogen Engländer und Amerikaner in diesem Kampfgebiet 6000 Einsätze. Seit Beginn der Ardennenoffensive waren von den eingesetzten 1794 deutschen Flugzeugen 1088 vernichtet worden!

Am letzten Tag des Jahres 1944 unternahmen das XXXIX. Panzer- und das XIII. SS-Korps noch eine räumlich begrenzte Offensive im nördlichen Elsaß. In den ersten Januartagen des Jahres 1945 erfolgten noch zwei vergebliche Entsatzversuche für die eingekesselte »Festung Budapest«. Am 12. Januar begannen die Sowjets dann an allen Abschnitten der Ostfront mit ihrer Winteroffensive. Die geschwächten und unter Treibstoff- und Nachschubmangel leidenden deutschen Heeresverbände wurden bei Baranow, Kielce und Tschenstochau durchbrochen. Im ostpreußischen Raum gelang es den Sowjets in fünf Tagen, den Durchbruch nach Westen zu erzielen. Die Tragödie Ostpreußens begann sich bereits abzuzeichnen. In Kurland wurde es von Tag zu Tag ernster. Der dortige Kessel wurde immer kleiner. Die Versorgungslage wurde immer schlechter. Im polnischen Raum wurde die deutsche Heeresgruppe A unter Generaloberst Harpe zwischen der Weichsel südlich Krakau und den Karpathen zum größten Teil zerschlagen. Der Heeresgruppe Mitte unter Generaloberst Reinhardt drohte die Einschließung im ostpreußischen Raum. Den wenigen noch einsatzfähigen deutschen Luftwaffenverbänden im Osten standen jetzt die sowjetischen Luftarmeen 1, 2, 4, 6, und 16 gegenüber. Am 21. Januar genehmigte Hitler die Zurücknahme der 4. Armee auf das masurische Seengebiet bei Lötzen. Hier war der Bereich des Luftwaffenkommandos Ostpreußen, zu dem als Nahaufklärungsverbände die NAG 3 unter Major Boehm mit dem Stab der NAG 3, die 1./NAG 3, die 2./NAG 4, ein Einsatzkommando der Nachtaufklärungsstaffel, die Stabsbildabteilung des AOK 4, eine aus 6 Me 410 bestehende Gruppe, die aber nur einige Tage blieb, ein Nachtschlachtkommando und eine Volkssturm-Nachtschlachtstaffel. Die drei letztgenannten Einheiten wurden nur zu Kampfaufträgen, nicht zur Nahaufklärung eingesetzt, waren aber der NAG 3 unterstellt.

Während die beiden Staffeln der NAG 3 mit Bf 109 G flogen, wurde die Nachtaufklärung mit Fw 189 durchgeführt. Die Nachtschlachteinheiten flogen mit ehemaligen Schulflugzeugen Heinkel He 72 und Arado Ar 66! Am 23. Januar waren diese Einheiten auf Rastenburg, Neuhausen und Labiau verteilt. Am 29. wurden alle Teile in Pillau-Neutief zusammengezogen. Ende Januar ging dann die NAG 3 mit Ausnahme der 2./NAG 4 ins Reich zurück. Zum gleichen Zeitpunkt erreichten Teile der 1. Weißrussischen Front die Oder zwischen Frankfurt/Oder und Küstrin und bildeten dort Brückenköpfe am Westufer. Ostpreußen war am 30. 1. bereits vom übrigen Reichsgebiet abgeschnitten.

Von Anfang Februar ging es dann Schlag auf Schlag. Breslau wurde eingeschlossen, die Besatzung von Budapest überwältigt. Nur 785 Mann entkamen nach Westen. Mitte Februar kam dann das Massaker von Dresden durch die Royal Air Force und die 8. USAAF. In Breslau flogen bis zur Eroberung der Stadt noch zwei Fieseler »Störche«, so gut es ging, Gefechtsaufklärung. Einer davon lag noch im Juni 1945 als Wrack in der Innenstadt.

**Bruchlandung einer Bf 109G-6/U5 der 2./NAG 5 in Kurland.**

**Ordensverleihung bei der 2./NAG 5 durch Staffelkapitän Hptm. Erzberger, UdSSR 1944.**

Deutsche Gegenangriffe im pommerschen Raum blieben ohne Erfolg. In Ostpreußen gelang es, die Verbindung zwischen Königsberg und Pillau wieder herzustellen. In diesem Raum waren nur noch die Flugplätze Heiligenbeil, Pillau-Neutief und Brüsterort verwendbar. Neukuhren lag schon im Bereich sowjetischer Artillerie. Die Nahaufklärer der 2./NAG 4 verlegten erst nach Pillau, dann wieder nach Brüsterort. Auch die Nachtaufklärer operierten von dort aus noch bis April 1945.

Wie sich die Arbeit der Nahaufklärer im ostpreußischen Raum zu dieser Zeit gestaltete, zeigt der nachfolgende Originalbericht einer Rotte Bf 109 G-8 der 2./NAG 4, die zu diesem Zeitpunkt auf dem Flugplatz Neutief lag:

| Zeit der Beobachtung | Höhe | An 2./Nah-Aufkl.Gruppe 4 (Eins.) Benutzte Karte 1:300000 |
|---|---|---|
| Uhr | m | Auftrag: Aufklärung (erzwungene) von Armeeabteilung Samland. |
| 08.50 | | *Ergebnis:* |
| | | Küste von HKL-Cranz keinen Feind beobachtet. Str. von Sarkau-Cranz sowie übrige Nehrung beiderseits der Straße feindfrei. |
| | | Str. 1 km sdl. Bledau 05217 2 mot. Fahrzeuge Richtung N fahrend. |
| | 100 | Im Raume nördl. u. sdl. des Fritzener-Forstes und in denselben (Raum 0524, 05271, 2, 3, 05164–9 und Raum 05191–6) insgesamt: lebhafter Einzelverkehr von 40–50 mot. u. besp. Fahrzg. in allen Richtungen, Hauptrichtung nicht erkennbar, z. Teil mit aufgesessener Infanterie. |
| | | Außerdem 2 größere Kolonnen 1.) 1 Kolonne etwa in Gegend UM 9 Schucksten abfahrbereit, aufgefahren dabei Infanterie auf Waldweg Richtung O. |
| | | 2.) Eine Kolonne von 10 mot. Fahrzeugen mit aufgesessener Inf. in größeren Abständen vermutlich auf Str. TN 6 (Gr. Mischen) nach N fahrend. |
| *Tiefstflug* | | Panzerfahrzeuge und Artillerie wurde nicht erkannt. Ebenso wurden keine Bewegungen in sdl. oder SW Richtung erkannt. |
| 09.10. | | |
| | | *Funkverkehr:* Bord-Bord, Rottenflieger hatte Empfängerstörung, so daß er nur die Bodenstelle, nicht aber den R.-Fhr. hören konnte, sonst i. O. |
| | | *Abwehr:* Durch Erdwaffen. Luftkampf mit 2 Lagg-5 in 05137 |
| | | *Wetter:* 10/10 in 200 m, Sicht 5–20 km. |
| | | *Sonstiges:* Fahrzeuge und Kolonnen wurden mit Bordwaffen bekämpft. |
| | | An Deutschmeister-10-Meldekopf – (schriftlich) |
| | 1047 | Wendula: Obergefr. Loock |
| | 1032 | Edelmann: Obergefr. Zappel |
| | | IX. |
| | | Festungsstab Königsberg: |
| | | Reschke<br>Hptm. u. R. Fhr. |

Posen fiel am 23. Februar, Köslin in Pommern am nächsten Tage. Anfang März erfolgte noch einmal eine deutsche Gegenangriffswelle: Die Panzergruppe Nehring stieß bis Lauban in Niederschlesien vor, die 17. Armee bis Striegau.

Der letztere Erfolg war zum Teil durch einen Fehler in der sowjetischen Luftwaffenführung möglich geworden. Sowjetische »Schtormowik« Iljushin Il-2 sollten einen Gegenangriff ihrer Truppen unterstützen. Der Verbandsführer verlor in dem verworrenen Kampfgeschehen die Übersicht und leitete seine Staffeln zu Tiefangriffen auf die eigenen Erdtruppen. Nahaufklärer der NAG 2 konnten dies erfassen und der 31. SS-Division mitteilen, die daraufhin diesen Umstand ausnutzend Striegau zurückerobern konnte.

Die in Jugoslawien operierende, jetzt an der Drina stehende Heeresgruppe E mußte Anfang März Visegrad räumen. Zur gleichen Zeit begann die letzte deutsche Offensive in Ungarn, die aber bereits am 15. März wegen schwerer sowjetischer Gegenangriffe eingestellt werden

Eine der letzten Aufnahmen Hptm. Reschkes in Ostpreußen mit Bf 109G: Flugplatz Arys-Prostken, Standort der NAG 3,1./NAG 3,2./NAG 4 und Nachtaufklärungsstaffel »Bickert« bis Januar 1945. Rechts oben: Teil des Rollfeldes mit zwei Bf 109.

mußte. Am 7. März fiel im Westen Köln. Die 9. amerikanische Panzer-Division konnte über die unzerstörte Ludendorff-Brücke bei Remagen den Rhein überschreiten. Am 10. 3. mußte die 1. deutsche Fallschirmarmee das nach einem amerikanischen Luftangriff dem Erdboden gleichgemachte Wesel räumen. Die deutschen Großstädte lagen unter einem fast ununterbrochenen Bombenhagel amerikanischer und englischer Bomberpulks. Amerikanische Tiefflieger zerstörten systematisch sämtliche deutschen Verkehrsverbindungen, schossen aber dabei auf alles, was sich auf der Erde noch bewegte. Deutsche Dörfer, die bisher den Luftkrieg noch nicht gespürt hatten, erlebten ihn jetzt in schlimmster Form. Am 23. 3. zerriß die Offensive der 2. Ukrainischen Front die Front der 2. deutschen Armee in drei Teile: Halbinsel Hela – Oxhöft – Gotenhafen (Gdingen) und Danzig-Weichselniederung. Am 24. 3. überschritt die 21. Alliierte Armeegruppe den Niederrhein beiderseits Wesel. Im Raum nördlich Lippe wurden zwei alliierte Luftlande-Divisionen abgesetzt. Diese Operation wurde durch rund 3000 alliierte Jäger gesichert. Die deutsche Nahaufklärung war im Westen praktisch am Ende.

Zu diesem Zeitpunkt (25./26. März 1945 standen die alliierten Heere im Westen bereits tief im Reichsgebiet: Amerikaner und Franzosen hatten die gesamte Pfalz erobert, das ganze linke Rheinufer war in ihrer Hand. Die 1. US-Armee zerschlug im Westerwald zwei deutsche Armeekorps und stieß weiter nach Osten vor. Die 3. US-Armee nahm Darmstadt und erreichte den Main bei Hanau und Aschaffenburg. Die Zerschneidung des Reichsgebietes in einzelne Kampfgebiete, die dann getrennt zerschlagen werden sollten, zeichnete sich bereits ab.

In Ostpreußen zeichnete sich ebenfalls bereits das Ende ab: Die Reste der 4. Armee zogen sich auf die Frische Nehrung und das Samland zurück. Danzig fiel den Sowjets in die Hand. Anfang April war die gesamte deutsche Heeresgruppe B im Ruhrkessel eingeschlossen.

Unter dem Schutz der Kriegsmarine konnten in der ersten Aprilhälfte von der Halbinsel Hela 96 000 Verwundete, 81 000 Flüchtlinge und 66 000 Soldaten evakuiert und nach Westen in vorläufige Sicherheit gebracht werden. In Kurland lag immer noch die 2./NAG 5, auf Hela die 2./NAG 4. Der Führer der 2./NAG 5 Hauptmann Gerhardt verstand auch unter dieser hoffnungslosen Situation – die Staffel war ja von allen Verbindungen abgeschnitten – seinen kleinen »verlorenen« Haufen in gewohnter Disziplin und Ordnung zusammenzuhalten. Am Mittag des 12. April startete bei der 2./NAG 4 die Rotte Oberfeldwebel Hahn und Hauptmann Reschke zu einem Bildaufklärungsflug für die 2. Armee. Nach der Rückkehr wurde von ihnen die folgende im Originaltext wiedergegebene Fliegermeldung abgegeben:

**Fliegermeldung.**

Meldesammelstelle
100-Watt-Stelle
Gefechtsstand

Absendende Stelle: Besatzung schw. 2 u. 3
Rottenfhr. Ofw. Hahn,
Rottenflg. Hptm. Weschke

Flugweg: FF-Platz – Hela – Rixhöft – Danzig – Heiligenbeil – FF-Platz

Start: 12.20 Landung: 13.25 Uhr Littauendorf 11. 4. 45

---

Zeit der Beobachtung Höhe An 2./Nah-Aufkl.Gruppe 4 (Eins.) Karte 1:300 000

---

Uhr m

*Auftrag:* Bildaufklärung vor 2. Armee.
Schwerpunkte: Zugang Putziger Nehrung
Hafen Gotenhafen, Danzig,
Weichseldurchstich 1840

**Verleihung eines der letzten Ritterkreuze an einen Nahaufklärer: Oblt. Wilke erhielt es am 5. 12. 1944. Major Perigon legt es ihm in Anwesenheit von Generalmajor Reuss an.**

**Pilot der NAG 6 übernimmt eine Me 262 auf dem Werkflugplatz. Die Triebwerke haben bereits gezündet.**

12.35 *Ergebnis:*
6000 Putziger Nehrung keine Kampfhandlungen erkannt. Straßen im küstennahen Raum von Gotenhafen bis Rixhöft Einzelverkehr in allen Richtungen, insgesamt etwa 20 mot. Fahrzeuge.
Vor Hafeneinfahrt Gotenhafen 3 Schiffe, wahrscheinlich versenkt. Im Hafen ein größeres Schiff leicht rauchend beobachtet. Außerdem eine Anzahl kleinerer Boote ohne Bewegung.
Auf Straße Gotenhafen – Danzig etwa 10 mot. Fahrzeuge in beiden Richtungen.
Am Strand bei Zoppot 8 mot. Fahrzeuge abgestellt. Plätze Hexengrund und Langfuhr keine Veränderung. Im Hafen von Danzig etwa 8 kleinere Boote ohne Bewegung.
Am Waldrand an der Küste von Danzig bis Weichseldurchstich 1840 etwa 12 Fahrzeuge abgestellt, wahrscheinlich eigene vernichtete.
Am Durchstich 1840 keine Kampfhandlungen erkannt. In der Bucht Ostwinkel 5 kleinere Boote liegend. Tolkemit-Balga an der Küste keine Veränderungen, bzw. Vorbereitungen zum Übersetzen erkannt.
Auf Straße Elbing–Heiligenbeil nur geringer Einzelverkehr von etwa 20 mot. Fahrzeugen. Auf Autobahn kein Kolonnenverkehr festgestellt.

13.15 5000

*Luftbild:*
Zugang Putziger Nehrung,
Haffküste Putzig-Rewa,
Hafen Gotenhafen,
Strand Zoppot,
Hafen Danzig,
Weichseldurchstich 1840,
Haffküste Ostwinkel-Bahnau,
Flugplatz Heiligenbeil.
*Funk:* Bord-Bord, Bord-Boden gut.
Abwehr: Keine

Am 9. April kapitulierte Königsberg. Die Stadt brannte bereits an allen Ecken. Die 2. und die 4. Armee, die noch in Ostpreußen standen, waren zu einem AOK Ostpreußen zusammengefaßt worden.

Im Westen erfolgte am 10. April von Norwegen aus der letzte deutsche Aufklärungsflug über England mit einer Ar 234 B. Die deutschen Heeresverbände im Westen wurden von den alliierten Bomber- und Jabo-Verbänden systematisch zerschlagen. Am 13. April marschierten die Sowjets in Wien ein. Der Ruhrkessel wurde vernichtet, 3250000 Mann gingen in amerikanische Gefangenschaft. Der deutsche Oberbefehlshaber im Ruhrkessel, Generalfeldarschall Model erschoß sich. In der Ostmark blieben die sowjetischen Armeen nach der Einnahme von St. Pölten stehen. Am 20. 4. bestand praktisch im Reichsgebiet nur noch ein »Nordraum«, der Großadmiral Dönitz unterstand, und ein Südraum unter Generalfeldmarschall Kesselring. An diesem Tag begann die Beschießung der Reichshauptstadt durch sowjetische Artillerie.

Eine Nahaufklärung fand im Reichsgebiet nicht mehr statt. Gewiß flogen noch einzelne Me 262 und Bf 109 G, aber zur Durchführung irgendwelcher taktischer Aufgaben kamen sie nicht mehr. In Ostpreußen beherrschten die Sowjets genau so den Luftraum. An der Samlandfront griffen sowjetische Schlachtfliegerverbände die nur wenige Kilometer entfernten deutschen Stellungen laufend im Tiefflug an. Dabei überflogen sie häufig die wenigen noch bestehenden deutschen Flugplätze, auch die der Nahaufklärer, mit Jagdschutz im Tiefflug ohne diese zu beachten. So passierte es des öfteren, daß Maschinen der 2./NAG 4 ungehindert auf ihrem Platz landen konnten. Sie schwebten zwischen den sowjetischen Maschinen zur Landung ein! Mitte April war die rote Luftflotte tatsächlich Tag und Nacht unterwegs um die schwachen deutschen Erdtruppen und die wenigen deutschen Flugzeuge zu vernichten.

Ende April 1945 kapitulierten die deutschen Kräfte in Italien. Mit ihnen die NAG 11, die am 2. Mai in Udine den Alliierten übergeben wurde. Am 30. 4. erfolgte der Selbstmord Hitlers.

Wie dieses Ereignis auf die deutschen Flieger wirkte, ist einem Bericht eines Angehörigen der 2./NAG 5 zu entnehmen:

**Bruch Bf 109G-6/U5 der 2./NAG 4 in Lyck/Ostpreußen am 14. 10. 1944.**

**Zwei Arado Ar 66c der NAGr. 32 im Mai 1945 in Bardu-foss/Norwegen.**

»Nach dem Selbstmord des Führers wurde die Lage für Kurland besonders ernst. Alles deutete darauf hin, daß es dem Ende entgegenging. Es kursierte nur noch der Satz: »Trinkt noch einen, der Frieden wird schrecklich.«

Am 8. Mai erreichte die Staffel ein Fernschreiben mit der Nachricht von der bedingungslosen Kapitulation. Man schlug sich nach Cirava zur NAG 5 durch. Von dort traten dann alle den langen Weg in die sowjetische Gefangenschaft an. Am 6. Mai hatte Breslau kapituliert. Am 7. Mai 1945 um 2.41 Uhr hatte Generaloberst Jodl im Hauptquartier des Generals Eisenhower die Gesamtkapitulation der deutschen Wehrmacht unterzeichnet.

Am 5. Mai war eine Rotte der 2./NAG 4 noch den letzten Einsatz geflogen. Nachmittags traf ein Befehl des Luftwaffenkommandos ein, die Staffel solle noch weitere Einsätze fliegen. Zu diesem Zeitpunkt waren aber bereits alle Flugzeuge gesprengt worden. Befehl: zurück! Die gesamte Ausrüstung wurde unbrauchbar gemacht. Dann ging es mit einem Flugsicherungsboot zusammen mit den Resten des JG 51 nach Hela. Dort wurden sie an Bord des Torpedoboots T 35 genommen. Trotz sowjetischer Luftangriffe trafen die Angehörigen der Staffel am 8. 5. 1945 in Kopenhagen und kurze Zeit später in Kiel ein.

Die einzige mit Strahlflugzeugen Me 262 A-1a/u3 ausgerüstete Nahaufklärungseinheit, die NAG 6 unter Major Heinz Schultze, hatte mit den ersten drei Versuchsmaschinen zwar schon im Oktober einige Flüge durchgeführt. Zu einer einigermaßen regelmäßigen Einsatztätigkeit war es aber erst ab Anfang Dezember von Lechfeld aus gekommen. Ab Januar 1945 bis zum Waffenstillstand im Mai 1945 verlegte die NAG 6 laufend. Zuerst ging es nach Münster in Westfalen. Das weitere Vordringen der Alliierten zwang dann zur Verlegung nach Kaltenkirchen im Raum Hamburg. Von dort ging es nach Hohne bei Schleswig und schließlich zu einem Platz in der Lüneburger Heide. Dort wurden die überlegenden Maschinen den Amerikanern übergeben und nach Lechfeld überführt, wo sie von diesen noch etwa drei Wochen erprobt wurden. Nach der letzten Bestandsmeldung des OKL vom 9. April 1945 verfügte nur die 2./NAG 6 noch über sieben Maschinen, von denen zu diesem Zeitpunkt noch drei einsatzfähig waren. Anscheinend ist aber mindestens noch eine Maschine zur NAG 6 gelangt, denn den Amerikanern wurden acht Me 262 übergeben. Es handelte sich aber keinesfalls um Me 262 A-1a/U3 allein, denn der Verband hatte neben vereinzelten Umbau-Aufklärern auch normale Jäger A-1a erhalten, die höchstens zur Augenaufklärung benutzt werden konnten. Damit sind auch vereinzelte Kampfaufträge durchgeführt worden. Mit Abschluß des Waffenstillstandes war dann mit der Tätigkeit der NAG 6 der Nahaufklärungsverbände der Luftwaffe endgültig beendet.

**Norwegische Soldaten mit den Resten von Flugzeugen der NAGr 32 in Bardufoss 1945.**

# 15. Die Werkzeuge der Nahaufklärer

## Flugzeuge der Nahaufklärung

Im folgenden werden typische Nahaufklärungsflugzeuge aus der Anfangszeit der Militärfliegerei, des Ersten Weltkrieges und Aufklärungsflugzeuge der Verbotszeit 1919–1934 sowie die wichtigsten Baumuster des Zweiten Weltkrieges geschildert. Versuchsmuster wurden bewußt außer acht gelassen.

**Militärflugplatz Döberitz 1912: Rumpler-Taube bei der Landung.**

**Henri Farman Typ 1909**

1908 hat ein preußischer Militärgutachter nach der ersten internationalen Flugwoche in Johannisthal gesagt: »Die Kunst des Fliegens gehört vorläufig noch in den Zirkus.« Der Große Generalstab drückte dann 1909 aber doch die Bestellung eines Militärflugzeuges durch. Die Heeresverwaltung gab den Auftrag an einen Mann, der noch nie ein Flugzeug konstruiert hatte: an den Regierungsbaumeister Hofmann in Stuttgart. Dessen »Flugapparat« ging bereits beim ersten Startversuch zu Bruch. Der privaten Initiative eines weit vorausschauenden Industriellen war es dann zu verdanken, daß das bereits in Döberitz existierende erste Fliegerkommando unter Hauptmann de le Roy doch ein Flugzeug bekam. Dr. Walter Huth, der erkannt hatte, welchen Vorsprung die Franzosen in der Luftfahrt hatten und wie diese bereits an eine militärische Verwendung dieser neuen Möglichkeit dachten, hatte bereits zwei französische Flugzeuge angekauft, die er in seinem Werk »Albatros« in Lizenz bauen ließ. Dann wurden die Erfolge von Henri Farman bekannt, der am 27. 8. 1909 bereits eine Strecke von 180 km und am 4. 11. 1909 fast 235 km durchflogen hatte. Dr. Huth entschloß sich damals, ein solches Flugzeug anzukaufen, und schenkte es dem »Königlich Preußischen Kriegsministerium« in Berlin! So wurde ein französischer Doppeldecker das erste deutsche Militärflugzeug. Die Maschine erhielt die Zulassung »B 1«. Auf diesem Flugzeug, einem Gitterschwanz-Doppeldecker mit vorn liegendem Höhenruder und 52 PS Gnôme-Motor (Spannweite 10,40 m, Länge 13,30 m) legten am 29. 8. 1910 die ersten vier Fliegeroffiziere Hauptmann de le Roy und die Leutnants Geerdtz, Mackenthun und von Tarnoczy ihre amtliche Flugzeugführerprüfung ab. Dieser Farman-Doppeldecker wurde dann bei Albatros in Lizenz gebaut und auch von anderen Firmen in modifizierter Form nachgebaut. Der Andrang junger Offiziere zur Fliegertruppe wurde auch durch Unfälle und Todesstürze nicht eingedämmt. Als 30–40 Offiziere für die neue Truppe 1911 angefordert wurden, meldeten sich neunhundert! Unter den Namen, die damals ihre Abkommandierung zur Fliegertruppe erreichten, finden wir drei Männer, die aus der Geschichte der Fliegertruppe und der Luftwaffe nicht wegzudenken sind: die Oberleutnants Wilberg und Felmy und der Leutnant Fink. Alle drei haben ihre fliegerische Karriere auf so einem »Gitterschwanz« begonnen.

**Die »Taube«**

Wenn auch das erste deutsche Militärflugzeug ein französischer Farman-Doppeldecker war, der in mehrfacher Variation später von verschiedenen deutschen Herstellern nachgebaut wurde, so hat dieser Typ doch niemals die guten Flugeigenschaften der »Taube« erreicht. Dabei hat an der Wiege der »Taube« niemals das Vorbild der Taube gestanden, sondern der Samen einer tropischen Pflanze, der Zanonia macrocarpa, dessen hervorragende Flugeigenschaften von dem Botaniker Professor Friedrich Ahlborn entdeckt worden sind. Der österreichische Industrielle Igo Etrich verstand es, Ahlborns Arbeiten auszunutzen und ein österreichisches Patent für ein Flugzeug mit der Flügelform der Zanonia zu erhalten. Nach mehrfachen Änderungen und Versuchen entstand dann die »Etrich-Taube«. In Deutschland war aufgrund der Ahlbornschen Veröffentlichungen keine Patenterteilung möglich. Dies entdeckte der Ingenieur Edmund Rumpler, der mit Etrich einen Lizenzvertrag abgeschlossen hatte, sehr bald und baute nun die »Rumpler-Taube«. Die »Taube« wurde dann von fast allen deutschen Herstellern wie Albatros, Gotha, Aviatik, DFW usw. gebaut. Die fliegerischen Eigenschaften der »Taube« waren hervorragend. Bei einigermaßen vernünftigem Wetter konnte man im Fluge ruhig den Steuerknüppel loslassen, sie flog ruhig und stabil weiter. Ihr einziger Nachteil war die geringe Geschwindigkeit. Trotzdem haben 1914 die Tauben der verschiedenen Flieger-Abteilungen noch gute Dienste geleistet. Als Schulflugzeug war sie noch 1915 im Dienst. Eine besondere Eigenart der »Taube« war die sogenannte Flächenverwindung. Die »Taube« hatte keine Querruder, sondern die Tragflächenenden wurden nach oben bzw. nach unten verwunden. Die Maschine wurde zweisitzig geflogen, wobei der Flugzeugführer hinten und der Beobachter vorn saß. Nach der Regelung der Militärverwaltung hatten alle »Tauben« als unbewaffnete, zweisitzige Eindecker die Kennzeichnung »A« gefolgt von der Registriernummer. Die unbewaffneten, zweisitzigen Doppeldecker erhielten B-Nummern.

*Technische Daten der Rumpler-Taube 1912/13*

| | |
|---|---|
| Bauart | Verspannter Eindecker, zweisitzig, Flächenstabilisierung durch Brücke, Gemischtbau |
| Triebwerk | Mercedes oder Argus |
| Leistung | 100 PS |
| Spannweite | 14,80 m |
| Länge | 10,20 m |
| Höhe | 3,30 m |
| Flächeninhalt | ca. 34 qm |
| Leergewicht | ca. 420 kg |
| Geschwindigkeit | 90–100 km/h |

## Albatros B II (DD)

Dieses Flugzeug, das bereits 1913 zur Fliegertruppe kam, ist eine Konstruktion von Ernst Heinkel, die nach seinem Ausscheiden bei Albatros von Robert Thelen geändert wurde. Insbesondere wurde das zu kleine Seitenleitwerk wesentlich vergrößert. Die Maschine hatte sehr gute Flug- und vor allen Dingen auch ausgezeichnete Landeeigenschaften. Sie konnte auch auf kleinen Plätzen eingesetzt werden, da sie sowohl für Start als auch für die Landung nur 80–90 m brauchte, was im Kriege bei den Feldflugplätzen von großer Wichtigkeit war. Die Maschine ist bis 1915 bei vielen Flieger-Abteilungen im Frontdienst gewesen und hat sich an allen Fronten gut bewährt. Auch bei diesem Flugzeug saß der Beobachter vorn und der Flugzeugführer hinten. 1915 entwickelte Thelen aus der B II durch Verlegung des Beobachterplatzes nach hinten und Einbau eines Drehrings mit MG die Albatros C I, die außerdem noch mit einem 50 PS stärkeren Motor ausgerüstet war. Auch die Albatros C I hat sich an allen Fronten in der Nahaufklärung gut bewährt.

*Technische Daten*

| | B II | C I |
|---|---|---|
| Triebwerk | Mercedes | Mercedes, Argus, Rapp |
| Leistung PS | 100/120 | 150/160 |
| Spannweite m | 12,80 | 12,50 |
| Länge m | 8,00 | 7,02 |
| Höhe m | 3,40 | 3,40 |
| Leergewicht kg | 620 | 720 |
| Fluggewicht kg | 820 | 1070 |
| Geschwindigkeit km/h | 110 | 135 |
| Gipfelhöhe m | 2800 | 3000 |

## Rumpler C I (5A4)

Nachdem LVG und Albatros ihre ersten C-Flugzeuge herausgebracht hatten, die im Grunde nur bewaffnete Versionen ihrer bewährten B-Typen waren, ging Rumpler andere Wege. Unter Leitung des Konstrukteurs Budig entstand eine neue Konstruktion Type 5A1. Die Erprobung brachte gute Ergebnisse. Trotzdem waren noch mehrere Änderungen notwendig, bis der Typ 5A4 dann die Endform des neuen Nahaufklärungsflugzeuges brachte, das als Ru C I das beste C-Flugzeug des Jahres 1916 wurde. Wie überlegen die Maschine war, ging schon daraus hervor, daß die Ru C I mit einer Höchstgeschwindigkeit von 170/175 km/h um rund 30 km/h schneller war als der damals beste deutsche Jagdeinsitzer Fokker E III. Auch der damals im Einsatz befindliche französische Jagdeinsitzer Morane H erreichte nur 140 km/h, während der neue Jagddoppeldecker Nieuport 11 es auch nur auf 155 km/h brachte. Eine Gefechtsaufklärung im modernen Sinne gab es noch nicht, jedoch bewährte sich die Ru C I sowohl bei der Nah- wie bei der Fernaufklärung. Sie war sogar in der Lage, noch einige 10 kg-Bomben mitzunehmen.

*Technische Daten*

| | |
|---|---|
| Bauart | Gemischtbauweise, Holz mit Leinwand |
| Triebwerk | Mercedes D III 160 PS |
| Bewaffnung | 1 MG im Beobachterstand |
| Spannweite | 12,15 m |
| Länge | 7,85 m |
| Flächeninhalt | 36 qm |
| Leergewicht | 790 kg |
| Fluggewicht | 1330 kg |
| Höchstgeschwindigkeit | 175 km/h |
| Lizenzbau | Hannoversche Waggonfabrik, Märkische Flugzeugwerke, Bayrische Rumplerwerke, Firma Rinne, Berlin. |

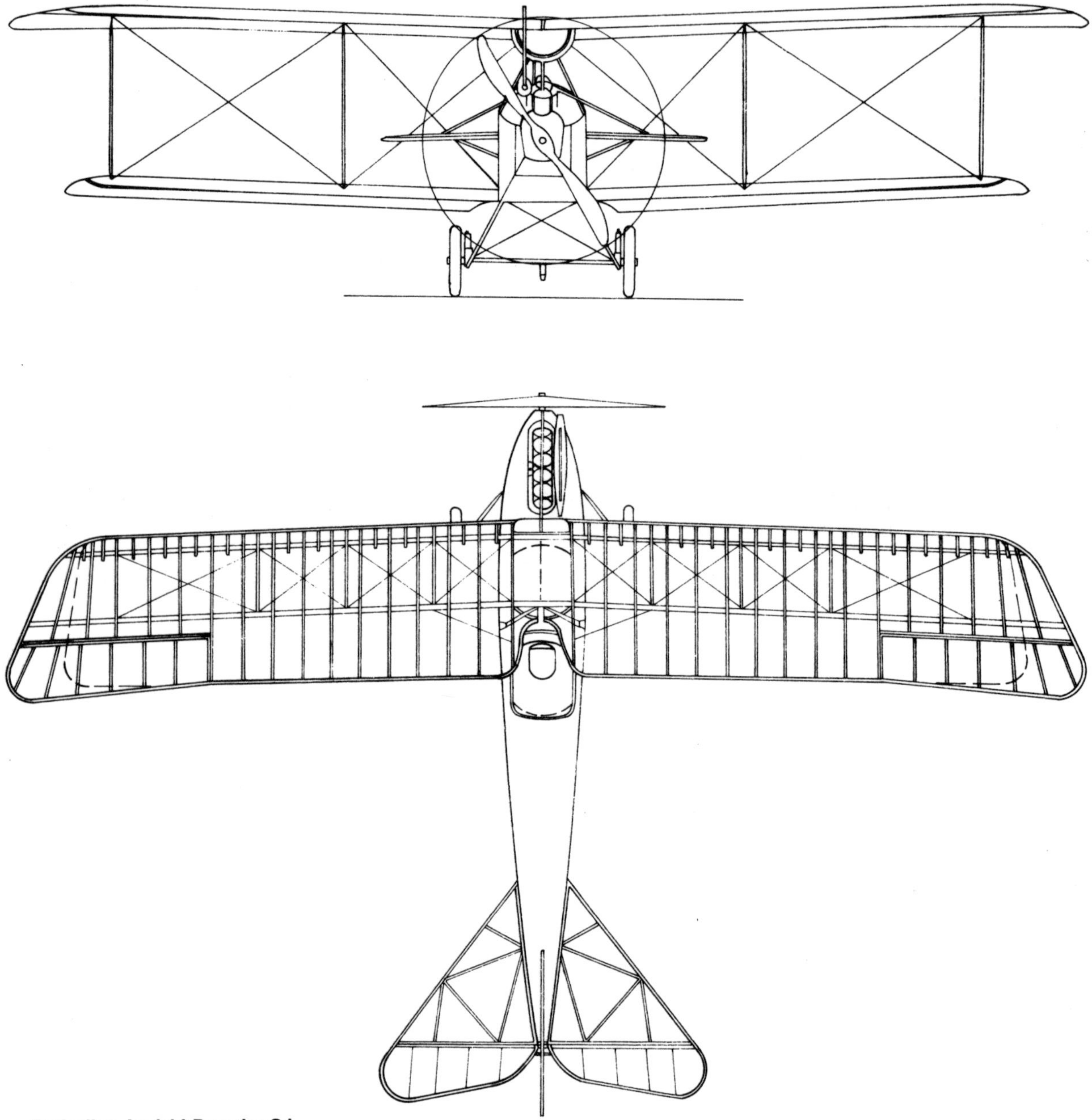

**Dreiseiten-Ansicht Rumpler C I.**

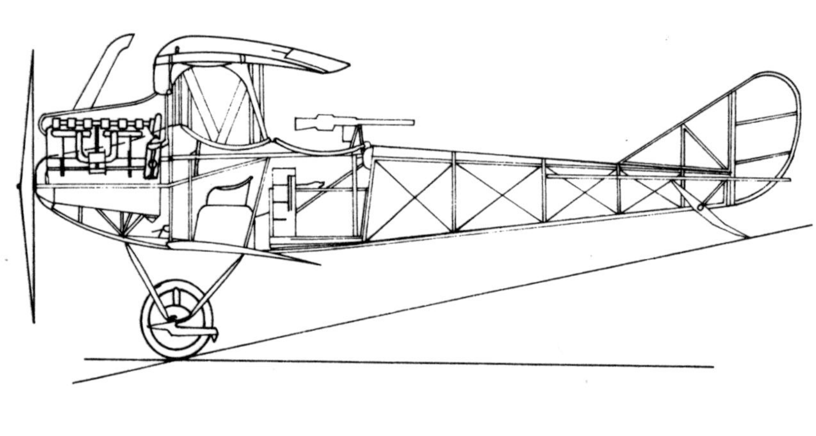

**Deutsche Flugzeugwerke DFW C V (T 29)**

Dieses Flugzeug war, wie der wenig gebaute Vorgängertyp C IV, eine Konstruktion des erfolgreichen Vorkriegsfliegers Heinrich Oelerich. Die Maschine, die auch von Aviatik, Halberstadt, LVG und Schütte-Lanz nachgebaut wurde, kam im Sommer 1916 zur Erprobung und wurde aufgrund ihrer guten Eigenschaften sofort in Serie gebaut. Soweit bekannt, wurde die Maschine zum ersten Mal während der Schlacht bei Arras im April 1917 an der Front eingesetzt. Sie flog Gefechts- und taktische Aufklärung für Armeekorps- und höhere Stäbe. Das Flugzeug war sehr robust und hatte gute Flugeigenschaften. Sie wurde nicht nur im Westen und Osten, sondern auch in Italien, in Mazedonien und in Palästina eingesetzt und bewährte sich an allen Fronten. Nach dem Waffenstillstand 1918 waren noch einige Maschinen im Baltikum, in Oberschlesien und in Mitteldeutschland bei den wenigen verbliebenen Fliegerabteilungen zur Bekämpfung der Bolschewiki und Kommunisten eingesetzt. Zu erwähnen ist noch, daß die bei Aviatik gebauten DFW C V als Aviatik C VI bezeichnet wurden.

*Technische Daten*

| | |
|---|---|
| Bauart | Gemischtbauweise, Holz und Leinwand |
| Bewaffnung | 1 starres und 1 Beobachter-MG, Mitnahme von 10 kg-Bomben möglich |
| Ausrüstung | Handkamera, Funkgerät, teilweise Reihenbildner |
| Triebwerk | Benz 220 PS |
| Spannweite | 13,30 m |
| Länge | 7,90 m |
| Höhe | 3,30 m |
| Leergewicht | 970 kg |
| Fluggewicht | 1430 kg |
| Höchstgeschwindigkeit | 155 km/h |
| Steigzeit auf 3000 m | 25 Minuten |
| Reichweite | 500 km |

**Heinkel HD 17**

Aufgrund einer Bestellung der Reichswehr vom Jahre 1923 wurde bei Heinkel in Warnemünde dieser Doppeldecker entwickelt. Wegen der knappen Mittel, die der getarnten Reichswehrfliegertruppe zur Verfügung standen, mußte das Flugzeug ein Mehrzweckflugzeug sein, das sowohl als Aufklärer, leichter Bomber und Jagdzweisitzer verwendet werden konnte. Insgesamt wurden nur neun Maschinen gebaut. Davon gingen acht, die Werknr. 216, sowie 239–245, in das geheime Fliegerzentrum der Reichswehr in Lipezk in der UdSSR. Hiervon waren zwei bei der Beobachterlehrstaffel und vier beim Beobachterlehrgang eingesetzt. Bis 1929 sind dabei zwei Maschinen zu Bruch gegangen.

*Technische Daten*

| | |
|---|---|
| Bauart | Gemischtbau, Stahlrohrrumpf mit Leinwandbespannung, Holzflächen |
| Triebwerk | Napier Lion 450 PS |
| Bewaffnung | 2 starre, 1 bewegliches MG<br>Bombenlast maximal 200 kg |
| Spannweite oben | 12,80 m |
| Spannweite unten | 11,40 m |
| Länge | 9,18 m |
| Flächeninhalt | 40,60 qm |
| Leergewicht | 1380 kg |
| Zuladung | 820 kg |
| Fluggewicht | 2200 kg |
| Höchstgeschwindigkeit | 220 km/h |
| Landegeschwindigkeit | 90 km/h |
| Steigzeit auf 1000 m | 3,5 Minuten |
| Gipfelhöhe | 6500 m |

**Focke-Wulf A 21 »Photo-Möwe«**
(Werksbeschreibung)

Um die Beobachter der Reichswehrfliegertruppe unauffällig mit der Luftbildarbeit vertraut zu machen, wurden dafür geeignete Reichswehroffiziere bei der Hansa-Luftbild-GmbH, deren Chef Gessner ein erfahrener Fachmann im Luftbildwesen während des Ersten Weltkrieges gewesen war, in der Luftbildtechnik ausgebildet. Zu diesem Zweck wurde das oben genannte Baumuster verwendet.

In ihrem allgemeinen Aufbau und ihrer konstruktiven Durchbildung entsprach die A 21 Photo dem bekannten und bewährten Focke-Wulf Verkehrsflugzeug »Möwe«. Wiederum als freitragender, verspannungsloser Hochdecker gebaut, weisen Tragwerk, Leitwerk und Fahrwerk die gleiche Ausführung wie bei der »Möwe« auf.
Der Rumpf wird aus einem Stahlrohrfachwerk gebildet, dessen Knotenpunkte durch Schwei-

Focke-Wulf A 21 war mit Bord-Dunkelkammer ausgerüstet. Großes Fenster an der Steuerseite für Schrägaufnahmen.

ßungen mittels überlappter Bleche bzw. durch Stege verstärkt sind. Die Querkräfte werden im Rumpfvorderteil durch Stahlrohrdiagonalen und im Rumpfhinterteil durch Stahldrahtverspannung aufgenommen. Die beiden nebeneinanderliegenden, mit Doppelsteuerung versehenen Führersitze sind wie bei der »Möwe« vor der Kabine angeordnet und nach vorne durch eine Windschutzscheibe abgedeckt.

Die als Fotoraum ausgebildete Kabine hat 3,5 m Länge, 1,5 m Breite und 1,8 m Höhe. Sie gewährt nach allen Seiten hin einen vollkommen freien, durch nichts behinderten Blick. Durch die zweckentsprechende Ausgestaltung des Fahrgestells kommt eine Behinderung der Randstrahlen eines Weitwinkelobjektives für die Senkrecht-Hängekammer nicht in Frage. Der gesamte Kabinenboden ist in einer Breite von 0,8 m und einer Länge von fast 3 m offen ausgeführt. Durch 7 Fußbodenteile läßt sich diese Öffnung in beliebigem Grade abdecken. Sofern die festen Klappen geschlossen sind, kann die Bodenöffnung ohne Gefahr betreten werden. Außerdem kann vorübergehend die Bodenöffnung auch außer durch die festen Klappen durch eine Jalousie geschlossen werden, um beispielsweise bei Start und Landung die fotografischen Instrumente vor Beschmutzung und Beschädigung durch Steinschlag zu schützen. Die Fußbodenkonstruktion ist so ausgeführt, daß genügend feste Querträger vorhanden sind, um auch die Aufstellung schwerer Geräte zu ermöglichen. Beide Seitenwände der Kabine sind zwecks besserer Freiheit für Schrägaufnahmen in nahezu 2 m Breite (einschließlich der als Schiebetür ausgebildeten Einsteigöffnung) mittels Jalousie zu öffnen. Dadurch wird erreicht, nach beiden Seiten aus dem Flugzeug heraus Schrägaufnahmen ohne jegliche Behinderung ausführen zu können.

Hinter der Kabine ist eine Dunkelkammer mit Beleuchtungseinrichtung durch verschiedenfarbige Lichtfilter, und zwar sowohl mittels Tageslicht als auch mittels elektrischer Lampen vorgesehen. Die Dunkelkammer von 1,5 m Länge, 1 m Breite und 1,8 m Höhe, ist ferner mit einem Arbeitstisch für trockene Arbeiten, einer mit Bleiblech ausgeschlagenen Wanne für die Entwicklung, Ausguß, verschiedenen Regalen und Schränken, sowie einem leichten Sitz, ausgestattet. Auf besondere Bestellung kann entsprechendes Entwicklungsgerät für die Aufnahmen eingebaut werden. Es ist genügend Raum vorhanden, um leicht einen 20 Liter Wasser fassenden Behälter unterzubringen. Um ein ungehindertes Arbeiten auch in großen Höhen zu erleichtern, sind sowohl die Kabine wie auch die Dunkelkammer durch eine Luftleitung vom Auspuff her heizbar. Kabine und Führerraum sind durch eine Wand mit Durchgangstür getrennt, die außerdem noch ein Verständigungsfenster besitzt, damit sich die Fotografen jederzeit mit dem Flugzeugführer in Verbindung setzen können.

*Technische Daten*

| | |
|---|---|
| Triebwerk | BMW VI 460/600 PS |
| Spannweite | 20 m |
| Größte Länge | 13 m |
| Größte Höhe | 4 m |
| Flügelinhalt | 62,5 m² |
| Höchstgeschwindigkeit | 200 km/St. |
| Landegeschwindigkeit | 85 km/St. |
| Gipfelhöhe | 7000 m |
| Rüstgewicht | 2700 kg |
| Zuladung | 1100 kg |
| Gesamtfluggewicht | 3800 kg |
| Flächenbelastung | 61 kg/m² |
| Leistungsbelastung | 6,3 kg/PS |
| Steigzeit für 1000 m | 6 Min. |
| Aktionsradius | 700 km |

Die bereits 1929 entstandene Heinkel HD 41, von der drei Versuchsmuster gebaut wurden, war der Ausgangstyp für die He 45.HD 41c, Werknr. 364, D-2064 wurde als D-ILEU Prototyp der He 45.

**Heinkel He 45**
(Werksbeschreibung)

Dieser Doppeldecker war ursprünglich als Fernaufklärer und leichtes Kampfflugzeug vorgesehen, wurde aber in den ersten Monaten des Zweiten Weltkriegs als Nahaufklärer eingesetzt. Die He 45 war robust gebaut und eignete sich vorzüglich für Schulungs- und Aufklärungsaufgaben, daneben aber auch dank der hohen Nutzlastkapazität als Störflugzeug (Kampfflugzeug) mit einer für damalige Verhältnisse beachtlichen Bombenlast. Diese Vielseitigkeit war besonders positiv zu werten, da die finanziellen Verhältnisse der damaligen Zeit weitere Versuche unmöglich machten. So mußten die Flugzeuge mit viel Einfühlungsvermögen entworfen und konstruiert werden, um Fehlentwicklungen zu vermeiden. Aufgrund systematischer Erprobungsflüge konnten die einzelnen Baugruppen erprobt werden, um allen Voraussetzungen gerecht zu werden. So wurde z. B. einige Male durch Verbesserung der Verstrebungen und deren Verkleidungen das Fahrwerk geändert. Ebenso mußte die Abgasanlage des Triebwerkes mehrfach neu überarbeitet werden, da die ziemlich hochgelegenen Abgasstutzen häufig Vergiftungserscheinungen bei der Besatzung hervorriefen. Dieser Punkt gab auch bei späteren Konstruktionen, wie z. B. bei der He 51 und He 60 vielfach zu Änderungen Anlaß. Um diese Störungsquellen zu beseitigen, wurden komplizierte Abgasleitungen angebaut, obwohl sich dadurch teilweise die Geschwindigkeitsleistungen stark verminderten. Ohne Rücksicht auf die

Zelle zu nehmen, wurde jedes Bauelement auf gutes Funktionieren und beste Ausführung hin untersucht.
Der erste Prototyp der He 45 a (D-2477) für die A-Serie wurde mit dem verhältnismäßig leistungsschwachen Triebwerk BMW VI O ausgerüstet, mit dem eine Startleistung von 600 PS erreicht werden konnte. Nachdem dieses Flugzeug mit einer Zweiblattluftschraube ausgerüstet in dieser Ausführung längere Zeit erprobt wurde, kam später eine Vierblattluftschraube zur Verwendung, mit der auch der zweite Prototyp, die He 45 b, in die Erprobung ging. Das dritte Muster der He 45 war wieder ein Prototyp für die Serienausführung He 45 B. Dieses Muster wurde auch erstmalig mit einer Bewaffnung ausgerüstet, und zwar mit einem beweglichen MG 15 im Drehring für den Beobachter. Zellenmäßig unterschieden sich diese drei Flugzeuge nicht. Bei allen Flugzeugen waren in der oberen und unteren Tragfläche Querruder eingebaut. Die ab 1932 in Großserie hergestellten Serienmuster besaßen nur noch in der oberen Fläche die Querruder, wogegen in der unteren Tragfläche bei einigen Mustern versuchsweise Wölbungsklappen eingebaut wurden.
Von der He 45 wurden insgesamt 512 Flugzeuge hergestellt. Davon 68 Flugzeuge der A-Serie in Lizenz bei der Firma Gotha, 126 Flugzeuge der Serie A-2 unter Lizenz bei den Bayerischen Flugzeugwerken, bei der gleichen Firma 30 Flugzeuge der B-1-Serie. Die Firma Focke Wulf in Bremen übernahm ebenfalls den Lizenzbau der He 45 und baute 159 Flugzeuge der Serien A-1 und A-2 und weitere 60 Flugzeuge der B-2-Serie. Die einzelnen Serien waren äußerlich kaum zu unterscheiden, da nur dem Einsatzzweck entsprechend strukturelle Veränderungen durchgeführt wurden. Heinkel war dabei hauptsächlich Entwicklungswerk und baute von der He 45 lediglich 69 Flugzeuge der verschiedensten Serien. In der Hauptsache waren dies Prototypen und Versuchsmuster für folgende Serien und für Baugruppenerprobung. Letzteres bezog sich in der Hauptsache auf die Triebwerksausrüstung, da zur Verbesserung der Flugleistungen für die He 45 C-Serie das Daimler Benz DB 600 Triebwerk vorgesehen war.

*Technische Daten*

| | |
|---|---|
| Besatzung: 1 Pilot, 1 Beobachter | |
| Triebwerk: BMW VI O | |
| Getriebe: ohne Untersetzungsgetriebe | |
| Startleistung bei 1650 U/min: | 600 PS |
| Nennleistung bei 1650 U/min in 0 m Höhe: | 600 PS |
| Nennleistung bei 1550 U/min in 1000 m Höhe: | 540 PS |
| Volldruckhöhe: | 0 m |
| Spezifischer Kraftstoffverbrauch: | 240 gr/PS h |
| Luftschraube: 2-Blatt-Holzluftschraube, fest | |
| Durchmesser: | m |
| Spannweite: oben/unten | 11,5/10,0 m |
| Länge: | 10,0 m |
| Höhe: | 3,6 m |
| Flügelfläche: | 34,6 m² |
| Flächenbelastung: | 75,6 kg/m² |
| Leistungsbelastung: | 4,47 kg/PS |
| Leergewicht: | 1725 kg |
| zusätzliche Ausrüstung: | 213 kg |
| Rüstgewicht: | 1938 kg |
| Besatzung: | 180 kg |
| Kraftstoff: | 390 kg |
| Schmierstoff: | 35 kg |
| Zuladung: | 67 kg |
| Fluggewicht: | 2610 kg |

| | | |
|---|---|---|
| Höchstgeschwindigkeit | in 0 m Höhe: | 250 km/h |
| | 2000 m Höhe: | 245 km/h |
| | 4000 m Höhe: | 240 km/h |
| Reisegeschwindigkeit bei 85% Startleistung | in 0 m Höhe: | 220 km/h |
| | 2000 m Höhe: | 210 km/h |
| | 4000 m Höhe: | 198 km/h |
| Landegeschwindigkeit: | | 105 km/h |
| Optimale Reichweite bei Vmax | in 2000 m Höhe: | 700 km |
| Optimale Reichweite bei Vr | in 2000 m Höhe: | 940 km |

| | | |
|---|---|---|
| Optimale Reichweite: | | 1200 km |
| Steigzeit auf | 1000 m Höhe: | 2,8 min |
| | 2000 m Höhe: | 6,2 min |
| | 4000 m Höhe: | 19,4 min |
| Gipfelhöhe: | | 5000 m |
| Rollstrecke beim Start (Schwimmstrecke): | | 200 m |
| Startstrecke bis 15 m Höhe: | | 360 m |
| Landestrecke aus 15 m Höhe: | | 290 m |

Bewaffnung: wahlweise 1 MG 15 im Drehkranz

**Dreiseiten-Ansicht He 45.**

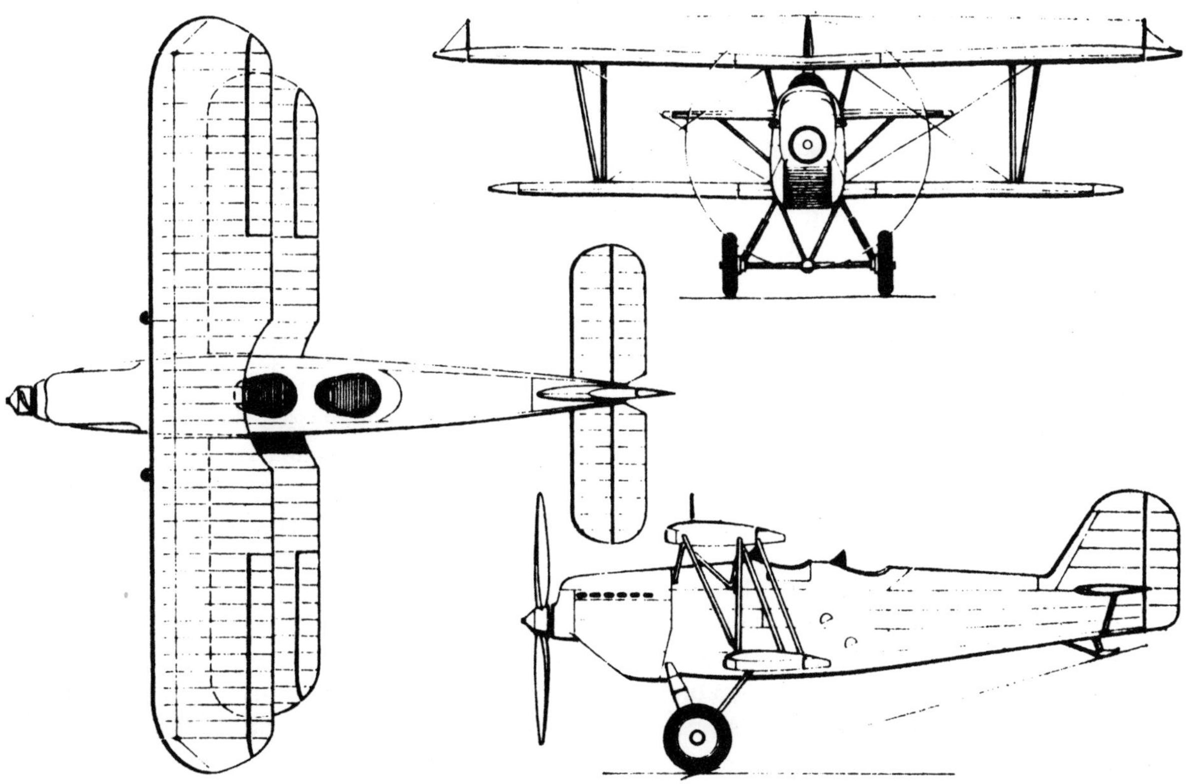

**Heinkel He 46**
(Werksbeschreibung)

Fast gleichzeitig mit den Konstruktionsarbeiten an der He 45 entstand 1931 das etwas leichter gehaltene Aufklärungsflugzeug He 46. Da das Flugzeug ausschließlich für Aufklärungsaufgaben gedacht war, kam es weniger auf Geschwindigkeitsleistungen an, als auf eine robuste und unempfindliche Zelle mit guter Sichtmöglichkeit und guten Flugeigenschaften. Größenmäßig glich die Konstruktion der He 45, nur war die untere Fläche stärker verkürzt, was sich wegen des geringen Gewichtes ohne Nachteile für die Flugeigenschaften durchführen ließ. Die obere Fläche erhielt eine Pfeilform, wodurch die Verstrebungen mit den unteren Flächen fast senkrecht verliefen, obgleich die obere Fläche weit vorgesetzt über einen Spannbock mit dem Rumpf verbunden war. Das Triebwerkproblem konnte schneller gelöst werden als bei der He 45, denn der Verwendungszweck und die leichtere Zelle erlaubten ohne Bedenken den Einbau des verhältnismäßig schwachen Siemens Jupiter Motor, der schon einmal in der He 45 erprobt und dabei für zu schwach befunden worden war. Aber in diesem Fall reichte die 450 PS Startleistung aus, um der He 46 sichere und gute Flugeigenschaften zu geben. Noch im gleichen Jahr, in dem mit der Konstruktion begonnen wurde, konnte die He 46 a den Erstflug durchführen. Das zweisitzige Flugzeug zeigte besonders gute Start- und Landeeigenschaften und erwies sich auch sonst als recht brauchbar – bis auf die Sichtverhältnisse. Bis dahin schien für jeglichen militärischen Einsatz der Doppeldecker obligatorisch, und die Erfahrungen mit den vorhergehenden Baumustern hatten deutlich die Robustheit und Zuverlässigkeit derartiger Konstruktionen gezeigt. Überall in der Welt dominierte der Doppeldecker, sobald es um militärische Aufgaben ging, und es sollte noch einige Jahre dauern, bis die hochwertig aerodynamisch durchgearbeiteten Muster zum Einsatz kamen. Die untere Tragfläche der He 46 a machte sich bei Aufklärungsflügen mehr als störend bemerkbar, denn sie verdeckte den Sichtwinkel schräg nach vorne unten, was für das Anvisieren des Aufklärungsobjektes besonders nachteilig war. Aus diesem Grunde wurde die He 46 nochmals überarbeitet, und so entstand innerhalb von 14 Tagen aus dem Doppeldecker ein Hochdecker. Die Spannweite wurde von 11,5 m auf 14,0 m vergrößert, um die Flügelfläche und die davon abhängigen Leistungen nicht wesentlich zu verändern. Trotzdem konnte das Leergewicht weiterhin reduziert wreden, so daß ein bedeutend besseres Verhältnis der Zuladung zum erhöhten Fluggewicht der He 46 b (2. Prototyp) entstand. Dieses Muster sollte das Ausgangsmuster für die geplante Serie werden. Die He 46 b (V 2) machte Anfang 1932 den Erstflug und war, wie auch die He 46 a (D-1028), mit dem Siemens-Jupiter-Triebwerk ausgerüstet. Die He 46 a startete zu ihrem Erstflug mit einer Zweitblattluftschraube und wurde später mit einer Vierblattluftschraube ausgerüstet. Die He 46 b erhielt wieder eine Zweiblattluftschraube, wie sie auch bei den Serienmustern zur Verwendung kam. Die Erprobung der He 46 V 2 verlief zwar zufriedenstellend, doch erhoffte man sich bessere Leistungen mit einem stärkeren Triebwerk. So wurde das Jupiter-Triebwerk durch den 600 PS leistenden Sternmotor Siemens SAM 322 B ersetzt, mit dem die gesamten Flugleistungen wesentlich verbessert werden konnten. In dieser Ausführung wurde die erste Serie für den militärischen Einsatz fertiggestellt. Der Prototyp hierfür, die He 46 c, erhielt schon die gesamte Funkausrüstung und die militärische Ausrüstung soweit es die Bewaffnung (ein MG 15 im Drehkranz) betraf. Ein Muster der C-Serie wurde für Sonderaufgaben umgerüstet, wobei die gesamte militärische Ausrüstung und Bewaffnung ausgebaut wurde. Dieses Flugzeug flog mit der Kennziffer D-3258 und sollte das Ausgangsmuster für die neue D-Serie sein. Die D-O-Serie bestand aus sechs Flugzeugen, die mit folgenden Kennzeichen eingesetzt wurden: D-IJIA, ITEU, ITAI, ILUO, IXUI, IRAN. Ein 7. Muster dieser Serie wurde kurz nach der Fertigstellung mit einem BMW 322 B Triebwerk ausgerüstet, welches mit einer NACA-Haube verkleidet wurde. In dieser Ausführung erhielt das Flugzeug die Bezeichnung He 46 e (D-ILHE). Von diesem Flugzeug wurde wiederum eine Serie abgeleitet, von der die ersten drei Flugzeuge (D-IAGU, IIDY, ILUI) mit zivilen Kennziffern flogen, während die restlichen Flugzeuge mit militärischen Kennzeichen eingesetzt wurden (He 46 E-Serie). Die He 46 f entstand aus der He 46 C und erhielt statt des SAM 322 B Triebwerkes einen bei Siemens in Lizenz gebauten Armstrong Siddely Panther, der mit einer NACA-Haube verkleidet war. Von dieser Ausführung wurden 14 Flugzeuge hergestellt, von der das erste Flugzeug (D-IRHN) als einziges eine Dreiblattluftschraube erhielt. Sämtliche Flugzeuge dieser Serie waren unbewaffnet und wurden zur Ausbildung für Aufklärungsaufgaben verwendet.

Kurz nachdem der He 46 C-Großserienbau für die Luftwaffe angelaufen war, zeigte sich das Ausland an diesem Muster interessiert. Zunächst wurden mit Bulgarien Lizenzbauverträge verhandelt, die schließlich zugunsten der Lieferung einer Serie von 18 fertigen Flugzeugen zurückgestellt wurden. Den Bauauftrag für diese überarbeitete Serie erhielt die Gothaer Waggonfabrik, die 1936 die gesamte Serie He 46 C-2 an Bulgarien auslieferte. Die Flugzeuge dieser Serie unterschieden sich hauptsächlich durch den verschiedenartigen Motoreinbau und durch die Triebwerkverkleidung. Zum Einbau kamen

**Die erste He 46, noch Doppeldekker, erhielt, wie man links am Rumpf erkennen kann, den Spottnamen »Rüttelfalke«. Die Karikatur zeigt klar die Vibrationen der Tragflächen.**

hauptsächlich Sternmotore mit einer Startleistung von 600 bis 650 PS. Die Triebwerke konnten auf Wunsch mit einer NACA-Haube abgedeckt werden, wodurch die Geschwindigkeit um 30 km/h verbessert werden konnte.
Es folgten noch zwei weitere Serien, die in der Hauptsache als Nahaufklärer und für Übungszwecke bei der deutschen Luftwaffe im Einsatz standen. Wie auch die He 45 wurde auch die He 46 größtenteils bei anderen Flugzeugfirmen in Lizenz gebaut. Von den insgesamt 481 Flugzeugen wurden 159 Flugzeuge der C-Serie von den Siebel-Flugzeugwerken in Halle gebaut. Die Fieseler-Flugzeugwerke in Kassel bauten 12 Flugzeuge, die MIAG in Leipzig baute 83 Flugzeuge und die Firma Gothaer Waggonfabrik in Gotha baute 24 Flugzeuge, davon 18 als Exportserie für Bulgarien.

*Technische Daten*

| | | |
|---|---|---|
| Besatzung: 1 Pilot, 1 Beobachter | | |
| Triebwerk: Bramo, SAM 322 B | | |
| Getriebe: Untersetzungsgetriebe 1,61:1 | | |
| Startleistung bei 2200 U/min: | | 650 PS |
| Nennleistung bei 2100 U/min | in 0 m Höhe: | 600 PS |
| Nennleistung bei 2100 U/min | in 1000 m Höhe: | 580 PS |
| Volldruckhöhe: | | 800 m |
| Spezifischer Kraftstoffverbrauch: | | 240 gr/PS h |
| Luftschraube: 2-Blatt-Holzluftschraube fest | | |
| Durchmesser: | | 3,7 m |
| Spannweite: | | 14,0 m |
| Länge: | | 9,5 m |
| Höhe: | | 3,4 m |
| Flügelfläche: | | 32,2 $m^2$ |
| Flächenbelastung: | | 71,7 $kg/m^2$ |
| Leistungsbelastung: | | 3,54 kg/PS |
| Leergewicht: | | 1465 kg |
| zusätzliche Ausrüstung: | | 300 kg |
| Rüstgewicht: | | 1765 kg |
| Besatzung: | | 180 kg |
| Kraftstoff: | | 280 kg |
| Schmierstoff: | | 35 kg |
| Zuladung: Munition (max. 60 kg) | | 40 kg |
| Fluggewicht: | | 2300 kg |
| Höchstgeschwindigkeit | in 0 m Höhe: | 250 km/h |
| | 800 m Höhe: | 260 km/h |
| | 2000 m Höhe: | 255 km/h |
| Reisegeschwindigkeit bei % Startleistung | in 0 m Höhe: | 210 km/h |
| | 800 m Höhe: | 220 km/h |
| | 2000 m Höhe: | 215 km/h |
| Landegeschwindigkeit: | | 95 km/h |
| Optimale Reichweite bei Vmax | in 2000 m Höhe: | 600 km |
| Optimale Reichweite bei Vr | in 2000 m Höhe: | 800 km |
| Optimale Reichweite: | | 1050 km |
| Steigzeit auf | 1000 m Höhe: | 2,6 min |
| | 2000 m Höhe: | 5,5 min |
| | 3000 m Höhe: | 9,5 min |
| Gipfelhöhe: | | 6000 m |
| Rollstrecke beim Start: | | 180 m |
| Startstrecke bis 15 m Höhe: | | 290 m |
| Landestrecke aus 15 m Höhe: | | 280 mm |
| Bewaffnung: 1 MG 15 im Drehkranz. | | |

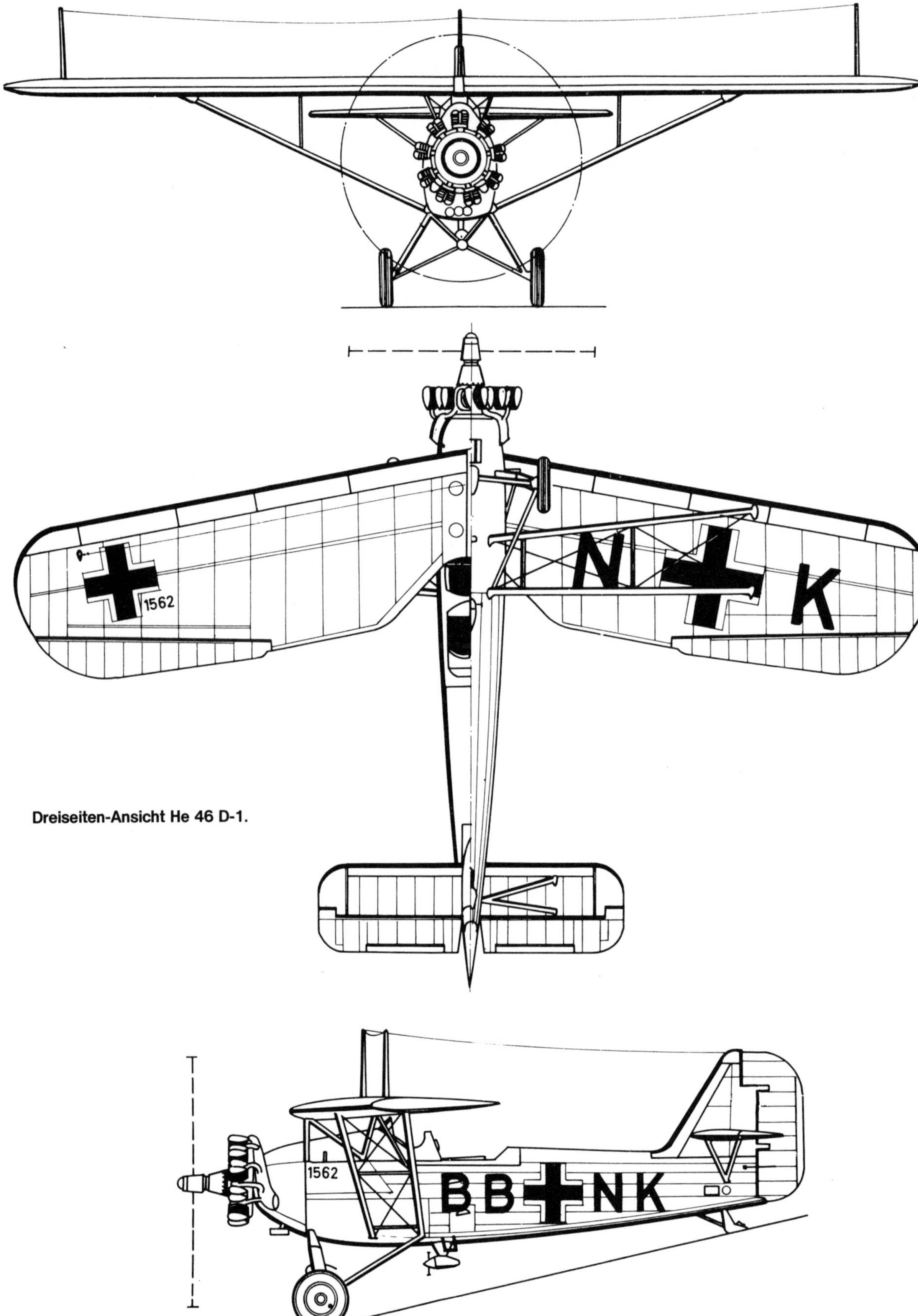


Dreiseiten-Ansicht He 46 D-1.

**Henschel Hs 126**

Nachdem der von Henschel 1935 herausgebrachte Nahaufklärer Hs 122 insbesondere von Staatssekretär Milch abgelehnt worden war, entwickelte Dipl.-Ing. Nicolaus, der Chefkonstrukteur der Firma, aus dieser die Hs 126, die zum Standardflugzeug der Aufklärungsstaffeln (H) werden sollte und damit die He 45 und He 46 ablöste. Obwohl die letzten fünf Hs 126 1941 gebaut wurden, ist die Hs 126 zum Teil noch 1944 im Einsatz gewesen. Insbesondere wurde sie zu diesem Zeitpunkt noch als Schleppflugzeug für Lastensegler und zur Partisanenbekämpfung auf dem Balkan eingesetzt. Nachdem die Hs 126 V1 und auch die V2 D-UJER zuerst mit dem 640 PS Jumo 210 ausgerüstet worden waren, wurde die V2 umgebaut und mit dem luftgekühlten BMW 132 ausgestattet. Erst die dritte Versuchsmaschine D-OECY erhielt dann den später serienmäßig eingebauten Bramo 323 Fafnir von 830 PS.

Die Hs 126 war ein abgestrebter Hochdecker mit zweiteiligem, zweiholmigem Ganzmetallflügel, teilweise stoffbespannt. Querruder und hydraulisch betätigte Landeklappen waren stoffbespannt. Der Ganzmetall-Schalenrumpf hatte ovalen Querschnitt. Der Rumpfvorderteil bot durch große abnehmbare Abdeckbleche gute Wartungsmöglichkeiten. Die Spantringe und die beiden Halbschalen des Rumpfes wurden durch riesige Tiefziehpressen in einem Arbeitsgang geformt. Beim Leitwerk waren alle Flossen blech-, die Ruder stoffbespannt. Alle Ruder waren ausgeglichen und mit im Fluge verstellbaren Trimmklappen versehen. Die Haupträder des Fahrwerks waren an freitragenden Einbeinen mit im Rumpf liegender Federung angebracht. Die stromlinienförmige Verkleidung der Räder wurde im Frontbetrieb bald aufgegeben. Die Bewaffnung bestand aus einem starren MG 17 für den Flugzeugführer und einem beweglichen

MG 15 für den Beobachter. Die Mitnahme kleinkalibriger Bomben war vorgesehen. Handkamera und Reihenbildgerät gehörten zur Ausrüstung. Die ersten Hs 126 besaßen noch das FuG I wie die He 46. Ab 1939 wurde das FuG XVII eingebaut, das je nach Flughöhe eine Reichweite von 20 bis 70 Kilometer hatte.
Die Hs 126 ist in Polen, im Frankreichfeldzug, in der Anfangsphase der Luftschlacht um England, auf dem Balkan und in der UdSSR eingesetzt gewesen. Im Westen mußte sie bereits 1940, im Osten erst 1942 aus dem Frontdienst herausgezogen werden. 1939 wurden nach Kriegsausbruch 137, 1940 368 und 1941 noch 5 Maschinen dieses Typs hergestellt. Der genaue Bestand bei Kriegsbeginn konnte nicht mehr festgestellt werden.

*Technische Daten Hs 126*

| | |
|---|---|
| Triebwerk | BMW-Bramo 323 |
| Leistung | 830 PS |
| Spannweite | 14,50 m |
| Länge | 10,85 m |
| Höhe | 3,75 m |
| Flächeninhalt | 31,60 qm |
| Leergewicht | 2030 kg |
| Fluggewicht | 3090 kg |
| Höchstgeschwindigkeit | 253 km/h |
| Landegeschwindigkeit | 95 km/h |
| Reichweite | 710 km |
| Gipfelhöhe (ohne Last) | 9000 m |

**Oben: Flugzeugführer steigt ein.**

**Unten: Beobachter mit MG 15.**

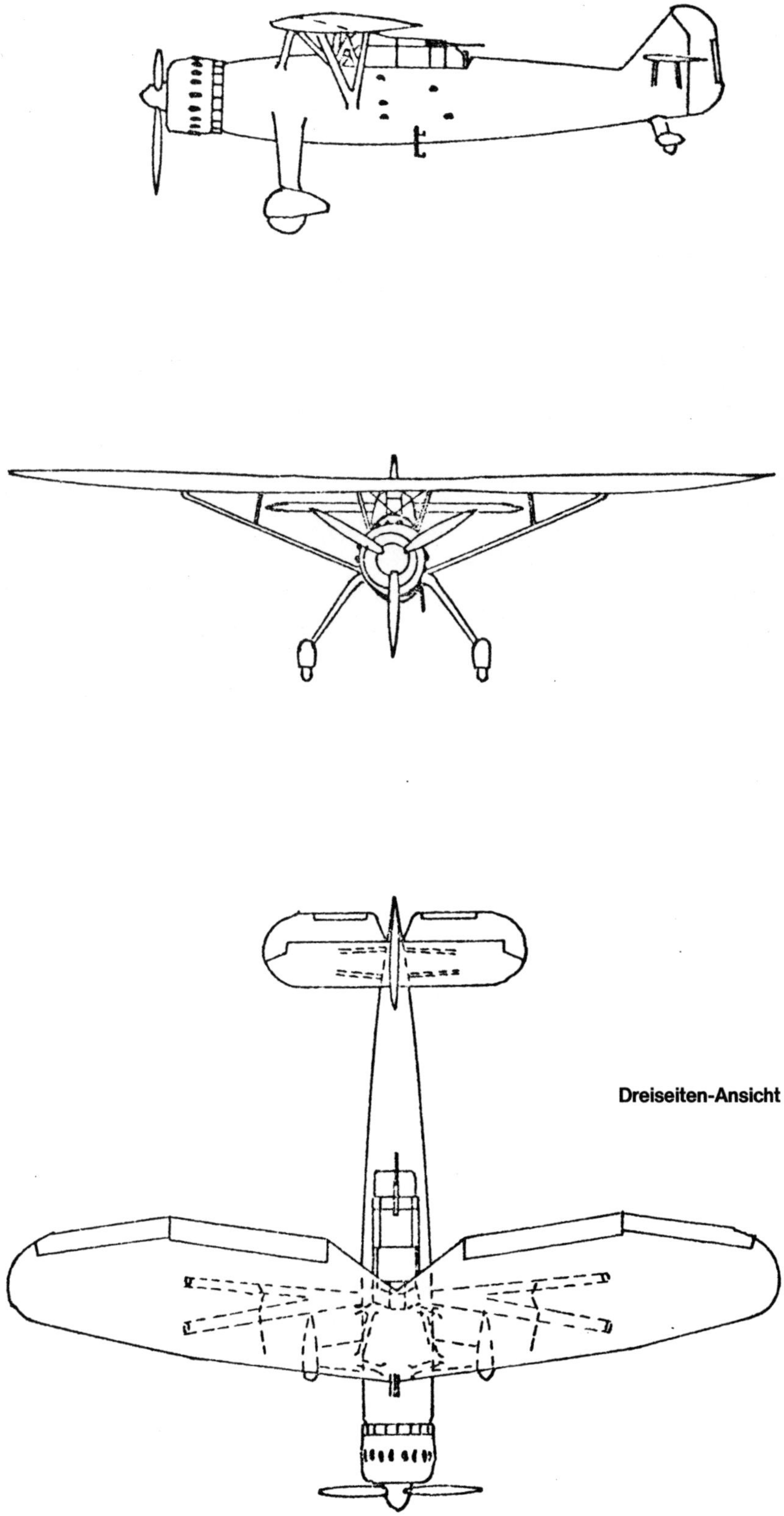

**Dreiseiten-Ansicht Henschel Hs 126.**

## Focke-Wulf Fw 189

Im Februar 1937 erließ das Technische Amt der Luftwaffe eine Ausschreibung »Ersatz-Nahaufklärer«, da sich herausgestellt hatte, daß die Hs 126 der rasch fortschreitenden Entwicklung schneller Flugzeuge nicht standhalten konnte. Die Ausschreibung forderte höhere Geschwindigkeit, größere Reichweite, eine dreiköpfige Besatzung, eine militärische Nutzlast, in der 200 kg Bomben enthalten sein sollten, und eine verstärkte Abwehrbewaffnung. An der Ausschreibung beteiligten sich Blohm & Voss, Arado und Focke-Wulf. Aus diesem Wettbewerb ging die unter Leitung von Dipl.-Ing. Kurt Tank und unter der konstruktiven Betreuung von E. Kosel entstandene Fw 189 als Sieger hervor. Während die Fw 189 V1, D-OPVN, nach kurzer Erprobung zum Schlachtflugzeug umgebaut wurde, hatte die V2, D-OVHD, bereits eine Bewaffnung von zwei starren MG 17 und drei MG 15 in Linsenlafetten. Als Musterflugzeug für die erste Serienausführung Fw 189 A-1 kann man die V3 ansprechen, die als erste die für die geforderte Triebwerksleistung notwendigen automatischen Argus Verstellpropeller hatte. Bei der Fw 189 V4, D-OCHO, war die Bewaffnung auf 2 MG 15 reduziert, während die V5 als Musterflugzeug für eine Trainingsversion A-3 diente. Die erste Vorserie B-0 bestand aus nur drei Maschinen und entsprach im wesentlichen der V5. Ende 1939–Anfang 1940 wurden zehn weitere Maschinen in dieser Ausführung gebaut. Im Frühjahr 1940 lief dann die Serie Fw 189 A-0 an. Bei einer Besatzung von 3 Mann hatte sie eine Bewaffnung von 2 starren MG 17 und zwei schwenkbare MG 15. Eine Bombenanlage war eingebaut. Als Triebwerk dienten zwei Argus

Diese Flugaufnahme der Fw 189 läßt die sehr guten Sichtverhältnisse klar erkennen.

**Rumpfnase der Fw 189 B mit Triebwerk Argus As 410 mit automatisch verstellbarer Argus Luftschraube.**

Innenaufnahme der Kanzel der Fw 189 B mit Pilotensitz (links) und Beobachtersitz.

As 410 A von je 465 PS mit automatischen Argus-Verstellpropellern. Diese Maschinen wurden einem ausgedehnten Erprobungsprogramm unterzogen, das erfolgreich verlief und direkt zur Serienfertigung A-1 führte. Die Auslieferung an die Truppe begann im Spätsommer 1941. Da sich im Frontbetrieb zeigte, daß die Abwehrbewaffnung nicht ausreichte, wurde ab Ende 1941 die Serie A-2 geliefert, bei der neben anderen Verbesserungen die MG 15 durch MG 81 Z ersetzt waren. Ab 1942 erschien dann die Serie A-4. Bei dieser Ausführung war die Panzerung verstärkt geworden, außerdem bestand jetzt die Bewaffnung aus 2 MG/FF (20 mm) und 2 MG 81 Z (7,9 mm). 1943/44 wurde noch eine kleine Serie Fw 189 F-1 gebaut, die wieder die Bewaffnung der A-2 trug, aber stärkere Triebwerke As 411 MA-1 von 580/600 PS hatte. 1939 wurden nur 6 Fw 189 gebaut, 1940 38, 1941 250, 1942 327 und erst 1944 noch 17 Stück. Insgesamt sind 846 Fw 189 gebaut worden, davon ein großer Teil bei der SNCA de Sud-Ouest in Frankreich, die nach der Besetzung Frankreichs von Focke-Wulf kontrolliert wurde.

*Baubeschreibung:*

Dreiteiliger, dreiholmiger Ganzmetallflügel. Rechteckiges Mittelteil zwischen den beiden Leitwerksträgern mit Besatzungsgondel. Flügelaußenteile mit abnehmbaren Vorder- und Hinterkanten. Zweiteilige Querruder stoffbespannt. Elektrisch betätigte Spreizklappen zwischen Querruder und Leitwerksträger sowie unter dem ganzen Mittelflügel. Besatzungsgondel in Ganzmetall, weitgehend verglast. Leitwerksträger in Ganzmetall, austauschbar in Verlängerung der Motorengondeln. Ganzmetallseitenflosse am Ende beider Leitwerksträger. Ganzmetallhöhenflosse zwischen den Seitenflossen. Sämtliche Ruder Metallgerüst mit Leinwandbespannung, ausgeglichen und mit elektrischen verstellbaren Trimmrudern versehen. Haupträder des Fahrwerks hydraulisch nach hinten in die Leitwerksträger einziehbar. Spornrad unter Höhenflosse ebenfalls hydraulisch seitlich in Aussparung der Höhenflosse einziehbar. Normalbesatzung drei Mann, konnte bis auf 5 Mann erhöht werden.

*Technische Daten*

| | |
|---|---|
| Triebwerk (A-2) | Argus As 410 A-1 |
| Leistung | 2 × 465 PS |
| Spannweite | 18,40 m |
| Länge | 12,03 m |
| Höhe | 3,10 m |
| Spurweite | 4,28 m |
| Flächeninhalt | 38 qm |
| Leergewicht | 2830 kg |
| Rüstgewicht | 3245 kg |
| Fluggewicht (ohne Bomben) | 3950 kg |
| Fluggewicht (mit Bomben) | 4170 kg |
| Leistungen bei 3950 kg Fluggewicht: | |
| Höchstgeschwindigkeit | 350 km/h |
| Marschgeschwindigkeit | 325 km/h |
| Höchstzulässige Sturzgeschwindigkeit | 502 km/h |
| Dienstgipfelhöhe | 7300 m |
| Flugstrecke | 670 km |
| Flugdauer | 2 Std. 10 Min. |
| Bewaffnung | 2 MG 81 Z<br>2 MG 17 starr |
| Bombenlast | 4 × SC 50 an ETC 50/VIId |
| Funkausrüstung: | FuG XVII und Zielfluggerät Peil G IV |
| Bildgeräte | 1 Rb 20/30, dazu wahlweise Rb 50/30, 21/18 oder 15/18, Handkamera HK 12, 5/7 × 9 oder 19/13 18 |

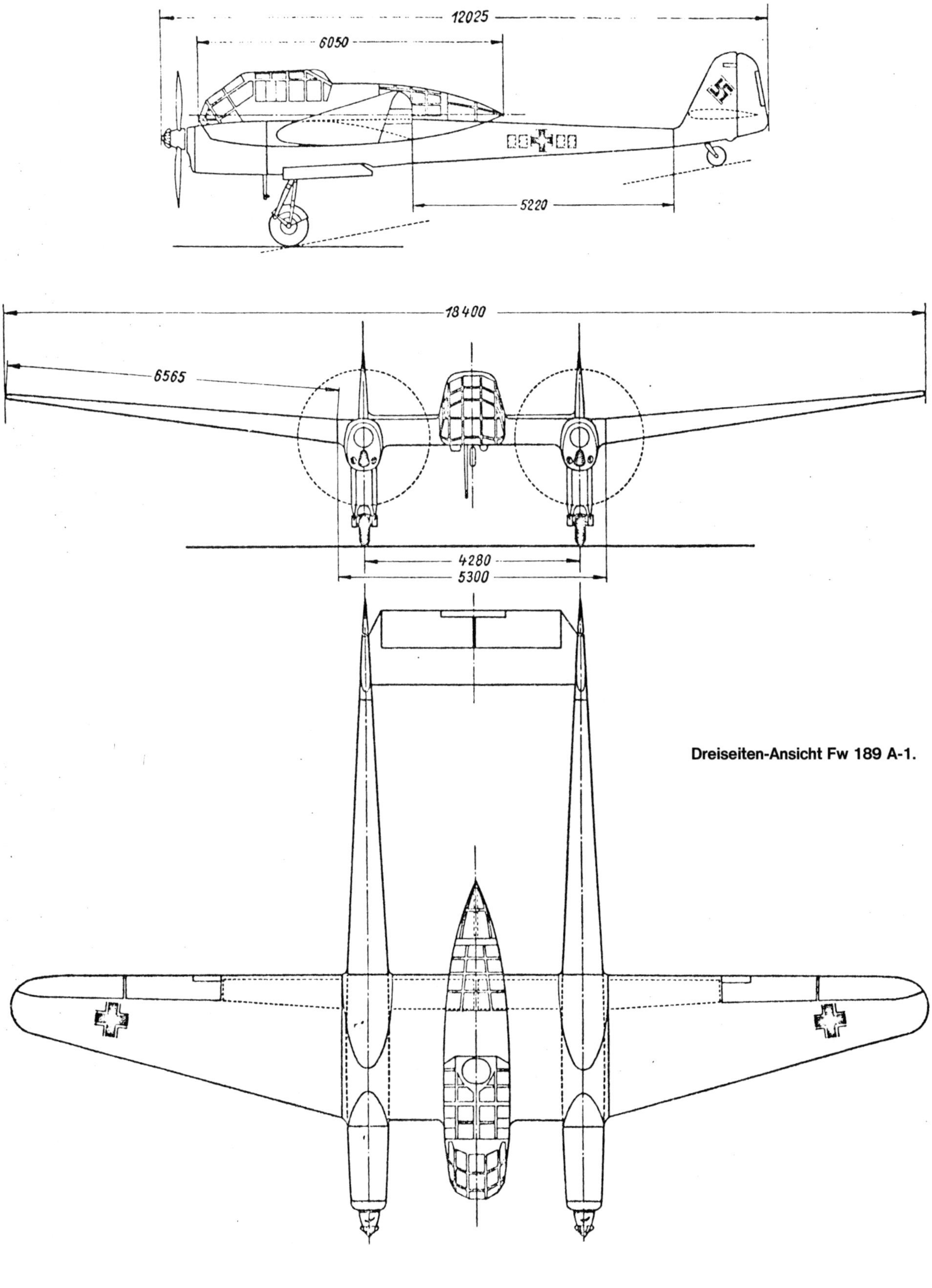


**Dreiseiten-Ansicht Fw 189 A-1.**

**Focke-Wulf Fw 190 Aufklärer**

Am 2. 9. 1942 gab die Focke-Wulf-Abteilung TA eine Mitteilung heraus, in der es hieß: »Entsprechend dem neuen Lieferplan sind ab September 1942 aus der laufenden Serie monatlich bestimmte Stückzahlen abzuzweigen, die als Aufklärer geliefert werden... Diese Ausführung wird geliefert für die Serien A-3, A-4 und A-5 mit der Zusatzbezeichnung U4.«
Die Aufklärungsflugzeuge Fw 190 sind also keine Sonderausführungen, sondern lediglich durch »Umbausätze« aus normalen Serienjagdmaschinen entstanden. Im Lieferplan vom 18. 11. 1942 war die Lieferung von 12 Maschinen des als »Aufklärer H« bezeichneten Typs für Oktober–November 1942 vorgesehen. Die leicht verbesserte Ausführung des Aufklärers »H« Fw 190 A-4/U4 ist lt. Lieferplan nicht gebaut worden. Dafür ging die Ausführung Fw 190 A-5/U4tp in Serie. Wieviel Maschinen dieser Ausführung zwischen Dezember 1942 und September 1944 gebaut worden sind, ist dem Lieferplan leider nicht zu entnehmen. Für den Sommer 1943 war noch ein »Gefechtsaufklärer« Fw 190 E-1 geplant, der aber nicht mehr gebaut worden ist. Ursprünglich wurden die Aufklärer Fw 190 nur bei der NAG 13 eingesetzt. In der Schlußphase des Zweiten Weltkrieges hatte nur der Stab der NAG 13 und die 1./31 insgesamt noch fünfzehn Maschinen! Die Bewaffnung der A-3/U4 und der A-5/U4 war gleich: 2 MG 17, 2 MG 151; der Einbau von zwei zusätzlichen MG+FF war möglich. Auch der Anbau eines Bombenträgers ETC 250 unter dem Rumpf war vorgesehen, wurde aber nur bei Bedarf eingebaut. Als Bildgeräte dienten zwei Rb 12,5/7×9, die hinter dem Führersitz im Rumpf eingebaut waren, dazu eine Robot-Kamera EK 16 in der Flügelvorderkante. Als Funkgerät war das FuG XVII eingebaut. Triebwerk beider Ausführungen waren der BMW 801 D-2 mit einer Startleistung von 1700 PS.

*Technische Daten Aufklärer Fw 190*

| | |
|---|---|
| Spannweite | 10,506 m |
| Länge | 8,85 m |
| Höhe | 3,25 m |
| Flächeninhalt | 18,30 qm |
| Fluggewicht | 3900/4230 kg |
| Höchstgeschwindigkeit | 562/606 km/h |
| Landegeschwindigkeit | 125 km/h |
| Gipfelhöhe | 10500/11200 m |
| Reichweite | 910/1530 km |

Anmerkung: die Leistungswerte bezeichnen die Leistung mit oder ohne Zusatzbehälter.

Fw 190 A-3/U4. In der Tragflächenvorderkante Öffnung der Robot-Kamera EK 16 zu erkennen.

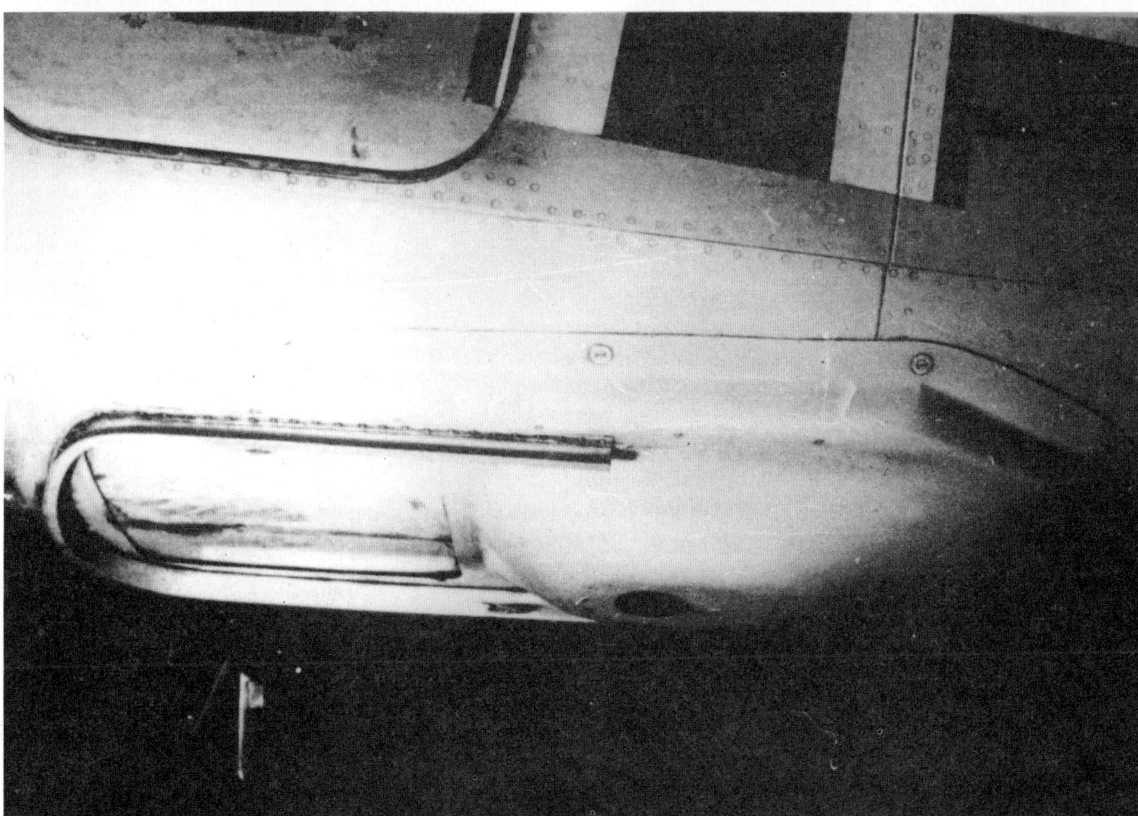

Rumpfverkleidung der Reihenbildkameras.

## Messerschmitt-Aufklärer Bf 109 E

Bereits im Frankreichfeldzug hatte sich herausgestellt, daß die Hs 126 den Anforderungen nicht mehr ganz genügte. Nach Abschluß des Feldzuges wurde sie noch am Kanal eingesetzt, erlitt aber durch englische Jäger Verluste. So entschloß man sich, aus dem Jagdflugzeug Bf 109 E-4 durch Einbau von Rb-Geräten einen schnellen Aufklärer zu entwickeln. Bereits 1941 flogen bei der 2.(H)21 die ersten Bf 109 E-5. Besonders unter Führung des damaligen Oberleutnants Walter Krauß wurden mit dieser Maschine über Südost-England sehr gute Ergebnisse erzielt. Die E-5 entsprach weitgehend der E-4, besaß aber nur eine Bewaffnung von zwei MG 17 und hinter dem Führersitz eine Rb 21/18. Für die Fernaufklärung entstand 1941 die Bf 109 E-6, die mit dem 75 PS stärkeren DB 601 N ausgestattet war und keine Bewaffnung sondern nur eine Rb 21/18 hatte. Diese Maschine erreichte ohne Zusatzbehälter eine Höchstgeschwindigkeit von 605 km/h und war dadurch in der Lage, allen englischen Jägern zu entkommen. Die Maschinen wurden allerdings meist zwecks Erreichung einer größeren Reichweite mit 300 Liter-Zusatztank geflogen, der im Notfall abgeworfen werden konnte (Rüstsatz R 3). Letzte und stärkste Aufklärer-Version der E-Serie war die E-9, die auch noch 1941 herauskam, aber nur noch in kleiner Serie gebaut wurde. Als Triebwerk diente der 1350 PS starke DB 601 E, die Bewaffnung bestand aus zwei MG 17, als Bildgerät diente eine Rb 50/30. Die Leistungen entsprachen etwa der E-6. Sie wurde meist mit Rüstsatz R 3 geflogen.

*Technische Daten E-5, E-6, E-9*

| | E-5 | E-6 | E-9 |
|---|---|---|---|
| Triebwerk | DB 601 A-1 | DB 601 N | DB 601 E |
| Leistung PS | 1100 | 1175 | 1350 |
| Spannweite m | 9,90 | 9,90 | 9,90 |
| Länge m | 8,76 | 8,76 | 8,76 |
| Höhe m | 2,45 | 2,45 | 2,45 |
| Flächeninhalt qm | 16,35 | 16,35 | 16,35 |
| Höchstgeschwindigkeit km/h | 570 | 605 | 605 |
| Gipfelhöhe m | 11 000 | 11 000 | 11 000 |
| Reichweite o. Behälter km | 560 | 560 | 560 |

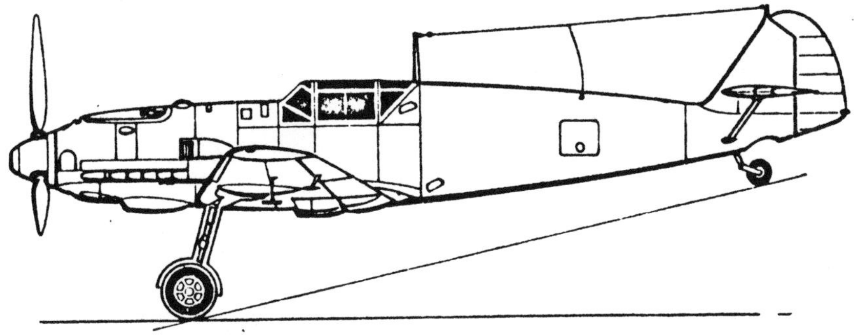

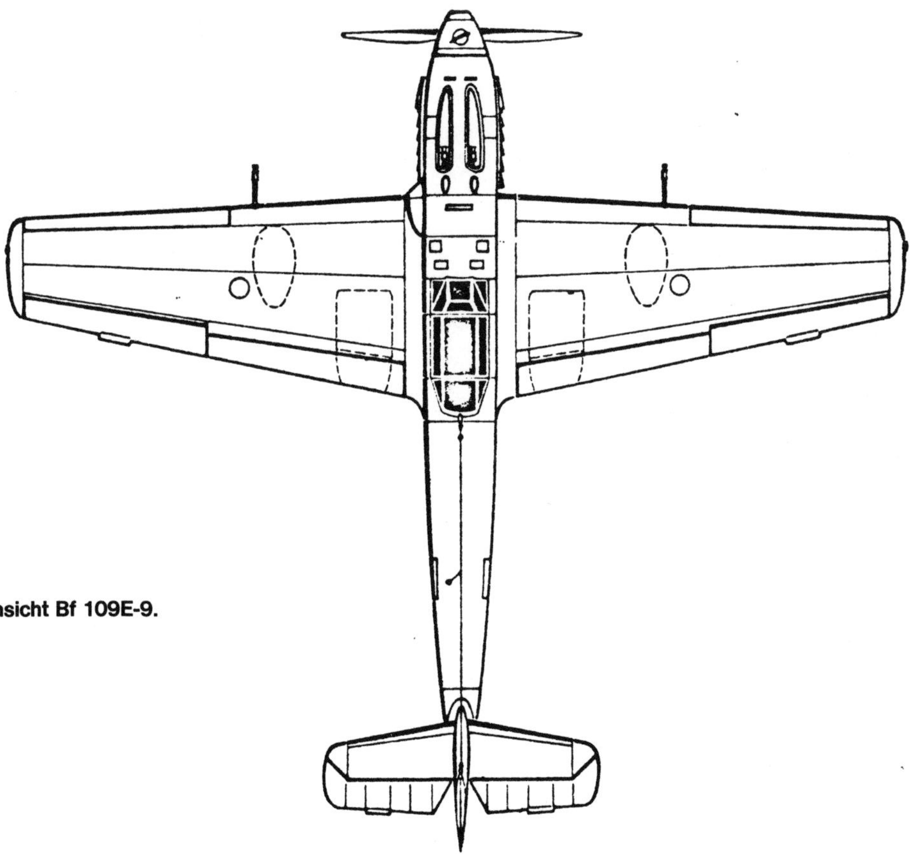

Dreiseiten-Ansicht Bf 109E-9.

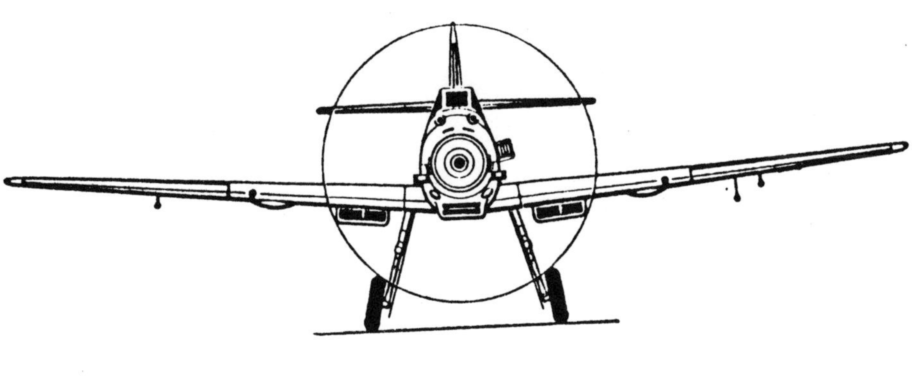

**Messerschmitt Aufklärer Bf 109 F**

Nach Anlaufen der Jägerserie Bf 109 F entstanden, entsprechend E-5 und E-6, im Jahre 1942 die Jagdaufklärer Bf 109 F-5 und F-6. Beide Versionen waren mit dem DB 601 E von 1350 PS ausgerüstet, trugen aber für Notfälle GM-1 Einspritzanlagen für kurzfristige Leistungssteigerungen. Die F-5 trug eine Bewaffnung von zwei MG 17, die F-6 flog ohne Bewaffnung. Für Fernaufklärung wurde der Rüstsatz R 3 (300 Liter-Behälter unter dem Rumpf) angebaut. Beide Versionen hatten als Bildgerät die Rb 50/30. Die Abmessungen hatten sich gegenüber der Version E wie folgt geändert:

| | |
|---|---|
| Spannweite | 9,92 m |
| Länge | 8,94 m |
| Höhe | 2,60 m |
| Flächeninhalt | 16,20 qm |

Die F-5 erreichte eine Höchstgeschwindigkeit von 635 km/h, die F-6 sogar 645 km/h, dies allerdings nur ohne Zusatzbehälter. Beide Versionen wurden zuerst im Kampfraum Mittelmeer eingesetzt und wurden dann 1943 von der Bf 109 G-8 abgelöst.

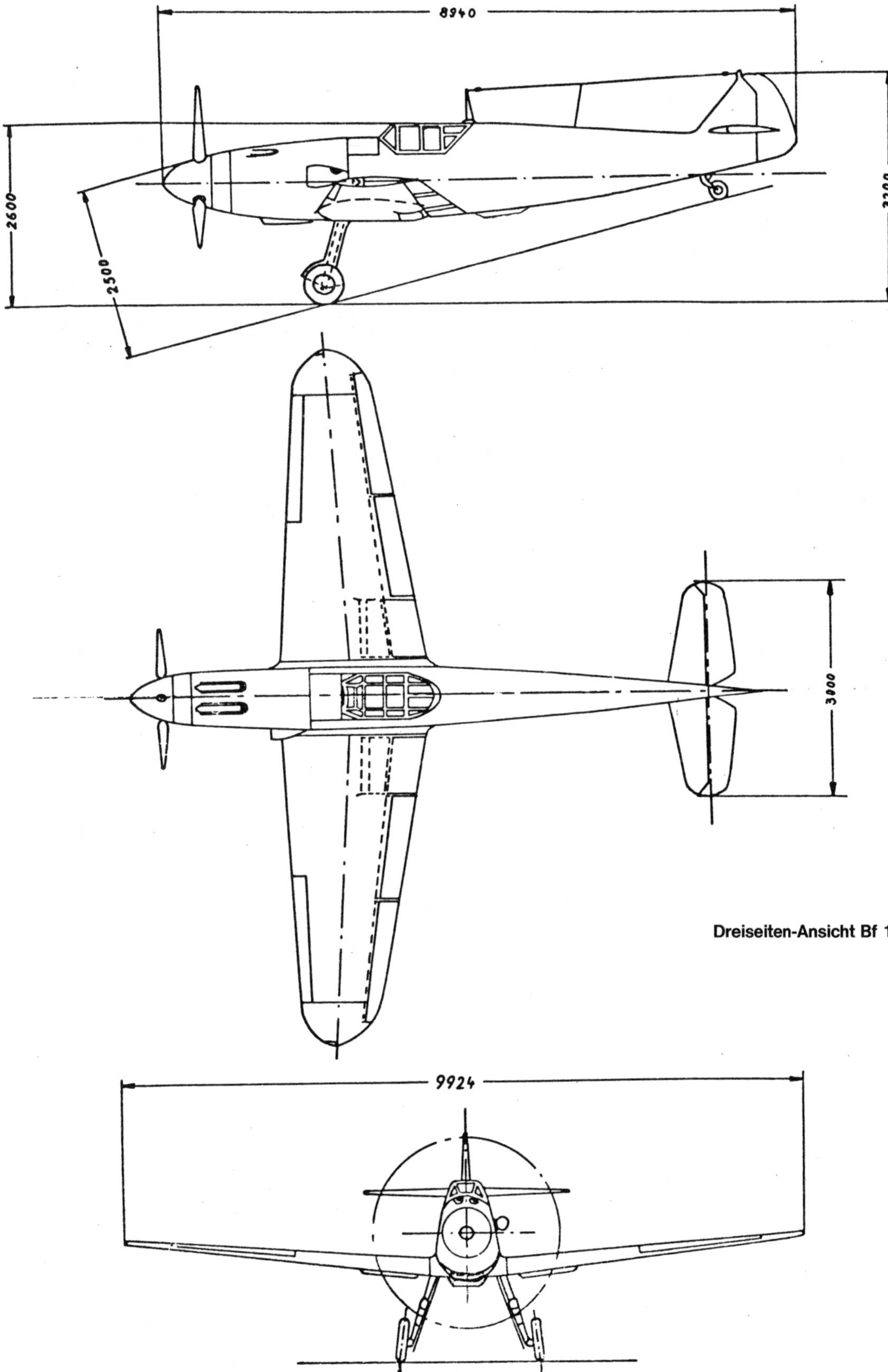


Dreiseiten-Ansicht Bf 109F-5.

**Messerschmitt Bf 109 G-8**

Nach dem Anlaufen der G-Serien in der Bf 109-Fertigung war es eine Selbstverständlichkeit, aus dieser Serie auch eine Aufklärer-Version zu entwickeln. Als Ausgangsmuster diente die G-6. Hauptunterschied zwischen G-6 und G-8, der äußerlich sichtbar war, war das Fehlen der »Beulen« der Verkleidung der MG 131 über dem Motor, da die G-8 als Bewaffnung nur eine Motorkanone MK 108 vorsah. Aus Berichten der Besatzungen der NAG und Fotos muß aber geschlossen werden, daß mangels genügenden Nachschubs an MK 108 und aus Gründen der Produktionsvereinfachung auch normale G-6, später auch G-10 und G-14 durch Umbausätze zu Aufklärern geändert wurden. Die in einem Bericht erwähnte Verwendung der G-12, des zweisitzigen Trainers, ist allerdings unwahrscheinlich. Die Nummer des fraglichen Umbausatzes ist R 3 gewesen. Als Triebwerk kamen verschiedene Versionen des DB 605 A zum Einbau, teils mit GM-1, teils mit MW 50 Einspritzanlagen zur kurzfristigen Leistungserhöhung. Der Treibstoffvorrat der Maschine reichte für etwa 70 Minuten Flugzeit, bei Sparflug etwa 80–90 Minuten. Die Lebensdauer der Motoren lag durchschnittlich bei 70–80 Stunden. Die Zuverlässigkeit des Triebwerks entsprach bei den Nahaufklärern den gestellten Anforderungen. Über die Flugeigenschaften der Bf 109-Aufklärer wird berichtet: »Der Nachteil der 109 war der weite Kurvenradius, der sie z. B. der Fw 190 gegenüber, vor allem aber den wendigen russischen Jagdeinsitzern gegenüber stark benachteiligte. Solange durch das Wegziehen eine Überlegenheit wenigstens auf diesem Gebiete möglich war, wirkte sich das nicht so stark für uns aus – als diese Überlegenheit wegfiel, waren wir gezwungen, größere Höhen aufzusuchen.« Interessant ist die Tatsache, daß die sogenannten »Gallandhauben« bei allen Nahaufklärern Bf 109-G nachträglich eingebaut wurden. Der zeitweise eingebaute Rüstsatz R 2 (Bombenabwurfvorrichtung) wurde nach Verlust der Luftüberlegenheit grundsätzlich weggelassen.

Als Funkgerät war bei allen Nahaufklärern Bf 109 G das FuG 17 eingebaut, das sich gut bewährt hat. Die Foto-Ausstattung bestand aus einer Rb 12,7/7 × 9 und einer 32/7 × 9, die nebeneinander, einige Grad verschränkt eingebaut, parallel laufend geschaltet automatisch vom Bildschalter ausgelöst und gesteuert wurden und so zwei nebeneinander liegende Streifen von 7 × 9 cm Bildern ergaben. Diese wurden zur Auswertung dreifach vergrößert und ergaben genügend scharfe Positive. Es zeigte sich jedoch bald, daß diese Geräte nicht zur Auswertung ausreichten. Der Einbau größerer Geräte stieß aber auf Schwierigkeiten. Es gelang dann durch Änderungen im Rumpf ab 1944 die Rb 50/30 bzw. die Rb 75/30 einzubauen. Die letztere eignete sich für große Flughöhen erheblich besser. Zusätzlich wurde dann noch die Robot-Kamera EK 16 in die Tragflächenvorderkante eingebaut, mit der es möglich war, ohne Neuaufzug während des Fluges 48 Aufnahmen 24 × 24 mm durchzuziehen. Die Aufnahmen sollten im Schrägflug gemacht werden, was aber nur selten durchgeführt wurde. Meist wurde diese Kamera bei eventuellen Abschüssen als Abschußbeweis verwendet. Oft wurde aber diese Kamera, die ein Teleobjektiv von etwa 7,5 cm Brennweite hatte, in ausgebautem Zustand als Privatkamera verwendet. So manche Aufnahme der Luftwaffe aus der Zeit 1943–45 ist mit dieser Kamera gemacht worden.

*Technische Daten*

| | |
|---|---|
| Triebwerk | Daimler-Benz DB 650 A, AM, AD, AS |
| Startleistung | 1750 PS bei Ladedruck von 1,4 atü |
| Dauerleistung | 1475 PS |
| Spannweite | 9,92 m |
| Länge | 8,94 m (G-8), 8,85 m (G-10) |
| Höhe | 2,60 m (G-8), 2,50 m (G-10) |
| Flächeninhalt | 16,02 qm (G-8), 16,10 qm (G-10) |
| Leergewicht | 2680 kg |
| Fluggewicht | 3200 kg (G-8), 3678 kg (G-10) |
| Absolute Höchstgeschwindigkeit | 630 km/h (G-8), 685 km/h (G-10) |
| Höchstgeschwindigkeit in 0 m | 560 km/h |
| Reisegeschwindigkeit in 0 m | 420–450 km/h |
| Abhebegeschwindigkeit | 170–180 km/h |
| Anschwebegeschwindigkeit | 200–220 km/h |
| Landegeschwindigkeit | 170–180 km/h |
| Höchstzulässige Sturzgeschwindigkeit | 750 km/h |
| (Es wurden teilweise sogar fast 1000 km/h erreicht) | |
| Gipfelhöhe | 12000 m |
| Reichweite | 650 km |
| Bewaffnung | 1 MK 108 (30 mm), bei G-6, G-10 und G-14 zusätzlich 2 MG 131 (13 mm) |

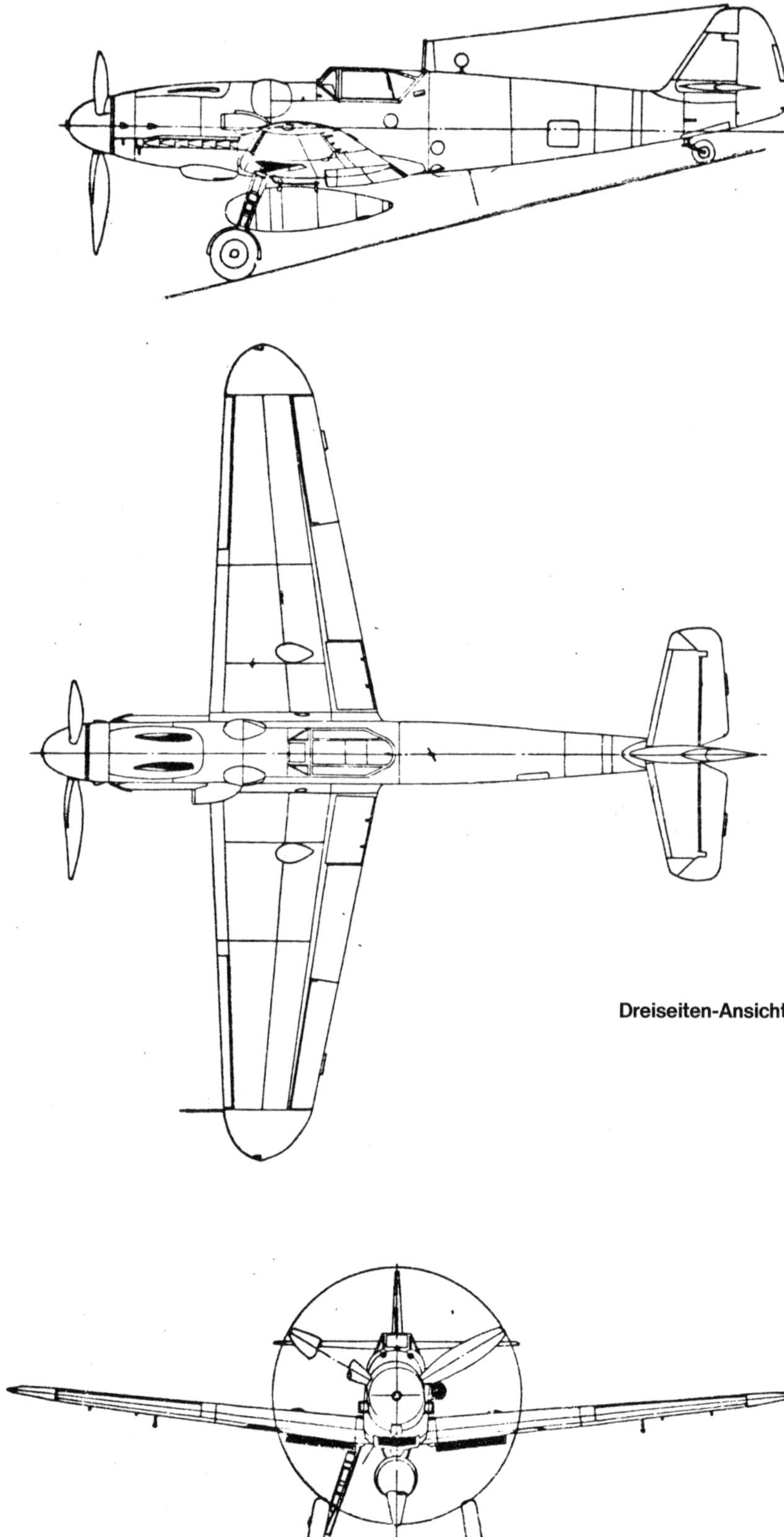

Dreiseiten-Ansicht Bf 109G-6/U5/R3.

**Messerschmitt Me 262 Aufklärer I**

Die Geschichte der Me 262 darf aufgrund ungezählter Veröffentlichungen als bekannt vorausgesetzt werden. Noch während der Entwicklungsarbeiten am ersten Musterflugzeug, der Me 262 V1 erließ das Technische Amt im Reichs-Luftfahrt-Ministerium eine Ausschreibung für die Entwicklung eines Strahl-Aufklärers. Nachdem Arado den Entwurf E 370/IV am 18. 10. 41 vorgelegt hatte, reichte Messerschmitt drei Tage später das erste Projekt für ein solches, auf der Me 262 basierendes, Projekt vor. Ohne Bewaffnung, aber mit zwei Rb 50/30 ausgerüstet, sollte dieses Flugzeug bei einer Reichweite von 1670 km eine Höchstgeschwindigkeit von 824 km/h erreichen. Die Attrappe wurde Ende Februar 1942 fertiggestellt und am 26. März Offizieren des RLM und der Truppe vorgestellt. Da die Sichtverhältnisse nicht den Forderungen entsprachen, wurde ein neuer Rumpfbug gefordert. Da diese Entwicklung zu lange dauerte, ordnete das RLM im Juli 1942 die Einstellung der Entwicklung »Aufklärer-Me 262« an. Erst fast ein Jahr später, am 2. Juni 1943, wurde nach Vorführung der Me 262 in Lechfeld die Vorlage eines Aufklärer-Entwurfs angefordert. Zwischen dem 29. 7. und 9. 9. 1943 wurden dann die Entwürfe »Aufklärer I, Ia und II« vorgelegt. Am 17. 11. 1943 ordnete das RLM erneut die Einstellung dieser Projektarbeiten an. Ein halbes Jahr später befahl Göring selbst dann die Fertigung von drei Versuchsaufklärern Me 262. Die erste Maschine wurde, umgebaut aus einer normalen Me 262 A-1a, Mitte August 1944 fertig. Sie entsprach damit im wesentlichen der Version »Aufklärer I« und erhielt die Bezeichnung Me 262 A-1a/U-3. Die beiden weiteren Maschinen wurden im Oktober 1944 fertiggestellt. Sie kamen sofort zur NAG 6 in Herzogenaurach, die von Hauptmann Heinz Schultze geführt wurde und aus Stab, 1. und 2. Staffel bestand. Es sind ausschließlich Maschinen dieses Typs durch Umbau normaler Jagdmaschinen entstanden. Dieser Umbau sah nur den Ausbau der Waffen und deren Ersatz durch zwei Rb 50/30 im Bug, um 10° nach außen geschwenkt vor. Bei den an die NAG 6 gelieferten Maschinen war der Umbau an den oberen Blechen der Bugverkleidung klar zu erkennen. Tatsächlich ist nur die 2./NAG 6, die nach Lechfeld verlegt wurde, mit der Me 262 A-1a/U3 im Einsatz gewesen. Während im Januar noch vier Me 262 beim Stab/NAG 6 gemeldet wurden, ist die Stärkemeldung von elf Maschinen im April 1945 nur eine Sollmeldung gewesen. Nach der letzten Meldung des OKL vom 9. April 1945 hatte der Stab NAG 6 kein Flugzeug, die 1./NAG 6 bestand anscheinend überhaupt nicht mehr, und nur die 2./NAG 6 meldete sieben Me 262, von denen aber nur drei einsatzbereit waren.

Das Triebwerk der Me 262 Aufklärer bestand aus zwei Jumo 004 B-1 von je 900 kp Standschub. Die Abmessungen entsprachen weitgehend der Jagdversion: Spannweite 12,51 m, Länge 10,60 m, Höhe 3,83 m, Spurweite 2,54 m, Radstand 3,92 m, Flächeninhalt 21,70 qm. Die Gewichte dürften erheblich differiert haben, zumal die Me 262 A-1a/U3 wegen der Gewichte der Bildgeräte im Bug 270 kg Ballast im hinteren Rumpfteil tragen mußte. Dementsprechend dürfte auch die Geschwindigkeit etwas niedriger als bei der Jagdversion gewesen sein (ca. 830 km/h).

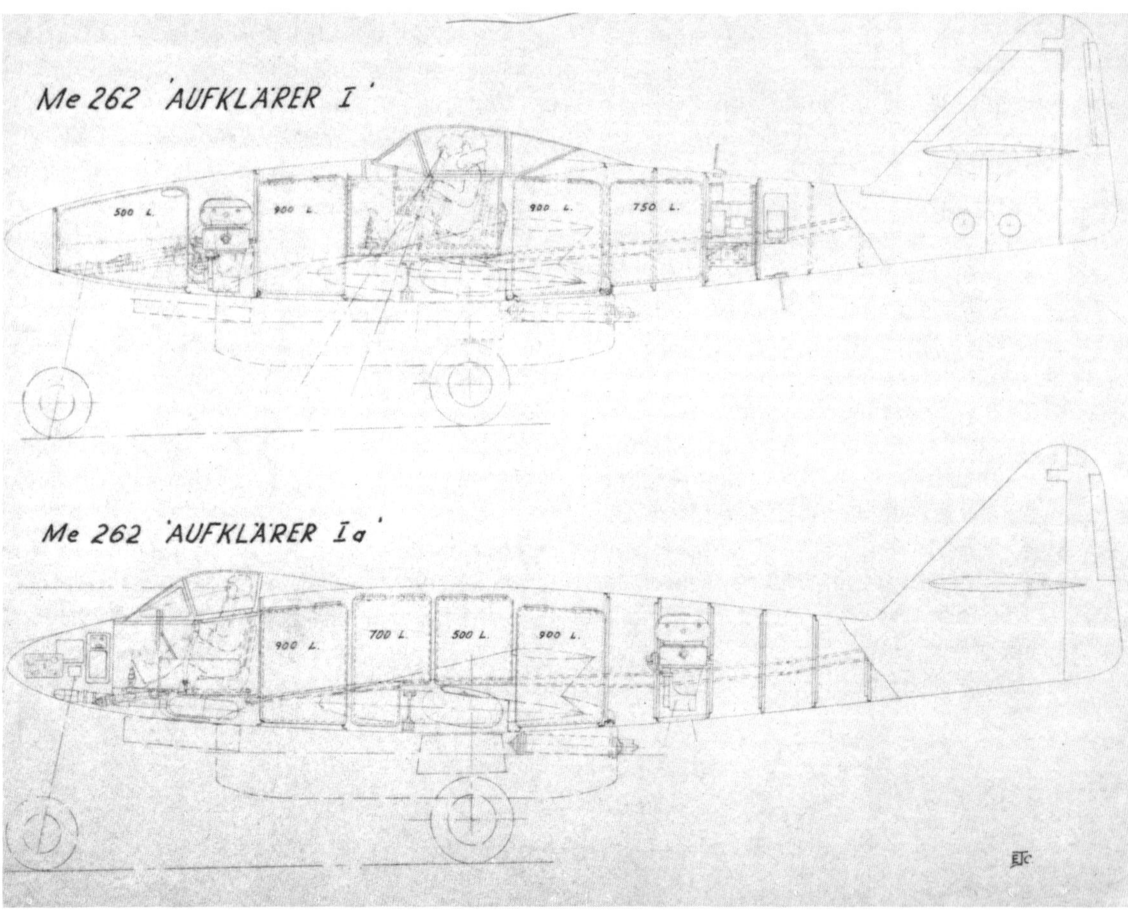

## Bildgeräte

Auf die Pionierarbeit des damaligen Leutnants und späteren Generalmajors Carl Fink in der Aufbauzeit der Fliegertruppe wurde bereits bei Beginn des geschichtlichen Teils hingewiesen. Tatsächlich gab es aber damals bereits eine Luftbildfotografie an anderer Stelle, nämlich bei der Luftschiffertruppe. Hierbei ist aber weniger an die Luftbildfotografie aus Luftschiffen, sondern an Fesselballons gedacht. Bei den Luftschiffer-Bataillonen Nr. 1 in Berlin-Tegel und Nr. 2 in Königsberg hatte man in Zusammenarbeit mit der Industrie bereits Kameras mit großer Lichtstärke bei großer Brennweite entwickelt. Man hatte bereits Erfahrungen mit Kameras von 30, 70 und 120 cm Brennweite, Schlitzverschluß und mit Platten 16 × 16 cm gesammelt. Die Platten befanden sich in Doppelkassetten, Verkanten und Neigung des Apparates wurden auf der Platte registriert. Man konnte ja vom Fesselballon aus nur mit einem flachen Winkel Fernaufnahmen machen, die in gewissem Sinn ja Nahaufklärungsbilder waren. Damit waren bei der Luftschiffertruppe praktisch erst einmal alle Möglichkeiten erschöpft. In diese Lücke stießen nun die Arbeiten von Carl Fink. Er entwickelte bereits 1912 die sogenannte Fink'sche Pistolenkamera 9 × 12 cm, mit der man aber 1914 nur Schrägaufnahmen machen konnte, da ein Senkrechteinbau von Kameras in den damaligen Flugzeugen nicht vorgesehen war. Dazu kam, daß bei den A- und B-Flugzeugen der Beobachter vor dem Flugzeugführer, meist bei den Doppeldeckern unter der oberen Tragfläche saß und noch darauf achten mußte, daß ihm nicht irgendwelche Spanndrähte vor die Linse kamen. Mit dieser Kamera, die 25 cm Brennweite und Wechselkassette hatte, zogen die Flieger-Abteilungen in den Ersten Weltkrieg. Da man auch Maße den Schrägaufnahmen entnehmen wollte, kam es zur Konstruktion des Grundrißbildners, bei dem die Platte unter dem Aufnahmewinkel eingespannt und so projiziert wurde, daß man eine entzerrte Senkrechtaufnahme erhielt.

Die ersten kriegerischen Ereignisse des Jahres 1914 waren eine böse Zeit für die Luftbildfotografen. Gewöhnlich war das Bild, wenn es beim Stabe einging, durch die Ereignisse bereits überholt. Dazu kam, daß nur wenige Beobachter in der Lage waren, gute Luftbildaufnahmen zu machen. Sie waren gute Soldaten, aber keine Fachleute, weil die fotografische Ausbildung vernachlässigt worden war. Ähnlich verhielt es sich mit den eingezogenen Berufsfotografen, die in den Dunkelkammerzelten arbeiteten. Sie waren gute Fotografen, aber keine Luftbildner. Auch die so wichtige Auswertung steckte noch in den Kinderschuhen. Als dann der Stellungskrieg begann, zeigte es sich, daß nur die Fronterfahrung gute Ergebnisse brachte. Nachdem man teures Lehrgeld bezahlt hatte, merkte man nicht nur bei der Truppe sondern auch bei der Führung der Fliegertruppe, was man alles falsch gemacht hatte. Die Flugzeugindustrie mußte den Forderungen der Truppe nachkommen und die Flugzeuge den Erfordernissen des Luftbildes anpassen. Dann kam der erste große Erfolg für die Luftbildaufklärung: Der Durchbruch bei Gorlicze und Tarnow durch die neue deutsche 11. Armee und die 4. österreichische Armee, der am 1. Mai 1915 begann. Generaloberst von Makkensen hatte in Ostpreußen unter Hindenburg und Ludendorff den Wert der Luftaufklärung schätzen gelernt und den ihm unterstellten Flieger-Abteilungen jede notwendige Unterstützung zuteil werden lassen. So konnte die erste großzügige Anwendung der Bilderkundung durchgeführt werden. Auf diese Weise gelang es, sämtliche russischen Infanterie- und Artilleriestellungen einwandfrei festzustellen, so daß die deutsche Artillerie sich schon vorher vorsichtig auf ihre Ziele einschießen konnte. Am Morgen des 2. Mai trommelte die deutsche und die österreichische Artillerie vier Stunden lang so intensiv auf die russischen Artilleriestellungen, daß diese nicht in der Lage waren, den Angriff zu bremsen. Bereits am 9. Mai gingen die Russen hinter den San auf die Festung Przemysl zurück.

Jetzt wurde auch die Organisation der Luftbildaufklärung besser. Es wurde eine Dienststelle des »Chefs des Kriegsvermessungswesens« geschaffen und zu ihr ein Fliegeroffizier kommandiert, der gleichzeitig Luftbild-Referent des Feldflugchefs Oberstleutnant Thomsen war. Damit wurde die Auswertung auf eine reelle Grundlage gestellt. Der Wert des Luftbildes war jetzt anerkannt. Oberstleutnant Thomson ist vielleicht der größte Luftwaffentaktiker des Ersten Weltkrieges gewesen, der fast immer genau erkannte, was nötig war. Bereits im Sommer 1915 erhielten die Feldflieger-Abteilungen zusätzlich je eine Kamera mit 25, 50 und 70 cm Brennweite, ein Vergrößerungsgerät und einen Dunkelkammerwagen, wie ihn die Luftschiffertruppe schon vor 1914 hatte. Durch die Einführung des C-Flugzeugs, bei dem der Beobachter hinter dem Flugzeugführer saß, konnte man die Kameras jetzt im Rumpf senkrecht aufhängen und dementsprechend senkrecht nach unten fotografieren. Man versuchte derartige Aufnahmen einander anzupassen und erhielt durch Kombination der Aufnahmen regelrechte Luftbildkarten. Jetzt rissen sich die Stäbe um Luftbildaufnahmen, über die man 1914 noch gelächelt hatte.

Etwa um diese Zeit arbeitete ein Mann, der sich als Konstrukteur von Kinogeräten bereits einen Namen gemacht hatte, an der ersten Reihenbild-Kamera, der Rb 1. Sein Name war Oskar Meßter. Bei der Rb 1 wurde mit normalem 35 mm-Kinofilm quer zur Flugrichtung gearbeitet. Die empfindliche Glasplatte fiel weg. An ihre Stelle trat der Filmstreifen, der belichtet und, abgestimmt mit der Fluggeschwindigkeit, ruckartig weitergeführt wurde. Durch Zusammenfügen der einzelnen Streifen wurde das Bild der überflogenen Strecke in einer durch die Höhe des Flugweges, die Größe der Brennweite und die Länge des Filmstreifens bestimmten Breite erzeugt. Auch die normalen Kammern wurden laufend verbessert. An einer Krankheit litten aber alle Kameras: an der übergroßen Empfindlichkeit des Verschlusses und den daraus resultierenden Störungen. Häufige Ursache von Verschlußstörungen war die starke Kälte in größeren Höhen. Versuche mit Heizvorrichtungen liefen bereits.

Die fortschreitende Verschärfung des Luftkrieges zwang zu immer neuen Verbesserungen. Bastler unter den Beobachtern erfanden eine schnellere Plattenwechselmöglichkeit für die großen Kameras. So entstand dann der von der Industrie gebaute Plattenreihenbildner 13 × 18 cm mit einer Brennweite von 50 cm. Die mit dem Reihenbildner gemachten Erfahrungen führten auch zur Entwicklung von Rollfilmkameras im Format 13 × 18 cm. Bisher war es nie gelungen, den Rollfilm plan durch die Kamera zu führen. Jetzt war auch die Lösung dieses Problems geglückt. Für Verschlußspannung und Transport genügte eine einmalige Drehung des Aufzugknopfs. An der Front entstanden nun Reihenbildzüge für die Fernaufklärung.

Die Schlacht an der Somme 1916, die die deutsche Fliegertruppe an den Rand des Zusammenbruchs brachte, zeigte, daß noch viele Verbesserungen notwendig waren. Am 24. Juni 1916 begann ein Trommelfeuer auf die deutschen Stellungen, wie es in der Geschichte

Fliegerkamera 9×12 mit 25 cm Brennweite. Objektiv ist durch drehbare Klappen geschützt. Verschlußauslöser befindet sich im Pistolengriff.

Kamera mit Plattengröße 42×30 cm. Brennweite 50 cm. Sternaufhängung. Es wurden Doppelkassetten verwendet.

Reihenbildner Rb1 in Sternaufhängung, oberer Teil Filmkassette mit Film zur Aufnahme eines Geländestreifens von 150 km Länge und 5 km Breite. Mittlerer Teil Verschlußgehäuse. Unterer Teil Objektivansatz für 50 cm Brennweite, auswechselbar gegen Objektive verschiedener Brennweite.

Plattenreihenbildner 13×18 cm, Brennweite 50. Oben Behälter für unbelichtete, an der Seite für belichtete Platten.

noch nie dagewesen war. Gleichzeitig überschwemmten französische und englische Flieger den Himmel. Die gesamte deutsche Luftaufklärung brach zusammen. Kein deutsches Flugzeug kam mehr durch. Jede deutsche C-Maschine, die versuchte, eine Gefechts- oder taktische Aufklärung durchzuführen, wurde abgeschossen. Da endlich erkannte man auf deutscher Seite die Notwendigkeit einer einheitlichen Führung der Luftstreitkräfte.

Es kam zur großen Reorganisation, die im Oktober 1916 mit der Schaffung einer Dienststelle »Kommandierender General der Luftstreitkräfte« abgeschlossen wurde. Im Rahmen dieser Reorganisation wurden dann die Stabsbildabteilungen (Stabia) und die untergeordneten Gruppenbildstellen geschaffen, die mit Hilfe einer ausgezeichneten technischen Ausrüstung nunmehr in der Lage waren, alle Truppenstäbe mit dem notwendigen Luftbildmaterial zu versorgen. Für den Personal- und Materialnachschub sorgte das Luftbildkommando der Inspektion der Fliegertruppe, an deren Spitze Major Siegert stand.

Die Industrie lieferte 1916 dann eine Senkrechtkamera, die man ohne weiteres als Spitzenerzeugnis der Fototechnik bezeichnen konnte, eine Plattenkamera 24 × 30 cm mit einer Brennweite von 50 cm, die auch aus Höhen um 6000 m noch gestochen scharfe Bilder lieferte. Der Reihenbildner wurde verbessert. Der Arbeitsbereich des Luftbildkommandos erweiterte sich derart, daß daraus die Inspektion des Lichtbildwesens entstand. Es gelang, auch zweifarbige Stereo-Aufnahmen herzustellen, nachdem bei der Inspektion ein verbessertes Färbeverfahren erarbeitet worden war. Mit Hilfe von Doppelmikroskopen war es mit diesen Stereo-Aufnahmen möglich, selbst raffinierte Tarnungen des Gegners zu entschleiern.

Welchen Umfang das Luftbildwesen bereits damals angenommen hatte, wird dadurch bewiesen, daß mit 241 Reihenbildnern der Meßterschen Bauart bis Ende des Zweiten Weltkriegs 7202935 Quadratkilometer Feindgelände aufgenommen worden sind. Wie führend das deutsche Luftbildwesen damals gewesen ist, geht aus einem Artikel des französischen Fachschriftstellers A. H. Carlier aus dem Jahre 1921 hervor: »Meßters Konstruktion ist äußerst sinnreich. Er brachte den Deutschen eine Aufklärung, die der unseren sicherlich sowohl an Qualität als auch an Quantität gänzlich überlegen war. Die Apparate waren allererste Qualität.«

Dann kam der Zusammenbruch. Alles fliegerische Gerät, darunter auch das Luftbildgerät, mußte zerstört oder abgeliefert werden. Die Herstellung von Reihenbildgeräten wurde durch den Friedensvertrag verboten. Desgleichen alles, was irgendwie mit militärischer Luftfahrt zu tun hatte. Aber die deutschen Konstrukteure, gleich ob sie Motoren, Flugzeuge, Bordwaffen oder Luftbildgeräte bauten, gaben nicht auf. Man konstruierte in Deutschland, baute und erprobte im Ausland. Oder man tarnte sich anders, wie z. B. bei der Hansa-Luftbild GmbH, einer Tochtergesellschaft der Deutschen Lufthansa, wo der ehemalige Fliegerhauptmann Gessner Chef war. Man machte aus dem friedlichen Verkehrsflugzeug Focke-Wulf »Möwe« eine »Foto-Möwe« für die absolut friedlichen Zwecke der Fotogrammetrie, die half, den Anschluß an die moderne Luftbildentwicklung nicht zu verlieren.

Daneben fand aber die eigentliche Beobachterausbildung in dem in Lipezk bei Woronesch eingerichteten, geheimen Fliegerzentrum der Reichswehr statt. Da vom Ersten Weltkrieg noch genügend erfahrene Aufklärer-Offiziere vorhanden waren, bestand an Ausbildungspersonal kein Mangel. Anders sah es mit der technischen Ausrüstung aus. In Lipezk war man gezwungen, sich mit altem, aus dem Zusammenbruch 1918/19 gerettetem Kameramaterial zu behelfen. Dies änderte sich erst nach 1931, als die ZEISS-Aerotopograph GmbH in Jena gegründet wurde, deren Geschäftsführer Oskar Meßters Sohn, Eduard O. Meßter, wurde und die alle Patente von Oskar Meßter und Professor Hugershoff übernahm. Hier entstanden dann nach und nach der erste neue Reihenbildner 18 × 18 cm mit 21 cm Brennweite, und ab 1933 alle Bildgeräte der neuen Luftwaffe. Für den neuen Reihenbildner lieferte AGFA einen 2 cm breiten beiderseits perforierten hochpanchromatischen Fliegerfilm. Dieser Reihenbildner wurde u. a. auch in der Focke-Wulf A 21 erprobt.

Nach 1933 fand die Ausbildung der Beobachter der neu aufzustellenden Aufklärer-Verbände bei der Deutschen Verkehrsfliegerschule (DVS) in Braunschweig statt. Ab 1935 wurde dann die Fliegerbildschule Hildesheim eingerichtet, wo sowohl die Ausbildung des fliegenden als auch des Bodenpersonals durchgeführt wurde. In dieser Zeit entstanden dann die Kameras und Reihenbildgeräte, die sich durch weiter verbesserte Objektive, mit Antireflexbelag und größerem Bildwinkel (bis 105°) unterschieden. Statt der üblichen Schlitzverschlüsse kamen Zwischenlinsen-(Zentral-)Verschlüsse mit Belichtungsspielraum zwischen 1/75 bis 1/350.« Der Antrieb der Rb-Geräte erfolgte mit verbesserter Automatik und durch Stromversorgung aus dem Bordnetz. Die Bildfolge wurde auf 1 Bild pro 2 Sekunden erhöht. Die empfindlichen Glasplatten fielen weg. Es wurde nur noch Film verwendet, der durch Staudruck an eine Spiegelglasplatte angedrückt wurde und dadurch genau so plan lag wie eine Platte. Dazu kam noch eine ganze Anzahl kleinerer und größerer technischer Verbesserungen. Zu diesen modernen Rb-Geräten kam dann noch eine neue Handkamera 13 × 18 cm für 60 Aufnahmen und Tageslichtspulen für den Filmabwurf. Dieses Gerät wurde bis 1942 bei der Hs 126 verwendet, bei den auf dem Balkan eingesetzten Maschinen auch noch länger. Eine Übersicht der meist verwendeten Lichtbildgeräte der Nahaufklärer befindet sich am Schluß dieses Absatzes.

Als dann 1936 die ersten Freiwilligen nach Spanien gingen, entstand bald im Rahmen der Legion Condor die Aufklärungsstaffel A 88, bei der die neuen Geräte im Ernstfall erprobt werden konnten. Hier wurde zuerst mit der He 45 und der He 46, in der Endphase des spanischen Bürgerkrieges auch mit der Hs 126 Nahaufklärung geflogen. Im Rahmen dieser »Fronterprobung« konnten auch die unvermeidlichen Kinderkrankheiten der neuen Geräte ermittelt und abgestellt werden, so daß die Nahaufklärer 1939 im großen und ganzen mit hochwertigen Geräten in den Krieg ziehen konnten.

Wie gut die deutschen Aufklärer arbeiteten, merkten die Engländer als erste: In über England abgeschossenen deutschen Flugzeugen (KG 26) entdeckten sie bereits im Oktober 1939 Zielaufnahmen und Zielkarteikarten, die an Exaktheit nichts zu wünschen übrig ließen. Der damalige Chef der Aufklärungsflieger und des Luftbildwesens, Generalmajor Klepke, hatte klar erkannt: »Ohne Aufklärung sind Führung und Truppe blind. Aufklärung ist ohne Luftaufklärung, Luftaufklärung ohne Luftbild nicht mehr denkbar.« Leider stand er mit dieser Auffassung bei der Luftwaffenführung ziemlich auf verlorenem Posten. Ganz anders sah die Sache beim Heer aus. Die Stäbe wußten ganz genau, daß das, was Klepke ausgesprochen hatte, den Tatsachen entsprach. Bei der Luftwaffe rangierten an erster Stelle die Jäger, dann kamen Stuka und Kämpfer, ganz hinten kamen dann als notwendiges Übel die Aufklärer, besonders die Nahaufklärer, da diese ja tatsächlich intensiv nur für das Heer arbeiteten, im Gegensatz zu den Fernaufklärern, die ja auch die Unterlagen für die Bomber und Stuka erstellten.

Die ab 1942 immer schneller fortschreitende Umstellung der Nahaufklärer auf einsitzige Aufklärung brachte dann mit der Zeit den Fortfall der Handkamera. Die 30 × 30 cm-Reihenbildner erwiesen sich als zu schwer und schwierig einzubauen. Trotzdem zogen auch die Einsitzer die großen Geräte den während des Krieges mehr und mehr eingeführten 7 × 9 cm-Geräten vor, da diese schärfere Bilder lieferten. Es sind bei der Bf 109 G sogar Rb 50/30 und 75/30 eingebaut worden, manchmal in Selbsthilfe bei der Truppe selbst.

Im Verlauf des Kriegs stellte sich dann immer mehr heraus, daß die Nahaufklärer zum Heer gehörten und nicht zur Luftwaffe. Die heutige Bundeswehr hat diese Konsequenz von vornherein gezogen. Während in den ersten Kriegsjahren der Luftbilddienst noch be i den einzelnen H- und F-Staffeln durchgeführt wurde, gab es ab 1943 nur noch eine einzige Nur-Luftbild-Staffel, die an der Fliegerbildschule Hildesheim unter Hauptmann Dr. Ing. Heidelauf aufgestellt wurde. Nach dem Kriege ist von unseren ehemaligen Gegnern offen zugegeben worden: Die deutschen Bildgeräte waren denen des Gegners überlegen. Die Ausbildung des Bildpersonals war hervorragend. Über die Einsatzfreudigkeit der Besatzungen braucht man kein Wort zu verlieren.

**Beobachter einer He 46 erhält vom Staffelkapitän Bildauftrag. Gerätewart reicht ihm Handkamera 13/18 cm.**

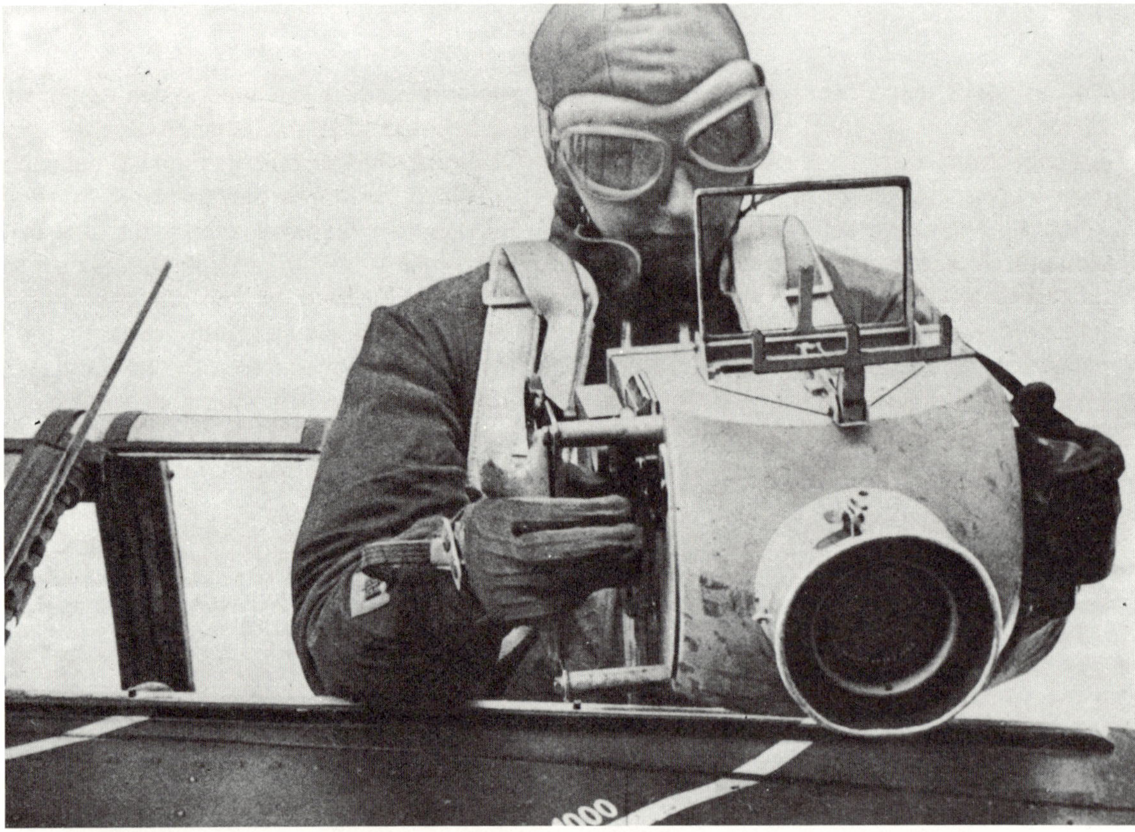

Beobachter eines Hs 126 mit Handkamera 13/18 cm. Visiereinrichtung gut zu erkennen.

Einbau von zwei Rb 12/7,5×9 im Jagdaufklärer Fw 190 A-3/U4.

## Funkgeräte

Wie beim Luftbild war auch das Funkgerät, bevor es ins Flugzeug kam, bei Luftschiff und Fesselballon bereits in der Entwicklung ziemlich weit fortgeschritten. Bereits 1912 hatte Telefunken einen kombinierten Sender-Empfänger entwickelt, der in Luftschiffe eingebaut wurde. Er arbeitete mit Wellenlängen zwischen 300 und 1200 m, wog 125 kg und erzielte Reichweiten von etwa 200 km. Er arbeitete nach dem sogenannten »Tönenden Löschfunkensystem«. Noch im gleichen Jahre entwickelte Telefunken zwei Geräte, die sich zum Einbau in Aufklärungsflugzeuge eigneten: Ein kleines Gerät mit einer Reichweite von 25 km für das Artillerie-Einschießen und ein stärkeres für die »Fernaufklärung« mit einer Reichweite von 100 km (!). Man sieht, daß damals 100 km bereits als »Fern«aufklärungsdistanz angesehen wurden. Obwohl beim Generalstab und dem Kommando der Fliegertruppe die Bedeutung des Funkgerätes klar erkannt wurde, scheiterte seine Einführung am Widerstand der Besatzungen. Ihre Stellungnahme: »Man kann doch zu den Gefahren des Fluges nicht noch die eines elektrischen Hinrichtestuhles gesellen!« So blieb es bei einzelnen Versuchsgeräten und einigen Erprobungsflügen. Dagegen wurden alle Heeres- und Marine-Luftschiffe, die ja tatsächlich Fernaufklärung flogen, mit Funkausrüstung versehen. – Die Fliegertruppe besaß also bei Kriegsausbruch nicht ein einziges Flugzeug mit Funkausrüstung!

Aber bereits die ersten Kriegswochen zeigten, daß man Funkgeräte im Flugzeug brauchte. Im September und Oktober 1914 fanden intensive Versuche in der Heimat und im Frontbereich mit neuen Funkgeräten statt. Telefunken und die Firma E. F. Huth erhielten Serienaufträge für Flugzeugsender (ohne Empfangsteil). Bereits im Dezember 1914 konnten einige B-Flugzeuge und die neuen LVG C I und Albatros C I mit diesen Geräten an die Front gehen. Sie wogen 10,8 kg. Typ A war ein Batteriesender, Typ B hatte einen Wechselstromdynamo, der von einem Propeller durch den Fahrtwind angetrieben wurde. Im Fluge wurde eine 30 m lange Schleppantenne ausgefahren.

Mit Typ A wurde eine Reichweite von 20–30 km, mit Typ B 40–60 km Reichweite erzielt. Die Erd-Empfangsstation bestand aus einem tragbaren Primär-Empfänger, der auf einer Wellenlänge zwischen 150 und 400 m arbeitete. Antennenträger war ein zerlegbarer 9 m-Mast, von dem eine 30 m lange Antenne gespannt werden konnte.

Sowohl Telefunken als auch E. F. Huth brachten bereits im Februar 1915 verbesserte Geräte heraus, die mit Wellenlängen von 150, 200 und 250 m arbeiteten. Diese Geräte erwiesen sich beim Artillerie-Einschießen als äußerst brauchbar. Es wurden Einheits-Einbaugeräte eingeführt, die bereits bei den Flugzeugwerken in die Zelle eingebaut wurden. Zusätzlich wurde ein automtischer Zeichengeber entwickelt, damit die Beobachter nicht auf das Erlernen der Morsezeichen angewiesen waren, was bei ihnen äußerst unbeliebt war.

Im Sommer 1915 gelangen dann mit einem Gerät der Firma Huth die ersten Sende- und Empfangsversuche. Die gesamte Erprobung wurde bei der Fliegerabteilung 38 an der Ostfront durchgeführt, die bereits im Juni 1915 den ersten Feindflug mit Wechselverkehr zwischen zwei Flugzeugen einerseits und einer Bodenfunkstelle bei der schweren Artillerie erfolgreich durchführte.

Die Entwicklung führte dann weiter zum »Sende-Empfangsgerät für C-Flugzeuge«. Im Sommer 1916 wurde im Großen Hauptquartier den Offizieren der Obersten Heeresleitung dann praktisch alles vorgeführt, was sich mit den neuen Geräten in C-Flugzeugen machen ließ: Artillerie-Einschießen, Übermittlung von Meldungen der Aufklärung, von Befehlen der Bodenstelle an das Flugzeug, Verkehr Flugzeug zu Flugzeug, und schließlich sogar Verbandsführung in der Luft per Funk. Ab November 1916 wurde dann das Sende-Empfangsgerät Type D serienmäßig eingeführt, mit dem sich dies alles durchführen ließ. Es verfügte über einen Wellenbereich zwischen 150 und 500 m. Das Gerät wog 18 kg. Ein Wechselstromgenerator, der vom Motor angetrieben wurde, lieferte Strom für Funkgerät, Heizung für MG, Steuerung, und Heizung der Bekleidung der Besatzung.

Als Bodenstationen entstanden die vierspännig bespannte »Flieger-Gefechtsstation« und die »Kraftwagen-Hafenstation«.

Alle bis 1916 entstandenen Geräte arbeiteten nach dem System des tönenden Löschfunkens. Im Laufe des Jahres 1917 zwang die Kampfentwicklung am Boden, insbesondere durch das immer mehr verfeinerte System des Trommelfeuers und der Feuerwalze durch die Gegner, im Bereich der Hauptkampfzone Fernsprecher, Winkerflaggen und Leuchtsignalgeräte durch Funkgeräte zu ersetzen. Es standen also jetzt nicht nur in der Luft, wo die Aktionen sich ebenfalls vermehrten, sondern auch am Boden dicht neben einander immer mehr Funkstationen, was zu einer sich laufend verstärkenden Störung der Geräte untereinander führte. Die Lösung dieses Problems brachte der Kathoden-Röhren-Sender. Mit diesem, der nach dem System der ungedämpften Wellen arbeitete, konnte auch bei geringsten Unterschieden der Wellenlänge (2–3 m) störungsfrei gefunkt werden. Außerdem sparten die neuen Geräte Strom. Statt Energien bis zu 1500 Watt reichten jetzt 8–10 Watt für Entfernungen von 300–400 km aus. Aber wie auch im Zweiten Weltkrieg, kam diese Entwicklung zu spät, um noch wirksam zum Tragen zu kommen. Erst im Sommer 1918 kamen »Röhren-Sender-Empfänger« mit organisch eingebautem Lautverstärker zur Artillerie im Westen. Es handelte sich um den Typ USE 1 von Telefunken. Ein Gleichstromgenerator lieferte eine Spannung von 600 Volt und 60 Watt Leistung. Antrieb erfolgte vom Motor direkt. Die Reichweite über Land betrug 300 km, über Wasser 600 km. Mit diesem System wurden auch die ersten Versuche mit drahtloser Telefonie, modern ausgedrückt: Funksprechverkehr, an der Front erprobt. Im September 1918 wurde auf dem Flugplatz Döberitz bei Berlin von der FT-Versuchsabteilung sogar ein Gerät zur drahtlosen Übertragung von Strichbildern vorgeführt, mit dem es möglich gewesen wäre, Skizzen des Flugzeugbeobachters direkt an die Bodenstelle zu übertragen. Am 9. November 1918 kam das Ende dieser ungeheuer erfolgreichen Entwicklungsarbeit. Es sei am Rande erwähnt, daß beim Gegner erst der Kriegseintritt Amerikas es möglich machte, mit der deutschen Funktechnik gleichzuziehen.

Es ist klar, daß in der ersten Zeit nach dem Zusammenbruch 1918/19 die Funkgeräte-Entwicklung stagnierte. Nachdem aber die Reichswehr in Lipezk relativ ungestört an der Ausbildung einer Kaderluftwaffe arbeiten konnte und in der Heinkel HD 17 bzw. Albatros L 76 die ersten Aufklärungsflugzeuge zur Verfügung standen, mußten auch Funkgeräte für die Beobachterausbildung beschafft werden. In der ersten Zeit behalf man sich mit einigen aus der Liquidation der Fliegertruppe geretteten Geräten von 1918, bis dann in der von Telefunken gelieferten Station 257 F das erste neue Gerät zur Verfügung stand. Es handelte sich um eine Sende- und Empfangsstation von 70 Watt mit einem Frequenzbereich von 230 bis 1000 Kilohertz. Während der nächsten Jahre arbeitete die Firma Lorenz an der Entwicklung der beiden ersten

Vorderansicht des Sender-Empfängers Type D.

Funkgeräte-Einbau in einem LFG-Roland C II.

Flugzeugsender Telefunken USE 1 in einem C-Flugzeug.

Vorderansicht des Telefunken USE 1.

Funkgeräte für die geplante, aber noch getarnte Luftwaffe: So entstanden das FuG I und II, die bei He 45 und 45, und anfangs auch bei der Hs 126 eingebaut waren. Als Energieversorger für beide Geräte diente ein Windschrauben-Generator G.2. Während die He 46 mit FuG I nur mit Festantenne arbeitete, geschah dies bei der mit FuG II ausgerüsteten He 45 mit einer 2,40 m langen Schleppantenne.

Das FuG I hatte einen Empfangsbereich von 310 bis 1667 kHz in drei Stufen und arbeitete mit Steckspulen. Die Sendeleistung betrug 100 Watt; Sendung war nur mit Morsen über eine Reichweite von 80 km möglich. Beim FuG II reichte der Empfangsbereich, ebenfalls mit Steckspulen, von 310 bis 600, gegebenenfalls bis 1664 kHz. Die Sendeleistung, ebenfalls nur tonlose Telegrafie – also mit Morsezeichen – betrug ebenfalls 100 Watt bei einer Reichweite bis 150 km.

Kurz nach Anlaufen der Serienfertigung der Henschel Hs 126 begann die Auslieferung der von Telefunken entwickelten FuG VII, später VIIa, die dann in die ersten Aufklärer Fw 190 und Bf 109 eingebaut wurden. Beide Geräte hatten im Sende- und Empfangsteil einen Frequenzbereich von 2500 bis 3750 kHz und arbeiteten überwiegend mit 1,40 m langer Festantenne. Die Energieversorgung erfolgte über 12/24 Volt-Bordbatterie und Umformer U.4a/12 bzw. U4a/24. Die Reichweite beider Geräte bei Sendung und Empfang lag bei etwa 50 Kilometern.

Bei der Focke-Wulf Fw 189 wurde, nachdem die Versuchsmuster noch mit FuG VII ausgerüstet waren, bei den Serienmaschinen das von Lorenz entwickelte FuG 17 eingebaut. Dazu kam noch das Zielfluggerät Peil G IV. Das FuG 17 wurde ab 1939 auch serienmäßig in die Hs 126 eingebaut. Es handelte sich um einen Sender-Empfänger von 8 Watt Leistung, der im UKW-Bereich 42,1–47,7 MHz arbeitete. Die Reichweite betrug je nach Flughöhe 20–70 Kilometer. Sprechfunk oder Telegrafie tönend, an der Grenze der Reichweite, kam besser durch. Das Peil G IV mit Empfänger EZ 4 hatte einen Frequenzbereich von 250 bis 420 kHz. Bei Zielflug auf Langwellen-Funkfeuersender oder 100 Watt-Sender auf Landeplatz waren zwei gerastete Frequenzen fernwählbar. Die Fu G VII, VIIa und 17 waren auch in verschiedenen Versionen der Fieseler Fi 156 eingebaut, die an sich nur als Verbindungsflugzeuge vorgesehen waren, aber in der Endphase des Krieges auch vereinzelt zur Nahaufklärung eingesetzt wurden.

Ab 1942 wurde in allen Einsitzern, also auch in einsitzige Nahaufklärer, das aus dem FuG 17 abgeleitete UKW-Sprechgerät FuG 16 Z, Leistung 8 Watt, eingebaut, dessen Frequenzbereich von 38,5 bis 47,8 MHz reichte. Dieses Gerät hatte Telefonie und Zielflugmöglichkeit auf das Führerflugzeug (Rotten- oder Schwarmführer) oder den Bodensender. Die Reichweite betrug je nach Flughöhe 20 bis 80 Kilometer. Die verschiedenen FuG 16-Versionen waren äußerlich kaum zu unterscheiden und dem FuG 17 sehr ähnlich.

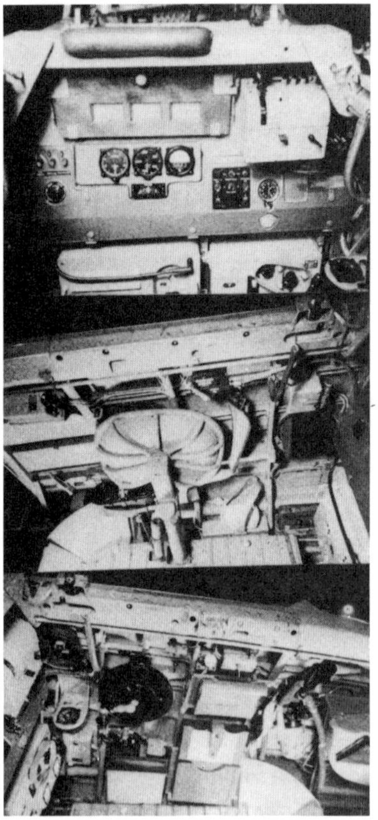

Mittelwellenstation FuG I in Henschel Hs 126.

FuG 16 ZY für Jagdaufklärer.

FuG VII.

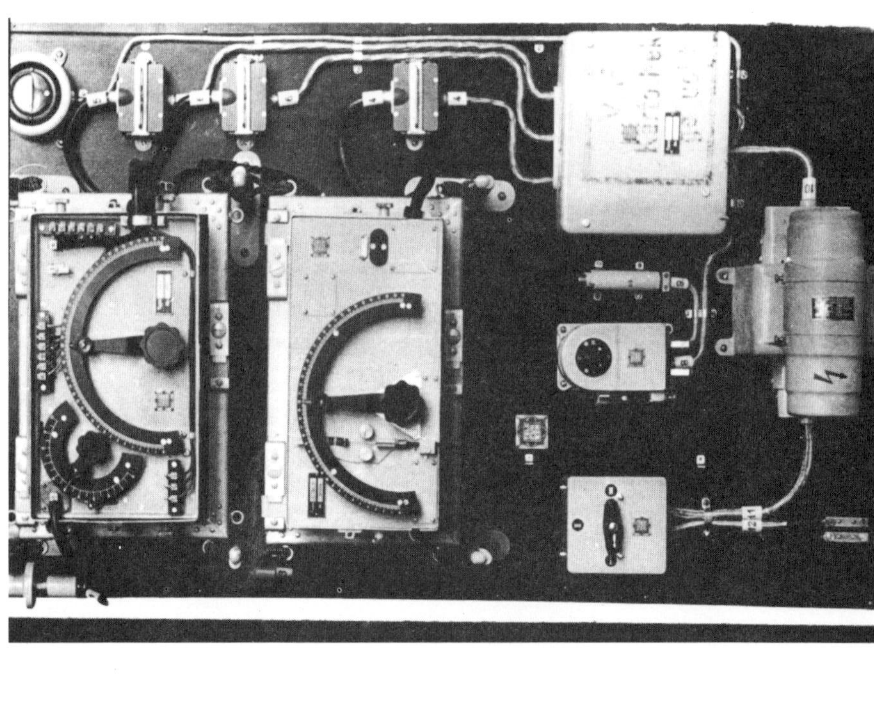

FuG XVII.

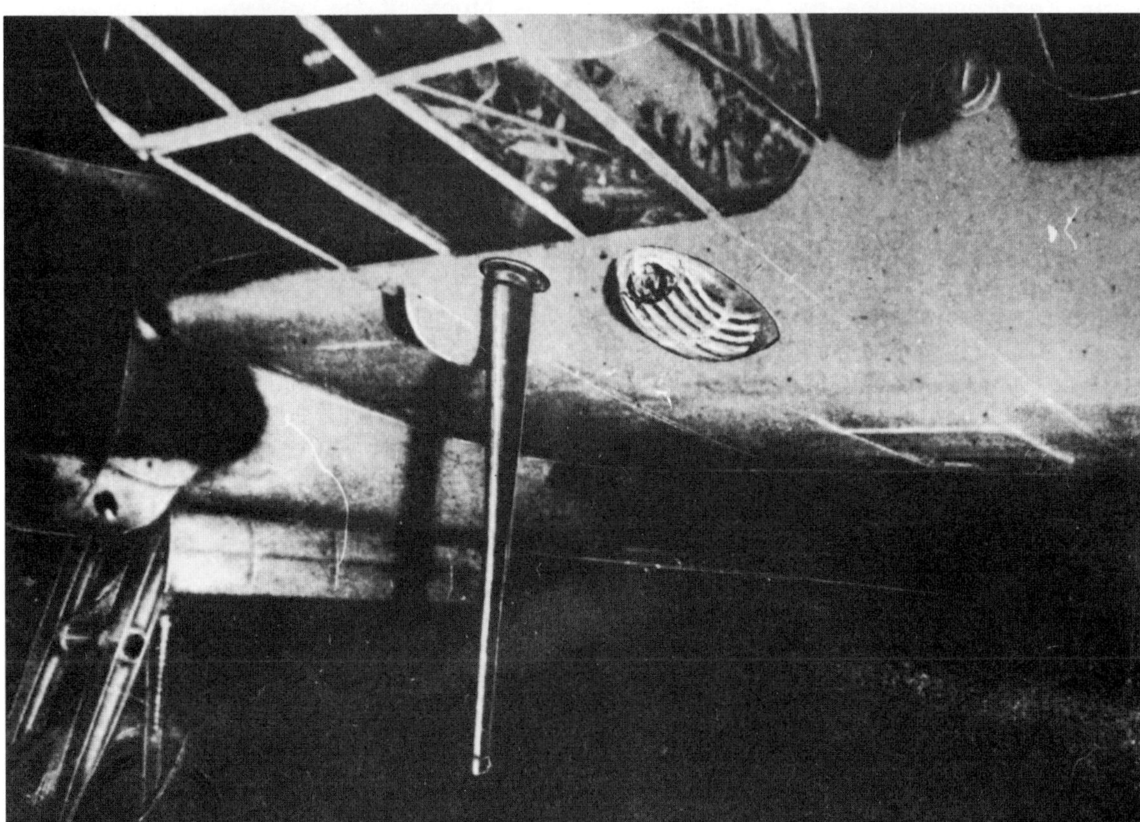

Stabantenne unter
Rumpf der Fw 189.

## Nachrichtenmittel von Bord zur Erde und sonstige Bordausrüstung

Das einfachste Mittel für die Nachrichtenübermittlung des Nahaufklärers an den zugeteilten Führungsstab war die Landung in dessen Nähe. Dieses Verfahren ist noch 1914 in der Schlacht bei Tannenberg erfolgreich angewendet worden, obwohl bereits bei den Friedensmanövern des Jahres 1913 das Meldeabwurfverfahren eingeführt worden war. Im Grunde genommen ist dieses Verfahren noch bei der Fw 189, also 1942/43 ausgeübt worden, obwohl das Abwurfmittel ein anderes war. Erst der einsitzige Aufklärer machte dem ein Ende. Im Ersten Weltkrieg wurde eine Meldeabwurftasche verwendet, die aus einer etwa zwei Meter langen, schmalen schwarzweißroten Flagge und einer kleinen Tasche zur Aufnahme der Meldung bestand. Beim Artillerie-Einschießen behalf man sich, solange kein Funkgerät zur Verfügung stand, mit farbigen Leuchtraketen, die der Beobachter zur Kenntlichmachung der Schußlage abfeuerte. Man muß sich vorstellen, daß bei Beginn des Fluges der Beobachter in seinem Sitz von Raketenbündeln eingezwängt war. Was dies bei Beschuß bedeutete, braucht nicht erklärt zu werden. Diese Raketen wurden auch als Erkennungssignal benutzt, wenn unsichtiges Wetter die Landung erschwerte. Auch diese Erkenntnissignale wurden noch bis 1945 verwendet. Man sieht, daß so manches primitive Nachrichtenmittel aus der Anfangszeit der Militärfliegerei eine sehr lange Lebensdauer gehabt hat. Auch das Fernglas, das im Ersten Weltkrieg in der Nahaufklärung verwendet wurde, fand im Zweiten noch Verwendung. Die Meldeerstattung selbst erfolgte vom Flugzeug aus grundsätzlich in beiden Kriegen durch Abwurf- oder Funkmeldung. Für seine Arbeit hatte der Beobachter, auch bei der einsitzigen Aufklärung, folgende Ausrüstungsgegenstände als ständige Begleiter:

- Meldeabwurfblock
- Luftbilder des aufzuklärenden Abschnitts
- Fotokopierte Kartenausschnitte
- Meldeabwurfbeutel
- Rauchmeldekapseln (für unübersichtliches Gelände)
- Meldeabschußpatronen
- Erkennungssignalpatronen (ES), bei Einsitzern fertig geladen in Pistole.

Außerdem erhielt er vom Gefechtsstand und den Nachrichtengerätewarten alle Unterlagen über zu diesem Zeitpunkt verwendete Wellenlänge, Ruf-Codezeichen, offene Rufzeichen, Schlüsselmittel, Verfügungssignale und Kennungen. In schwierigen Fällen, besonders bei Einsitzern, konnte als Behelfsmaßnahme zur Meldungsübermittlung die Abgabe von kurzen Feuerstößen in Richtung auf das Ziel vorgenommen werden. Die ES wurden täglich gewechselt, nur die Panzerwarnungs-ES blieben konstant: hierfür wurden ausschließlich lila Signalraketen verwendet.

Die sorgfältige Vorbereitung des Beobachters, auch des Einsitzers, war Vorbedingung für einen Erfolg des Fluges. Nur wenn eine sorgfältige Unterrichtung durch den Gefechtsstand erfolgte und die hier geschilderten Unterlagen in ausreichendem Maße vorhanden waren und alle Geräte einwandfrei funktionierten, bestand eine echte Chance, einen Nahaufklärungsflug erfolgreich durchzuführen.

## Bordwaffen im Ersten Weltkrieg

Das erste Maschinengewehr, das 1915 in C-Flugzeugen auf Drehring mitgeführt wurde, war das LMG 14, auch Parabellum genannt. Für den Flugzeugeinsatz wurde der Lauf gekürzt und mit einem Laufmantel mit kleinerem Durchmesser versehen. 1917 erschien eine verbesserte Ausführung LMG 14/17. Diese Waffe wog rund 10 kg und hatte eine Feuergeschwindigkeit von 700 Schuß pro Minute. Als zweite Waffe stand der Fliegertruppe das LMG 08/15 zur Verfügung, das aus dem alten MG 08, einer Maxim-Konstruktion, entstanden war. Das MG 08 hatte sich aber als kälteempfindlich erwiesen, da sich im Kühlmantel drei Liter Wasser befanden. Beim LMG 08/15 war der Kühlwassermantel durch eine perforierte Blechkonstruktion ersetzt worden, die die Hitze des Laufes ableitete. Die Waffe war etwa 1150 mm lang und hatte ein Gewicht von 16 kg. Bei einer Feuergeschwindigkeit von 600 Schuß pro Minute hatte das Geschoß eine Mündungsgeschwindigkeit von 755 m/sec. Die Waffe wurde in den verschiedensten Lafetten verwendet: auf Drehring System Schneider im Beobachtersitz, in Gabellafette starr oder beweglich auf dem Oberflügel der Doppeldecker oder starr mit Fokkerscher MG-Steuerung vor dem Sitz des Flugzeugführers. Bei C-Flugzeugen war meist nur ein starres MG vorhanden, selten zwei wie bei den D-Flugzeugen (Jäger).
Anmerkung: LMG = Luftgekühltes Maschinengewehr, LMG = leichtes Maschinengewehr.

### MG 15

Dieses Maschinengewehr ersetzte das alte MG 08/15 und wurde 1932 von Rheinmetall-Borsig aus dem Infanterie-MG 30 entwickelt. Es handelte sich um einen Rückstoßlader mit mechanischer Durchladung. Munitionierung: 75schüssige Doppeltrommel. Das MG 15 wurde bei der He 45, He 46, Hs 126 und teilweise bei der Fw 189 als Beobachterwaffe im Drehring verwendet. Bei späteren Bauserien wurde der vordere Teil des Laufes verstärkt, um zu große Erhitzung zu vermeiden.

*Technische Daten*

| | |
|---|---|
| Kaliber | 7,92 mm |
| Länge | 1078 mm |
| Höhe (ohne Visier) | 185 mm |
| Höhe (mit Visier) | 315 mm |
| Breite | 134 mm |
| Lauflänge | 600 mm |
| Waffengewicht ohne Trommel | 7,20 kg |
| Gewicht der vollen Trommel | 4,25 kg |
| Laufgewicht | 1,25 kg |
| Schußfolge | 1050 Schuß/min |
| Gasdruck | 2600 at |
| Mündungsgeschwindigkeit | 755–900 m/sec (je nach Munition) |

Beobachter einer LVG C I mit LMG 14 über der Tragfläche und LMG 08/15 im Drehring. Darunter Albatros C V, LMG 14 im Drehring. Dieser Beobachter fiel im Rückenflug aus der Maschine und fiel dann hinter dem Beobachtersitz wieder in die Maschine hinein (Tatsache!).

Beobachter eine He 45 mit MG 15.

Einbau von zwei MG 131 über dem Motor bei Bf 109G-6.

Bewaffnung der Bf 109G-6: oben MG 151/20, unten MK 108.

## MG 17

Es handelte sich um eine starre Bordwaffe, eingebaut bei Hs 126, Fw 189, Bf 109 E und F. Sie wurde von Rheinmetall-Borsig aus dem MG 15 entwickelt. Die Waffe besaß elektropneumatische Durchladung und elektrischen Abzug. Meist war an dem 475 mm langen Laufmantel ein 85 mm langer Mündungsfeuerdämpfer angebaut. Ursprünglich Munitionierung durch 100schüssigen Festgurt, der später durch einen etwas leichteren Zerfallgurt ersetzt wurde. Mit Ss-Geschossen konnte mit dem MG 17 aus 100 m Entfernung noch 5 mm starkes Panzerblech durchschlagen werden.

*Technische Daten*

| | |
|---|---|
| Kaliber | 7,92 mm |
| Länge | 1175 mm |
| Höhe | 159 mm |
| Breite | 156 mm |
| Lauflänge | 600 mm |
| Waffengewicht | 10,2 kg |
| Gurt mit 500 Schuß | 14,8 kg |
| Leergurt | 2,2 kg |
| Leerkasten für 100 Schuß | 2,4–2,6 kg |
| Schußfolge | 1200 Schuß/min |
| Gasdruck | 3300 at |
| Mündungsgeschwindigkeit | wie MG 15 |

## MG 81

Dies war eine starre wie auch bewegliche Bordwaffe in Einzel- oder Zwillingslafette (MG 81Z). Sie war bei der Fw 189 eingebaut. Nachdem 1936 bei der Infanterie das MG 34 eingeführt worden war, wünschte die Luftwaffe als bewegliche Abwehrwaffe eine Waffe mit dem gleichen System zwecks Erhöhung der Schußfolge. Die Firma Mauser legte 1938 beim Technischen Amt der Luftwaffe einen entsprechenden Entwurf vor, der auch akzeptiert wurde. Die Serienfertigung begann noch vor Kriegsausbruch. Die ursprünglich verwendeten Läufe des MG 15 erwiesen sich bei Fluggeschwindigkeiten über 400 km/h als unverwendbar, da sie querab nicht mehr richtbar waren. Die auf 475 mm verkürzten Läufe waren dann auch noch bei 470 km/h richtbar. Obwohl seitens der Besatzungen des öfteren über Blenderscheinungen geklagt wurde, hat die Waffe nie Mündungsfeuerdämpfer erhalten. Das MG 81 war ein vollautomatischer Rückstoßlader mit Drehverschluß, für den Gurte und Kästen des MG 17 verwendet werden konnten.

*Technische Daten*

| | |
|---|---|
| Kaliber | 7,92 mm |
| Länge | 993 mm |
| Höhe | 183 mm |
| Breite | 114 mm |
| Breite für MG 81 Z | 234 mm |
| Lauflänge | 475 mm |
| Waffengewicht | 6,5 kg |
| Waffengewicht MG 81 Z | 12,9 kg |
| Schußfolge | 1600 Schuß/min |
| Mündungsgeschwindigkeit | 705–845 m/sec (je nach Munition) |

## MG 131

Als starre Bordwaffe fand dieses MG Verwendung bei Bf 109 G-6 und G-10. Seit 1933 war bei Rheinmetall-Borsig ein starr verriegelter Rückstoßlader mit kurzem Rücklauf in der Entwicklung. Die ersten 7 Versuchswaffen wurden auf Drehringlafette im Juli 1938 in einem Dornier »Wal« eingebaut. Als starre Waffe fand das MG 131 sowohl bei der Fw 190 als auch bei der Bf 109 (Jagdflugzeugversion) Verwendung. Bei Nahaufklärungsflugzeugen war sie nur bei Bf 109 G-6 und G-10 eingebaut.

*Technische Daten*

| | |
|---|---|
| Kaliber | 13,1 mm |
| Länge | 1168 mm |
| Höhe | 123 mm |
| Breite | 233 mm |
| Lauflänge | 546 mm |
| Waffengewicht | 19,7 kg |
| Laufgewicht | 3,6 kg |
| Leerkasten für 100 Schuß | 8,0 kg |
| Zerfallgurt für 100 Sprenggeschosse | 8,36 kg |
| Zerfallgurt leer | 0,96 kg |
| Gurtlänge 100 Schuß | 2385 mm |
| Schußfolge | 930 Schuß/min |
| Mündungsgeschwin-digkeit | 750 m/sec |

## MG/FF

Ein Einbau dieser 2 cm-Kanone fand teilweise bei der Fw 189 statt. Diese Waffe, die in ihrer Urform bereits im Ersten Weltkrieg entwickelt wurde, war damals als 2 cm-Becker-Kanone bekannt. Nach dem Ersten Weltkrieg kaufte die Schweizer Waffenfirma Oerlikon das Patent an und entwickelte es weiter. Die Oerlikon-Becker-Kanone wurde dann nach 1933 in Deutschland in Lizenz bei verschiedenen Firmen hergestellt und war die erste 2 cm-Kanone der Luftwaffe. Es war ein vollautomatischer Rückstoßlader mit masseverriegelndem Verschluß. Das MG/FF besaß elektrischen Abzug und war mit pneumatischer Durchladung ausgerüstet. Es konnten Stangenmagazine mit 15 Schuß, Trommelmagazine mit 45, 60 und 100 Schuß und auch eine Gurtzuführung verwendet werden. Das MG/FF wurde 1941 nach und nach vom MG 151/20 abgelöst. Noch vorhandene Waffen wurden dann bedarfsweise in die Fw 189 eingebaut.

*Technische Daten*

| | |
|---|---|
| Kaliber | 20 mm |
| Länge | 1338 mm |
| Höhe | 135 mm |
| Höhe mit 60 Schuß-Trommel | 435 mm |
| Breite | 155 mm |
| Breite mit 60 Schuß-Trommel | 306 mm |
| Lauflänge | 822 mm |
| Waffengewicht | 35,7 kg |
| 45 Schuß-Trommel, voll | 16,5 kg |
| 60 Schuß-Trommel, voll | 20,3 kg |
| 100 Schuß-Trommel, voll | 33,1 kg |
| Schußfolge | 540 Schuß/min |
| Mündungsgeschwin-digkeit | 575–700 m/sec, je nach Munition |

## MG 151 und MG 151/20

Diese starre Bordwaffe fand in der Fw 190 A-3/U4 und A-5/U4 sowie in der Bf 109 G-6, G-8 und G-14 Verwendung. Auch diese Waffe wurde als vollautomatischer Rückstoßlader entwickelt. Konstrukteure waren Direktor von Loßnitzer und Dr. Doerge von der Firma Mauser. Obwohl die hohe ballistische Leistung der Waffe keine große Lebensdauer erwarten ließ, wurde bereits 1938 mit der Fertigung begonnen. Wenn auch die Durchschlagskraft des MG 151 höher war als die des MG 131, so war die Abnutzung der Läufe doch vielfach höher. Bei dieser Waffe wurde erstmalig der sogenannte Progressivdrall angewandt, der die Treffgenauigkeit erheblich erhöhte. Da die Luftwaffe bereits frühzeitig auf die Entwicklung großkalibriger Bordwaffen Wert legte, entwickelte Mauser unter Verwendung der vorhandenen Gehäuse des MG 151 daraus das MG 151/20 mit 20 mm Kaliber, das sich zu einer der erfolgreichsten Waffen der Luftwaffe entwikkelte. Allein Mauser hat im Laufe des Krieges 36000 MG 151/20 gebaut, während vom MG 151 nur verhältnismäßig geringe Stückzahlen gefertigt wurden.

*Technische Daten*

| | MG 151 | MG 151/20 |
|---|---|---|
| Kaliber mm | 15,1 | 20 |
| Länge mm | 1917 | 1767 |
| Höhe mm | 195 | 195 |
| Breite mm | 190 | 190 |
| Lauflänge mm | 1250 | 1100 |
| davon gezogen mm | 1152 | 1018 |
| Waffengewicht kg | 41,5 | 42,3 |
| Zerfallgurt mit 100 Granaten kg | 16,82 | 19,9 |
| Schußfolge Schuß/min | 700 | 720 |
| Gasdruck at | 3000 | 2900 |
| Mündungsgeschwindigkeit m/sec je nach Munition | 960/1010 | 705/810 |

## MK 108

Diese starre Bordwaffe fand sich bei Bf 109 G-6 und G-10 sowie bei der Me 262. Diese großkalibrige Bordwaffe (30 mm) wurde von Rheinmetall-Borsig entwickelt und unter der Bezeichnung »30 mm Kurzgerät« von der Firma auf eigenes Risiko hergestellt, da der damalige Generalluftzeugmeister Udet noch 1941 diese Waffe ablehnte. Erst nach Udets Tod wurde die Entwicklung offiziell unter der Bezeichnung MK 108 weitergeführt. Nun stellten sich aber erhebliche Fertigungsschwierigkeiten heraus: der Verschluß mußte vereinfacht werden, bei verschiedenen Preßteilen zeigten sich Materialermüdungserscheinungen durch Vibration. So konnte der Serienbau erst im Sommer 1944 bei Rheinmetall in Posen anlaufen. Wegen nicht einwandfreien Materials traten aber immer iweder bei der meist durch die Propellernabe schießenden Waffe Funktionsstörungen auf. Trotzdem hat sich die Waffe beim Abschuß viermotoriger Bomber als äußerst wirksam erwiesen und war beim Gegner sehr gefürchtet.

*Technische Daten*

| | |
|---|---|
| Kaliber | 30 mm |
| Länge | 1057 mm |
| Höhe | 216 mm |
| Breite | 222 mm |
| Lauflänge | 550 mm |
| davon mit Zügen versehen | 424,5 mm |
| Waffengewicht | 58 kg |
| Montagegewicht (Motoreinbau) | 73 kg |
| Montagegewicht (Bugeinbau) | 88 kg |
| Laufgewicht | 8 kg |
| Schußfolge | 650 Schuß/min |
| Gasdruck | 3100 at |
| Mündungsgeschwindigkeit | 520 m/sec |

# 16. Anhang

## Ritterkreuze für Nah-Aufklärungsflieger

| lfd. Nr. | Name, Vorname | Dienstgrad, Dienststellg. und Truppenteil bei der Verleihung | Verleihungstag | Bemerkg. |
|---|---|---|---|---|
| 1. | Aechtner, Fritz | Ofw., Flugzeugführer (FF) u. Beob. i. d. 1./NAG 5 | 20. 12. 44 | Kurland |
| 2. | Anders, Richard | Oblt., FF i. d. 11.(H)/Nahaufklärg. Gr. 12 | 27. 7. 44 | |
| 3. | Baader, Hans | Hptm. Nahaufkl.Gruppe 5 | April 45 | Kurland |
| 4. | Bader, Erwin | Oblt., Beob. i. d. 2./NAG 16 | 26. 3. 44 | gefallen 12. 7. 44 |
| 5. | Braunegg, Herward | Oblt., FF u. Beob. i. d. NAG 9 | 26. 3. 44 | |
| 6. | Debus, Otto | Oblt., Beob. i. d. 1.(H)/NAG 12 | 5. 4. 44 | |
| 7. | Eckebrecht, Fritz | Oblt., Beob. i. d. 4.(H)/31 | 9. 11. 44 | zuletzt Fhr. d. Nachtaufkl.Kdo Ostpreußen, unterstellt d. 2/NAG 4 (Reschke) |
| 8. | Findeisen, Herbert | Hptm., FF u. Beob. i. d. 2.(H)/NAG 4 | 29. 2. 44 | |
| 9. | Graefe, Hans | Fhj.Ofw., Beob. i. d. 2.(H)/NAG 6 | 26. 12. 44 | |
| 10. | Hagena, Gottfried | Oblt. FF (u. Beob.?) i. d. 1./NAG 15 | 17. 4. 45 | |
| 11. | Hammer, Ludwig | Lt., FF u. Beob. i. d. 4.(H)/12 | 29. 10. 43 | (relativ früh – also wohl Hs 126 o. FW 189!) |
| 12. | Heymer, Otto | Major, Staffelkptn. 2.(H)/14 | 13. 4. 41 (!) | Gef. 25. 2. 43 als Oberst i.G. u. Chef d. St. eines Luftw.Kdos. im Osten |
| 13. | Hirn, Johannes | Oblt., Oblt. (u. Beob.) i. d. NAG 32 | 7. 4. 45 | |
| 14. | Hofgesäß, Richard | Hptm. St.Kptn. 1./NAG 2 | 9. 1. 45 | |
| 15. | Kaeber, Helmut | Oblt., St.Kptn. 1./NAG 13 | 28. 1. 45 | |
| 16. | Kmitta, Lothar | Lt., FF u. Beob. i. d. NAG 5 | 18. 11. 44 | Kurland! In der Bundeswehr als Ob.Kdore eines Aufkl.Geschwaders (F 104?) |
| 17. | Kohlhagen, Kurt | Lt., FF u. Beob. i. d. 1./NAG 2 | 30. 9. 44 | |
| 18. | Krüger, Horst | Oblt. Beob. i. d. 3./Nah-Aufkl.Staffel (Gruppe fehlt) | 17. 10. 41 | |
| 19. | Kusatz, Franz | Major, Staffelkpt. Nachtaufkl. Staffel (welche?) | 25. 11. 42 | |
| 20. | Lang, Georg | Ofw., Beob. i. d. 11.(H)/12 (NAG 15) | 20. 12. 44 | |
| 21. | Leibnitz, Gerhard | Oblt., FF u. Beob. i. d. 2.(N)/Aufkl.Gr. 5 | 14. 1. 45 | Kurland – soweit bekannt beim Ausflug aus Kurld. in Schweden notgelandet, ausgeliefert und 1945 in sowj. Gef. erschossen (letzteres amtlich bekannt) |
| 22. | Lotter, Hans | Oblt., Beob. i. d. 11.(H)/NAG 12 | 28. 1. 45 | |
| 23. | Luchtenberg, Günther | Stabsfeldwebel, Beob. i. d. 2.(H)/Aufkl.Gr. 6 | 6. 12. 44 | |
| 24. | Mader, Anton Josef | Feldw., FF u. Beob. i. d. 5.(H)/Aufkl. Gr. 11 | 26. 3. 44 | |
| 25. | Mahn, Friedrich Karl | Hptm., Offz.z.b.V. i. d. 1./NAG 5 | 24. 1. 45 | Kurland |
| 26. | Meisel, Hans-Eberhard | Fhj.Ofw., Beob. u. Kdant i. d. 5.(H)/Aufkl.Gr. 41 | 20. 7. 44 | |
| 27. | Möhle, Artur | Oblt., FF u. Beob. 2.(H)/Aufkl.Gr. 12 | 23. 6. 42 | posthum, da 19. 4. 42 i. Osten gef. |

| | | | | |
|---|---|---|---|---|
| 28. | Müllensiefen, Peter-Eberhard | Hptm., Stkptn. 1.(H)/Aufkl.Gr. 12 (ausgedruckt Aufkl.Gr. 122??) | 31. 10. 44 | |
| 29. | Najock, Karl-Heinz | Oblt., FF u. Beob. i. d. 1.(H)/Aufkl.Gr. 5 | 28. 4. 45 | Kurland – später im Bundesgrenzschutz, zuletzt als Oberst Kdeur d. Heeresflieger i. Bückeburg! Sollte das RK bereits als Uffz. d. Inf. 1940 i. Frankreich bekommen – später zur LW. als Beob., dann FF u. Beob. |
| 30. | Oberweg, Herbert | Oberfähnrich, Beobachter i. d. 11.(H)/13 | 8. 8. 44 | gef. 6./7. 4. 45 |
| 31. | Parisius, Heinrich | Feldwebel, FF i. d. 12.(H)/Aufkl.Gr. 13 | 18. 11. 44 | |
| 32. | Pfaffendorf, Armin | Oblt. (FF) i. d. 1.(H)/Aufkl. Gr. 13, Pf. war Beobachter!!! Heeresoffz. | 22. 5. 42 | Einer der ersten Nahaufkl. mit RK: er bekam es für eine besonders wichtige Meldung – er ging nach dem normalen 4jährigen Kommando zum Heer zurück und ist dort am 18. 1. 44 als Hptm. u. Battr.chef i. d. Sturm-Gesch. Abt. 184 gefallen! |
| 33. | Pleß, Helmut | Lt., FF i. d. 4.(H)/Aufkl.Gr. 31 | 9. 6. 44 | |
| 34. | Pöllath, Konrad | Ofw. FF i. d. 2.(H)/Aufkl.Gr. 12 | 14. 1. 45 | |
| 35. | Porsch, Günther | Ofw., FF u. Beob. i. d. 1.(H)/Aufkl.Gr. 2 | 20. 7. 44 | |
| 36. | Prössl, Erwin | Lt., FF i. d. 4.(H)/Aufkl.Gr. 31 | 29. 2. 44 | Ostpreußen 45 |
| 37. | Richter, Rudolf | Ofw., FF u. Beob. i. d. 3.(H)/Aufkl.Gr. 12 | 14. 1. 45 | |
| 38. | Schmidt, Paul | Lt., Beob. i. d. Nahaufkl.Gr. 15 | 3. 9. 43 | relativ früh, daher evtl. Hs 126 o. Fw 189 |
| 39. | Schmidtberg, Klaus | Fhj.Ofw., Flugzeugführer i. d. Nachaufklärungsstaffel (???) | 6. 10. 44 | |
| 40. | Schöbitz, Ernst | Oblt., Stkptn. 11.(H)/Aufkl.Gr. 12 | 5. 9. 44 | |
| 41. | Schulze, Wolfgang | Oblt. i. d. 1.(H)/Aufkl.Gr. 5 | 17. 3. 45 | Kurland |
| 42. | Sell, Wilhelm | Major, Kommandeur Nahaufkl.Gr. 5 | 5. 9. 44 | |
| 43. | Sommer, Joachim | Hptm., Staffelkptn. 4.(H)/Aufkl.Gr. 31 | 25. 11. 44 | |
| 44. | Spindler, Werner | Ofw., Beob. i. d. 2.(H)/Aufkl.Gr. 3 | 30. 9. 44 | |
| 45. | Stanneck, Friedrich | Fhj.Ofw., Beob. i. d. 4.(H)/Aufkl.Gr. 12 | 12. 11. 43 | gef. 25. 10. 44 |
| 46. | Tschoerner, Philipp-Karl | Oblt., Beob. u. Flugzeugkdant. i. d. 5.(H)/Aufkl.Gr. 41 | 20. 7. 44 | Evtl. Nachtaufkl., da Beob. u. »Kdant« |
| 47. | Weippert, Gustav | Ofw., FF u. Beob. i. d. 2.(H)/Aufkl.Gr. 4 | 30. 9. 44 | Ostpreußen |
| 48. | v. Weyrauch, Ernst | Hptm., St.Kptn. 2.(H)/Aufkl.Gr. 14 | 31. 12. 43 | soweit bekannt in Afrika bek. 17. 3. 44. b. e. Werkstattflug i. Frkr. tödl abgest., war zuletzt Hptm. u. St.Kptn. i. I./SKG 10 |
| 49. | Wilke, Karl-Heinz | Lt., FF u. Beob. i. d. 2.(H)/Aufkl.Gr. 4 | 25. 11. 44 | Ostpreußen |
| 50. | Winter, Friedrich | Feldw., FF i. d. 2.(H)/Aufkl.Gr. 16 | 6. 12. 44 | |
| 51. | Wulff, Karl | Oblt., FF u. Beob. i. d. 12.(H)/Aufkl.Gr. 13 | 20. 10. 44 | |
| 52. | Krauß, Walter | Lt., FF u. Beob. i. d. 2.(H)/Aufkl.Gr. 21 | 29. 7. 40!!! | »Der« erste Einsitzer-Aufkl.-Erprobung in Frankr. 1940! Dafür RK. (Eichenlaub als Stukaflg. 3. 1. 44 – Gefallen) Wegen der Wichtigkeit an die letzte Stelle gesetzt, obwohl er wohl der Erste RK der Nah-Aufkl. war! |

## Gliederung der Aufkl.staffel (H)

Staffelkapitän
Offz.z.b.V.
Gefechtsstandoffz.
Bildoffz.
Techn. Offz.
Kfz. Offz.
Bildoffz.
Arzt
Flivo
Flieg. Personal (FF – Beob. – geg – Als FF/Beob.)/Verbindungsff.
Bodenpersonal
Bildstelle (Fotografen, Auswerter, Mechaniker)
Wetterstelle
Sanitätsstelle
Gefechtsstand
Wabo-Gruppe
Wachzug – zeitweilig zukommandiert
Flakzug – zeitweilig zukommandiert
Fallschirmgruppe
Kfz.-Personal
Sauerstoffpersonal
Funkgruppe – Funkwarte
Hauptfeldwebel
Schreibstubenpersonal

Größte Stärke mit den zukommandierten Wachsoldaten etwa 330 Mann. Stärke einer Einsitzerstaffel gegen Ende des Krieges nach meiner Erinnerung ca. 160 Mann, nachdem viele zum Heereseinsatz abkommandiert. Letztes Einsatzkommando in Ostpreußen mit dem noch eben ein notdürftiger Flugdienst von max. 2 Einsätzen pro Tag durchgeführt werden konnte, waren 24 Mann. Dabei
4 Offz. Flg.P.
3 Uffz. Flg.P.
6 Portepeeträger Allg. u. Bodenpers.
7 Uffz. Allg. u. Bodenpers.
4 Mannsch. Allg. u. Bodenpers.

---

24

**Der erste Ritterkreuzträger der Nahaufklärer: Oblt. Walter Krauß 2.(H)/13.**

**Oblt. Karl-Heinz Wilke, 2.(H)NAG 4.**

## Personalentwicklung bei den Nahaufklärungsfliegern 1935–45

| | A<br>Kommando-stellen (Koluft, Gruppen-kdeure) | B<br>Staffelkapitäne | C<br>Fachoffz., Funktionsoffz. (zugleich meist D oder E) | D<br>Beobachter | E<br>Flugzeugführer | F<br>Verbindungs-offz. (meist D) |
|---|---|---|---|---|---|---|
| 1) 1935–38 | Weltkrieg I – re-akt.Lw.Offz. | wie A | Lw.-Offz. | Lw.Personal (Offz. u. Uffz), ab 1938 zwei Lehrgänge Offz. v. Heer (Lt. u. Olt.), die nach Ausbildung z. Heer zurücktraten – Kriegsausbruch wieder zur Nahaufklärung komm. als Beobachter (z. T. Fachoffz.) | Lw-Personal (Offz. meist zugleich Fachoffz. sowie Uffz.) | |
| 2) 1939 Krieg i. Polen | Weltkrieg I – re-akt.Lw.Offz. | wie A | Lw.-Offz. z.T. s. D | wenige Lw.Offz. (zugl s. C) *Offz. v. Heer s. o.* Uffz.v.Lw., Res.Offz.LW | Lw.Personal (Offz. meist zugleich C) | Junge Beob. Offz. v. *1a Heer* u. LW |
| 3) Frankreichfeldzug 1940–Jugo/Griech. 1941 | Weltkrieg I – re-akt.Lw.Offz. | Austausch der älteren LW-Offz. zu A 1 durch jüngere LW-Offz. (ältere Olt. und junge Hauptleute) | Lw.Offz. und *Heeresoffz. (1. Wellen v. d. Beob.schulen* und s. *1a)* | LW.Offz. *Heeresoffz.* zu 1a und 3C, *Heeresuffz.* (s. 3.C–1. Welle) | LW.Personal (Offz. u. Uffz.) | Lt. u. Olt. v. LW und Heer (diese meist s. 1a) |
| 4) Rußland | 1941 Kolufts meist noch A 1, Gruppenkdeure meist schon (junge) Stabs-offz. d. LW. | Maj. u. Hptleute v. LW *Erste ältere Olt.* u. *junge Hptleute* v. *Heer s. 1a* | Lw.Offz. und *Heeresoffz. (1. Wellen v. d. Beob.schulen* und s. *1a)* | *fast nur noch* akt. Offz. u. Uffz. *Heer* sowie Res.Offz.LW u. *Heer* | LW-Offz. (zgl. Fachoffz.) LW-Uffz. | Offz. v. LW, *meist v. Heer-Beob.* v. d. Schulen seit 39 |
| 5) Rußland 42/43 | Kolufts A 1, Gruppenkdeure junge akt. Stabs-Offz. d. LW | LW.Offz. und *Heeresoffz.* (diese aus *1a und später)* | LW-u-*Heeres-Offz.* (LW.Offz. meist TO, übr. *Heer)* | *s. D 4* | s. E 4 | s. F 4 |

mit Ablauf der 4jährigen Kommandierung gab es 3 Möglichkeiten f. d. Heeresoffz.

a) Zurück z. Heer – vielfach in Stabs- u. Generalstabsstellen

b) Übernahme als *Flugzeugführer/Beobacht.* in die neue *Einsitzeraufklärung* etwa ab 1943
c) Verbleib in der Lw. als Nur-Beobachter. Dann entweder in der Nachtaufklärung (als *BCD*) oder als Verbindungsoffz. *(F)*.

Nachfolgendes gilt nur noch für die Einsitzeraufklärung (Tag) – nicht f. d. Nachtnah-Aufkl. – diese s. 5 c)

| | | | | | | |
|---|---|---|---|---|---|---|
| 6) Rußland Balkan/Italien 1943/45 | Nur noch A 1 i. d. hohen Stäben *XXX*, Gruppenkdeure, alles aktive Lw.- und *Heeresoffz. (nur noch Me 109-taugliche im Einsatz)* | wenige akt. Lw.Offz., *meist (akt.) Heeresoffz.* | Lw. auch schon junger Kriegsnachwuchs, *Heeresoffz. u. res.offz. v. Heer* u. Lw. | ältere *Heeres-* u. Lw.Offz., ältere *Heeresuffz* – soweit Me-109-FF/Beob., junger Nachwuchs der LW-Offz. u. Uffz. als FF/Beob. | s. F 4 | s. F 4 |

*XXX* soweit nicht reaktivierte LW-Offz. a. d. Weltkrieg I – oft Übertritt a. d. Reichswehr-Heer i. d. LW 1934/35, z. B. Generale in Aufklärungs- und hohen Verbindungsstellen.

Das obige Schema zeigt auf – auch ohne Zahlenangaben –, daß die Nahaufklärung von 1939 an immer stärker von Heeresoffizieren »unterwandert« bzw. »übernommen« wurde. Diese Entwicklung war aus Gründen der engen und fachkundigen Zusammenarbeit mit dem Heer gewollt und gewünscht. Auch benötigte die Luftwaffe ihren jungen Offiziernachwuchs meist selbst. Erst ab 1943, mit Beginn der Einsitzeraufklärung die den Flugzeugführer/Beobachter brauchte, begann die Luftwaffe wieder eigenes Personal freizustellen f. d. Nah-Aufklärung, übernahm dafür jedoch den Stamm der inzwischen altgedienten Heeresleute die als Einsitzer i. d. Nahaufklg. bleiben.

**Fliegerbildschule Hildesheim die »Wiege des Luftbildwesens«, 1943.**

**Bildwagen für Gefechtslandeplatz oder bei überschlagendem Einsatz für neuen Flugplatz bis zum Eintreffen der Staffel. Vorn Film-Entwicklungsgerät C (30 cm). (Fliegerbildschule Hildesheim).**

## Kennzeichen der Aufklärungsgruppen (H)

Bis etwa 1942/43 trugen die Flugzeuge der Aufklärungsstaffeln (H) vor dem Balkankreuz die Kennzeichen der Aufklärungsgruppen, denen sie angehörten. Nach Aufstellung der Nah-Aufklärungsgruppen (NAG) scheint diese Kennzeichnung aufgegeben worden zu sein. Soweit feststellbar trugen die einsitzigen Nahaufklärer, ähnlich wie die Jagdeinsitzer, nur noch Nummern in der jeweiligen Staffelfarbe. 1. Staffel: Weiß, 2. Staffel: Rot, 3. Staffel: Gelb. Besondere Kennzeichen für die NAG konnten nicht festgestellt werden. Folgende Kennzeichen für die Aufklärungsgruppen konnten ermittelt werden:

| | |
|---|---|
| Aufklärungsgruppe 10 | T 1 + .. |
| Aufklärungsgruppe 11 | 6 M + .. |
| Aufklärungsgruppe 21 | P 2 + .. |
| Aufklärungsgruppe 31 | 5 D + .. (auch V 7 + ..) |
| Aufklärungsgruppe 41 | 6 K + .. |
| Aufklärungsgruppe 12 | H 1 + .. (auch F 3 + ..) |
| Aufklärungsgruppe 22 | 4 N + .. |
| Aufklärungsgruppe 13 | 4 E + .. |
| Aufklärungsgruppe 23 | F 6 + .. |
| Aufklärungsgruppe 33 | H 8 + .. |
| Aufklärungsgruppe 14 | 5 F + .. |

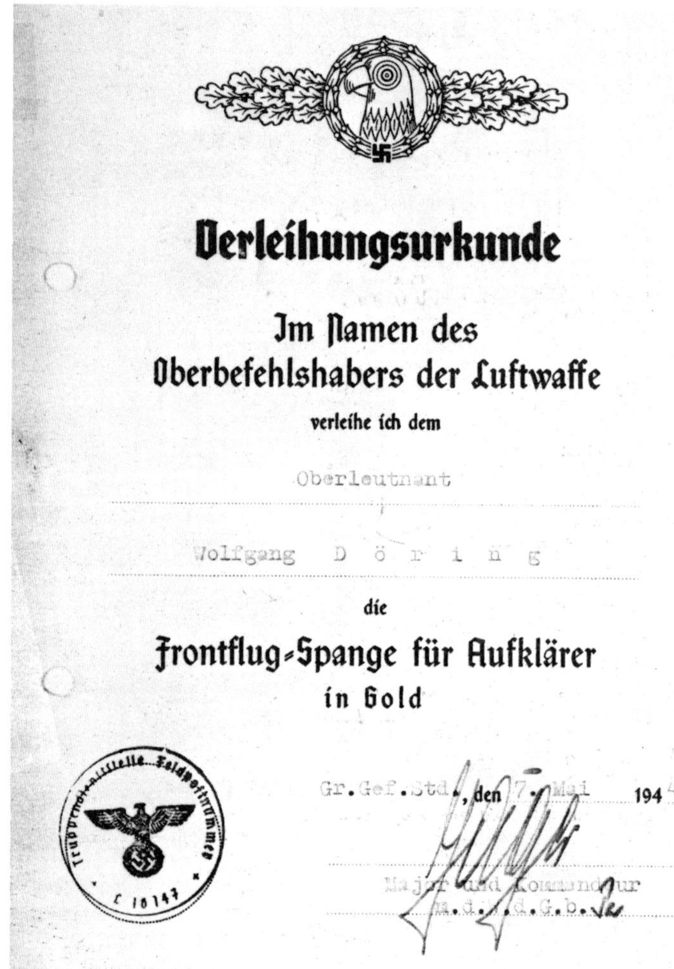

**Verleihungsurkunde**

Im Namen des
Oberbefehlshabers der Luftwaffe
verleihe ich dem

Oberleutnant

Wolfgang Döring

die

**Frontflug-Spange für Aufklärer**
**in Gold**

Truppendienststelle Feldpostnummer
L 18147

Gr.Gef.Std., den 7. Mai 1944

Major und Kommandeur
m.d.W.d.G.b.

Beispiel der Verleihung der Frontflugspange für Aufklärer, die am Kopf abgebildet ist.
Oberleutnant Döring war, soweit bekannt, Adjutant der Nah-Aufklärungsgruppe 4, deren Kommandeur, Major Jäger, die Urkunde unterzeichnet hat. Wegen der turbulenten Ereignisse in Ostpreußen konnte die Urkunde nicht mehr zugestellt werden. Über das Schicksal des Oberleutnants Döring ist nichts bekannt.

**Beispiel einer Abschußbestätigung für einen Aufklärungs-Einsitzer.**

Der Reichsminister der Luftfahrt
und Oberbefehlshaber der Luftwaffe
Ausz. u. Diszipl. (V)
Az. 29 Nr. 323 /44

Berlin, den 23. 7. 1944.

An 2./N.A.G.5

Der 2./N.A.G.5

wird der Abschuß eines sowjetischen Schlachtflugzeuges vom Typ "IL - 2" am 26.3.1944 7.40 Uhr

durch Fahnenjunker-Feldwebel T e t z n e r

als neunter (9.) Luftsieg der Staffel ~~Gruppe~~ anerkannt.

I. A.

B 5221. 7.44. S

## Quellen:


Schramm, Kriegstagebuch des OKW
Völker, Reichswehr-Fliegertruppe 1919–1934
Völker, Die Deutsche Luftwaffe 1933–39
Neumann, Die Luftstreitkräfte im Weltkrieg 1914–18
Supf, Buch der deutschen Fluggeschichte
Dierich, Die Verbände der Luftwaffe 1935–45
Manuskript Reschke
Nowarra, Entwicklung der Flugzeuge 1914–18
Nowarra-Kens, Die deutschen Flugzeuge 1933–45
Nowarra, 50 Jahre Deutsche Luftwaffe Bd. 1–3
Nowarra, Die verbotenen Flugzeuge
Pape, Panzerflieger über dem Balkan
Hutter, Spähtrupp im Äther
Hutter, Falken über der Sowjetunion
Fischer, Das Luftbildwesen
Schwabedissen, The Russian Air Force in the eyes of german commanders
Hahn, Deutsche Geheimwaffen 1939–45
Trenkle, Die deutschen Funk-Navigations- und Funkführungsverfahren bis 1945

# DIE VERBOTENEN FLUGZEUGE 1921/1935

**Die getarnte Luftwaffe**

**Von Heinz J. Nowarra**

**Das Buch das vergessene Geschichte wieder aufleben läßt**

**Dieses Buch behandelt ein bisher wenig bekanntes Thema: Die getarnte Luftwaffe.**

Zunächst wird ein geschichtlicher Abriß der Entwicklung der geheimen Fliegertruppe geboten; es wird über die gleichzeitig stattfindende Aktivierung der deutschen Luftfahrt-Industrie und deren Eigeninitiative durch Gründung von Werken im Ausland berichtet.

Alle für die Reichswehr, die Reichsmarine und für das Ausland gebauten Militär-Flugzeuge und militärischen Übungsflugzeuge – von 1921 bis 1932 – werden behandelt. Den nach dem 30.1.1933, bis zum März 1935, entwickelten und gebauten Flugzeugen ist ein eigenes Kapitel gewidmet. Insgesamt werden 160 Flugzeugtypen vorgestellt.

Dies ist eine große Dokumentation, die viel Unbekanntes und Wissenswertes bietet, die fesselnd und sachkundig Hintergründe ausleuchtet. Ein großer Teil der Bilder wird hier erstmals veröffentlicht.

**250 Seiten, 198 Abb., gebunden, DM 42,–**

Motor buch Verlag

**MOTORBUCH VERLAG**

**Postfach 1370 · 7000 Stuttgart 1**

Motor buch Verlag